**权威·前沿·原创**

皮书系列为
"十二五""十三五""十四五"时期国家重点出版物出版专项规划项目

**BLUE BOOK**

智 库 成 果 出 版 与 传 播 平 台

长江经济带蓝皮书

**BLUE BOOK** OF THE YANGTZE RIVER ECONOMIC BELT

# 长江经济带高质量发展研究报告（2022）

ANNUAL REPORT ON HIGH QUALITY DEVELOPMENT
OF YANGTZE RIVER ECONOMIC BELT (2022)

主　编／国务院参事室"推动长江经济带高质量发展"课题组

社会科学文献出版社
SOCIAL SCIENCES ACADEMIC PRESS（CHINA）

**图书在版编目（CIP）数据**

长江经济带高质量发展研究报告 . 2022 / 国务院参
事室"推动长江经济带高质量发展"课题组主编 . -- 北
京：社会科学文献出版社，2022.12
（长江经济带蓝皮书）
ISBN 978-7-5228-1092-8

Ⅰ. ①长… Ⅱ. ①国… Ⅲ. ①长江经济带-区域经济
发展-研究报告-2022 Ⅳ. ①F127.5

中国版本图书馆 CIP 数据核字（2022）第 214157 号

**长江经济带蓝皮书**

**长江经济带高质量发展研究报告（2022）**

主　　编 / 国务院参事室"推动长江经济带高质量发展"课题组

出 版 人 / 王利民
责任编辑 / 吴　敏
责任印制 / 王京美

出　　版 / 社会科学文献出版社·皮书出版分社（010）59367127
　　　　　 地址：北京市北三环中路甲 29 号院华龙大厦　邮编：100029
　　　　　 网址：www.ssap.com.cn
发　　行 / 社会科学文献出版社（010）59367028
印　　装 / 天津千鹤文化传播有限公司

规　　格 / 开 本：787mm×1092mm　1/16
　　　　　 印 张：19.5　字 数：257 千字
版　　次 / 2022 年 12 月第 1 版　2022 年 12 月第 1 次印刷
书　　号 / ISBN 978-7-5228-1092-8
定　　价 / 128.00 元

读者服务电话：4008918866

# 长江经济带蓝皮书编委会


**主　任**　高　雨

**副主任**　赵　冰

**委　员**（按姓氏笔画排序）

　　　　王小毛　　王可侠　　王根绪　　成长春　　李秀香
　　　　李爱青　　李　琳　　杨　杰　　张乃明　　张立平
　　　　张会恒　　陈红专　　欧阳林　　侯东德　　徐惠民
　　　　唐宇文　　黄　强　　黄　寰　　彭以元　　彭智敏
　　　　戴兴临

# 主编单位简介

国务院参事室"推动长江经济带高质量发展"课题组 国务院参事室于2018年成立"推动长江经济带高质量发展"课题组,运用"参事+"模式,充分发挥国务院参事室、长江沿线11个省市政府参事室及政产学研和智库等各方智力资源优势,聚焦推动长江经济带高质量发展重点工作、难点问题,开展调查研究,提出政策建议,为领导同志和有关地区、部门制定政策、部署工作提供决策参考,迄今已组织国务院参事、沿江省市政府参事及相关智库专家开展多项联合调研,形成一批有价值的建言献策成果。此外,还连续举办年度"长江论坛",邀请政参学企等各方人士就相关主题进行深入研讨,交流思想,汇聚众智,资政建言。

# 前　言

推动长江经济带发展，是党中央、国务院主动适应把握引领经济发展新常态、科学谋划中国经济新棋局做出的既利当前又惠长远的重大决策部署，对于实现第二个百年奋斗目标和中华民族伟大复兴的中国梦，具有重大现实意义和深远历史意义。

党的十八大以来，习近平总书记走遍了长江沿线 11 个省市，在重庆、武汉和南京分别主持召开长江经济带发展座谈会，深刻阐释长江经济带"共抓大保护、不搞大开发"的辩证关系和战略考量。长江是中华民族的母亲河，也是中华民族发展的重要支撑，推动长江经济带发展必须从中华民族长远利益考虑，把修复长江生态环境摆在压倒性位置，努力把长江经济带建设成为生态更优美、交通更顺畅、经济更协调、市场更统一、机制更科学的黄金经济带，从而探索出一条生态优先、绿色发展的新路子。

为贯彻落实党中央、国务院关于推动长江经济带发展战略部署，国务院参事室于 2018 年成立了"推动长江经济带高质量发展"课题组，在国家发展改革委、科技部、司法部、生态环境部、交通运输部、水利部、国家统计局等部门的支持指导下，以国务院参事、长江经济带沿线省市政府参事、文史研究馆馆员、参事室特约研究员为主体，联合中国宏观经济研究院、上海社会科学院、同济大学国家现代化研究院、南通大学江苏长江经济带研究院、南京大学长江产业经济研究院、中国人民大学长江经济带研究院、中国科学院水生物研究

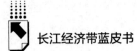

所、湖北省社会科学院长江流域经济研究所等相关机构，对推动长江经济带高质量发展开展调查研究，提出有针对性的、可操作性的政策建议。

《长江经济带高质量发展研究报告（2022）》由国务院参事室"推动长江经济带高质量发展"课题组编撰，汇集长江沿线地方政府参事、参事室特约研究员和相关科研院所专家研究成果，围绕当前推动长江经济带发展的重点工作，从推进系统治理改善生态环境、加快转型升级推动高质量发展、强化制度保障增强工作合力等方面探讨了长江经济带高质量发展的具体目标和路径方法，针对推动长江经济带高质量发展的一些关键问题提出了可行的解决方案。

本书具有一定的学理性，更注重目标、任务、需求和问题的导向性，适用于广大读者了解推动长江经济带发展战略部署和工作成效，力求服务科学民主决策，助推长江经济带高质量发展。

编委会

2022 年 10 月

# 摘　要

　　近年来，长江经济带生态环境保护发生了转折性变化，经济社会发展取得历史性成就，长江经济带经济发展总体平稳、结构优化，人民生活水平显著提高，实现了在发展中保护、在保护中发展。共抓大保护不仅没有影响发展速度，还提升了长江经济带对全国高质量发展的支撑带动作用。

　　2022 年，推动长江经济带发展坚持以习近平新时代中国特色社会主义思想为指导，深入贯彻落实习近平总书记关于推动长江经济带发展的重要讲话和指示批示精神，认真落实党中央、国务院决策部署，坚定不移贯彻新发展理念，牢牢把握"共抓大保护、不搞大开发"的战略导向，坚持生态优先、绿色发展，把修复长江生态环境摆在压倒性位置，协同推进生态环境保护和经济发展，努力打造人和自然和谐共生的美丽中国样板，为全面建设社会主义现代化国家贡献"长江力量"。

　　一是标本兼治推动共抓大保护，持续改善生态环境。在狠抓生态环境突出问题整改的基础上，大力推进城镇污水垃圾处理、化工污染治理、农业面源污染治理、船舶污染治理、尾矿库污染治理等重点工程；继续巩固长江禁捕管理成效，加强长江水生生物多样性保护，扎实推进长江禁捕工作；强化系统治理、综合治理，加强重要支流保护修复和排污口排查整治，推进磷污染、锰污染、塑料污染治理，强化河湖水域岸线治理，加强水资源保障和自然保护地建设，科学推进国

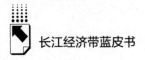
土绿化行动。

二是突出减污降碳加快转型升级，着力推动绿色低碳高质量发展。构建综合交通运输体系，畅通长江黄金水道，提高江海联运服务水平，大力发展铁水联运，推动交通基础设施互联互通；加快创新驱动产业优化升级，不断强化自主创新能力建设，加快产业绿色转型升级，加快提升农业农村现代化水平，持续推动绿色发展试点示范；增强区域发展的平衡性和协调性，加强城乡区域协调联动发展，全方位扩大对外开放，保护传承弘扬长江文化。

三是强化制度保障压实各方责任，不断增强工作合力。认真落实《"十四五"长江经济带发展实施方案》与综合交通、环境污染治理、湿地和重要支流保护修复等一系列专项规划；加快建立国家长江流域协调机制，完善法治保障机制，强化综合管控机制，健全生态保护补偿机制；强化资金支持和宣传培训；严格落实"中央统筹、省负总责、市县抓落实"的工作机制，强化调查研究，切实提高解决问题的针对性、有效性，压实各方责任。

**关键词：** 长江经济带　高质量发展　绿色发展　环境保护　生态补偿机制

# 目 录 ⬏

## Ⅰ 总报告

## Ⅱ 推进系统治理 改善生态环境

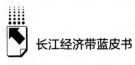
## Ⅲ　加快转型升级　推动高质量发展

# Ⅳ 强化制度保障 增强工作合力

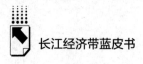
皮书数据库阅读 **使用指南**

# 总 报 告

## General Report

# B.1

# 以新发展理念为指引
# 全面推动长江经济带高质量发展

成长春　冯俊*

**摘　要：** 党的十八大以来，习近平总书记站在历史和全局的高度，从中华民族长远利益出发，亲自谋划、亲自部署、亲自推动长江经济带高质量发展。2021年，长江经济带交出亮丽的成绩单，经济总量占全国的比重从2015年的44.5%提高到2021年的46.4%，同时，高质量发展"四梁八柱"基本形成，长江大保护法治之基初步确立，生态环境突出问题得到有效整改，创新发展能力不断增强，区域发展更趋协调均衡，对外开放水平持续提升，保障机制有力支撑。沿江省市应坚持全面准确完整贯彻新发展理念，

---

* 成长春，教授，博士生导师，江苏省政府原参事，南通大学原党委书记，江苏省重点高端智库江苏长江经济带研究院院长兼首席专家；冯俊，博士，南通大学江苏长江经济带研究院副研究员。

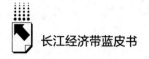

坚持问题导向、强化系统思维、推动创新改革，推动长江经济带高质量发展，谱写生态优先绿色发展新篇章，打造区域协调发展新样板，构筑高水平对外开放新高地，塑造创新驱动发展新优势，绘就山水人城和谐相融新画卷，使长江经济带成为我国生态优先绿色发展主战场、畅通国内国际双循环主动脉、引领经济高质量发展主力军。

**关键词：** 长江经济带　生态环境　高质量发展


　　长江是中华民族的"母亲河"，汇聚千流，接纳百川，形成了庞大的地域文化系统。长江流域拥有约占全国20%的湿地面积、35%的水资源总量和40%的淡水鱼类，覆盖204个国家级水产种质资源保护区，是我国重要的生态安全屏障。长江经济带覆盖上海、江苏、浙江、安徽、江西、湖北、湖南、重庆、四川、贵州、云南等11省市，面积约205万平方公里，人口规模和经济总量占据全国"半壁江山"，发展潜力巨大，是中国经济高质量发展的重要引擎。党的十八大以来，习近平总书记站在历史和全局的高度，从中华民族长远利益出发，亲自谋划、亲自部署、亲自推动长江经济带高质量发展。习近平总书记先后三次来到上游重庆、中游武汉、下游南京，主持召开长江经济带发展座谈会，从"推动"到"深入推动"再到"全面推动"，为长江经济带发展把脉定向。中央有关部门和沿江11省市深入学习贯彻习近平总书记重要讲话和指示精神，认真落实李克强总理和韩正副总理重要批示要求，坚持问题导向，强化系统思维，以钉钉子精神推进沿江生态环境整治，促进经济社会发展全面绿色低碳转型，力度之大、规模之广、影响之深，前所未有，长江经济带生态环境发生了转折性变化，经济社会发展取得了历史性成就。

# 一 推动长江经济带高质量发展的重要意义

世界文明大多发源于大河流域。古埃及、古巴比伦、古印度和中国四大文明古国都是在适合农业耕作的大河流域诞生的，其各具特色的文明发展史，构成了灿烂辉煌的大河流域文明，对人类进步做出了伟大贡献。在中国，长江造就了从巴山蜀水到江南水乡的千年文脉，是中华民族的代表性符号和中华文明的标志性象征。自古以来，长江就是我国东西运输的大动脉，被誉为"黄金水道"。面对世界百年未有之大变局，长江经济带战略地位进一步提升。

## （一）中华民族伟大复兴和永续发展根本大计

长江的干流、支流以及内河湖泊形成的集水区域涉及 19 个省（自治区、直辖市），蕴藏着丰富的水资源、野生动植物资源和矿产资源，是我国重要的战略水源地和生态宝库。在我国"三纵四横"的大水网格局下，长江是以水为纽带，连接上下游、左右岸、干支流、江河湖库的独特经济社会大系统。各类生态要素联系紧密，长江流域生态环境好坏所带来的影响"牵一发而动全身"。因此，要实现中华民族伟大复兴，就必须加强长江流域生态环境保护和系统治理，保护好我们生存发展的生态根基，实现中华民族永续发展。

## （二）不断满足人民对美好生活向往的必然要求

当前，我国社会主要矛盾是人民日益增长的美好生活需要和不平衡不充分的发展之间的矛盾。人民生活幸福，是衡量长江经济带建设成效的"试金石"，也是推动长江经济带高质量发展的根本价值立

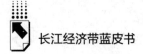
场。坚持以人为本，践行"绿水青山就是金山银山"理念，利用好长江自然资源，保护好长江生态环境，在推动经济社会全面绿色低碳转型的过程中做大蛋糕、分好蛋糕。只有这样，才能让人民群众享受绿水青山带来的红利，幸福感和获得感不断提升。

### （三）全球大江大河流域环境治理之中国方案

大河治理和流域经济发展既是困扰一国的难题，也是全世界人民面临的普遍性难题。探索适合我国基本国情的长江经济带可持续发展模式，是一项极具难度、颇具开创性的任务。新时代推动长江经济带高质量发展吸收借鉴了国外典型流域经济开发经验和教训，展示出有中国特色的经济发展和环境保护的协调统一路径，为深陷生态危机的尼罗河、恒河等国际大江大河流域的环境治理和可持续发展贡献了绿色高质量发展的中国智慧和中国方案。

## 二　改革开放以来推动长江经济带发展的历程回顾

目前我国已形成以"京津冀协同发展、长江经济带发展、粤港澳大湾区建设、长三角一体化发展、黄河流域生态保护和高质量发展"五大重大国家战略为引领的区域协调发展新格局。五大战略联南接北、承东启西，与四大区域板块交错互融，构成优势互补的区域发展格局。改革开放以来长江经济带建设可分为以下四个阶段。

### （一）构想萌芽：1980~1989年

长江经济带的思想萌芽于20世纪80年代。陆大道院士根据"点一轴开发理论"提出"T型"发展战略，这种空间结构准确反映了我国国土资源、经济实力以及开发潜力的分布框架。1984年，经济学家孙尚清提出综合开发利用长江和建立长江产业密集带的构想。此后，国务院发展研究中心经济学家马洪提出"一线一轴"战略构想，"一线"指"沿海一线"，"一轴"指"长江发展轴"。社会学家费孝通提出"以上海为龙头、江浙为两翼、长江为脊梁，以南方丝绸之路和西出阳关的欧亚大陆桥为尾闾"的宏观设想。这一阶段的构想还仅仅停留在学术探讨层面。政策层面上，"七五"计划时期，长江经济带被确定为国家经济发展的重要轴线，国家从宏观上提出"一线一轴"战略构想，总体呈"T"型结构分布。从地方层面看，20世纪80年代中期，随着改革开放和经济发展步入正轨，为顺应发展需求，1985年12月重庆、武汉、南京三市市委书记共同发起组建了长江沿岸中心城市经济协调会。1985~1987年，沿江地区以上海、重庆、武汉、南京四个城市为主体，分别组建区域性经济协作会。

## （二）早期探索阶段：1990~2012年

20世纪90年代，国家提出"发展长江三角洲及长江沿江地区经济"的战略构想。随后，上海浦东开发开放、三峡工程建设给长江经济带发展带来了巨大契机。1990年4月，国务院正式宣布开发开放浦东，在浦东实行经济技术开发区和某些经济特区的政策。1992年10月，国务院批复设立上海市浦东新区。党的十四大报告提出，以上海浦东开发为龙头，进一步开放长江沿岸城市，尽快把上海建成国际经济、金融、贸易中心城市之一，带动长江三角洲和整个长江流域地区经济的新飞跃。1995年党的十四届五中全会明确提出，建设以上海为龙头的长江三角洲及沿江地区经济带。1996年发布的"九五"计划强调，长三角及沿江地区要"以浦东开发开放、三峡建设为契机，依托沿江大中城市，逐步形成一条贯穿东西、连接南北的综合经济带"。2005年6月，国务院办公会议批准浦东新区为中国大陆第一个综合配套改革试验区。2009年批准南汇区整体并入浦东，上海浦东成为中国改革开放的前沿阵地。2011 年 6 月，《全国主体功能区规划》发布，明确长江经济带应成为推进形成主体功能区、着力构建国土空间"三大战略格局"的重要组成部分。这一阶段，"如何发展长江经济带"这一问题由学术探讨层面上升到政策研究层面，突破行政壁垒成为下一步的实践方向。

## （三）深入实施阶段：2013~2019 年

党的十八大以来，长江经济带建设得到党中央高度关注，并上升至国家重大发展战略高度。2013 年，习近平总书记在武汉新港考察时提出，把全流域打造成黄金水道。2014 年 3 月 5 日，国务院总理李克强在政府工作报告中提出，依托黄金水道建设长江经济带。同年 4 月 25 日，习近平总书记主持中共中央政治局会议，提出推动京津冀协同发展和长江经济带发展。同年 4 月 28 日，李克强总理在重庆召开 11 省市座谈会，研究依托黄金水道建设长江经济带问题。同年 9 月 25 日，国务院印发《关于依托黄金水道推动长江经济带发展的指导意见》，部署将长江经济带建设成为具有全球影响力的内河经济带、东中西互动合作的协调发展带、沿海沿江沿边全面推进的对内对外开放带和生态文明建设的先行示范带。2016 年 1 月 5 日，习近平总书记在重庆主持召开推动长江经济带发展座谈会时强调，把修复长江生态环境摆在压倒性位置，共抓大保护、不搞大开发。同年 9 月印发《长江经济带发展规划纲要》。2018 年 4 月 26 日，习近平总书记在武汉主持召开深入推动长江经济带发展座谈会时强调，要正确把握"五个关系"。在这一阶段，面对国内外风险挑战明显加剧的复杂局面，长江经济带沿线省市在大保护前提下，积极落实高质量发展总要求，经济增长保持韧性，创新驱动力稳步提升，新旧动能加快转换，充分彰显黄金经济带的活力和潜力。2019 年长江经济带 11 省市经济总量占全国的比重达到 45.2%，对全国经济发展的支撑和引领作用进一步凸显。同时，长江流域生态环境质量持续改善，2019 年长江流域水质优良比例达到 91.7%。

## （四）全面推动阶段：2020年至今

2020 年是五年规划承上启下之年，我国迎来了"十三五"规划的收官和全面建成小康社会的第一个百年奋斗目标的实现。2020 年也是长江经济带发展迎来成效检验的关键之年。面临新发展阶段的新挑战、新机遇、新使命，长江经济带在贯彻新发展理念、构建新发展格局、推动经济社会高质量发展和可持续发展中发挥着重要作用。2020 年，习近平总书记在南京主持召开全面推动长江经济带发展座谈会时提出"五新""三主"新目标新要求。从"推动"到"深入推动"再到"全面推动"，三次长江经济带发展座谈会彰显了习近平总书记在推进长江经济带发展战略上"久久为功，一张蓝图绘到底"的治国理政方略。在这一阶段，我国经济总量于 2020 年突破 100 万亿元，长江经济带也交出了亮丽的成绩单，其经济总量占全国的比重从 2015 年的 44.5% 提高到 2021 年的 46.4%，对全国经济增长的贡献率从 48.5% 提高到 51.1%。与此同时，在全国 GDP 排名前十的城市中，有 7 个城市位于长江经济带，分别为上海、重庆、苏州、成都、杭州、武汉和南京。此外，长江经济带生态环境明显改善，绿色低碳循环发展深入推进，综合立体交通网络加速形成。在"共抓大保护、不搞大开发"的总体要求下，沿线城市走生态优先、绿色发展之路，在多元共商、生态共治、全域共建、发展共享上携手，全面改善长江流域生态环境，绿水青山成为沿线人民的"共同福祉"。

## 三　长江经济带高质量发展取得历史性成就

长江经济带发展领导小组及领导小组办公室坚持以习近平总书记

系列重要讲话和指示批示精神为思想指引和根本遵循，会同中央有关部门和沿江 11 省市，认真抓好工作落实，有力推动长江经济带发展战略深入实施。长江经济带生态环境保护发生了转折性变化，经济社会发展取得历史性成就。

## （一）高质量发展"四梁八柱"基本形成

2016 年 3 月 25 日，中共中央政治局审议通过并正式印发《长江经济带发展规划纲要》（以下简称《纲要》），标志着我国长江经济带发展重大国家战略有了整体的纲领性文件。《纲要》从规划背景、总体要求、大力保护长江生态环境、加快构建综合立体交通走廊、创新驱动产业转型升级、积极推进新型城镇化、努力构建全方位开放新格局、创新区域协调发展体制机制和保障措施等方面描绘了长江经济带发展的宏伟蓝图，确立了长江经济带"一轴、两翼、三极、多点"的发展新格局。"一轴"是以长江黄金水道为依托，发挥上海、武汉、重庆的核心作用；"两翼"分别指沪瑞和沪蓉南北两大运输通道；"三极"指的是长江三角洲、长江中游和成渝三个城市群；"多点"是指发挥三大城市群以外地级城市的支撑作用。这是党中央、国务院主动适应把握引领经济发展新常态，科学谋划中国经济新棋局，做出的既利当前又惠长远的重大决策部署。此外，领导小组办公室组织编制了《"十四五"长江经济带发展实施方案》与重点领域、重点行业的专项规划和实施方案，形成了以《"十四五"长江经济带发展实施方案》为统领，以综合交通运输体系规划和环境污染治理"4+1"工程、湿地保护、塑料污染治理、重要支流系统保护修复等系列专项实施方案为支撑的"十四五"长江经济带发展"1+N"规划政策体系。

## （二）长江大保护法治之基初步确立

十三届全国人大常委会于 2020 年 12 月 26 日审议通过《长江保

护法》，自 2021 年 3 月 1 日起施行。《长江保护法》是一部具有针对性、特殊性和系统性的专门法律，旨在从长江流域系统性和特殊性出发，切实保障长江流域生态安全，促进长江流域可持续发展、高质量发展。制定《长江保护法》，是贯彻落实习近平法治思想和党中央决策部署的生动实践；是维护长江流域乃至国家生态安全的迫切需求；是建设"人与自然和谐共生的现代化"的重要举措。《长江保护法》实施以来，各地区各部门认真贯彻落实《长江保护法》，水法规体系日益完善，法律条文不断转化为实实在在的行动。从地方实践来看，云南及时出台《云南省人民代表大会常务委员会关于全面贯彻实施长江保护法促进高质量发展的决定》，协同四川、贵州制定赤水河流域保护"条例+决定"，全面清理地方性法规等。湖北法院积极推进环资审判专门机构向基层延伸，在全省 10 个基层法院相关内设机构加挂"生态保护法庭"牌匾，形成全省法院"1+5+10+N"环资审判组织体系。江苏生态环境部门以"科技+人防"确保禁捕退捕工作落到实处，扎实推进长江刀鲚专项执法整治工作，把日常巡查和暗查暗访结合起来，保持对违法犯罪行为高压严打态势，坚决斩断非法捕捞、收购、销售黑色产业链。

## （三）生态环境突出问题有效整改

我国已建立"发现问题—解决问题—再发现问题—再解决问题"的工作机制，连续多年组织拍摄《长江经济带生态环境警示片》，将生态环境突出问题整改作为重要工作抓手，组织开展督促检查、调研评估和"回头看"；生态环境部将警示片披露问题纳入中央环保督察重点督办，解决了一批群众反映强烈的生态环境热点难点问题。深入推进污染防治"4+1"工程，通过从源头上加强治理，减少污染存量、控制污染增量，有效改善生态环境质量。加强"山水林田湖草沙"协同治理，开展长江入河排污口排查整治、"三磷"污染治理、小水电清理整改、非法码头和非法采砂专项整治等一系列整治行动，取得明显成效。落实"十年禁渔"，2021年元旦长江流域正式开启了为期十年的全面禁捕，11.1万艘渔船、23.1万名渔民退捕上岸，开启"人退鱼进"的历史转折。从地方层面看，沿江地区干部群众深刻认识到"保护与发展"的辩证统一性，思想意识发生了根本性变化，"生态优先绿色发展"理念深入人心并转化为实践。沿江地区实施长江两岸造林绿化、河湖湿地保护修复、生物多样性保护等重点生态系统治理工程，加快构建综合治理新体系，长江干流和主要支流水质为优（见表1）。江苏常州大力破解"化工围江"，截至2021年9月，沿江1公里范围内31家化工企业签约关停、拆除到位21家，签约腾退土地2000余亩。同时，积极开展土壤和地下水污染双调查，综合运用人工修复和自然修复的方式，逐地块制定修复方案，累计堆土220余万立方米、种植乔灌木2万余棵、新增绿地约2000亩。

**表1 2020~2021年长江流域水质状况比较**

| 水体 | 断面数（个） | 2021年比例（%） | | | | | |
|---|---|---|---|---|---|---|---|
| | | Ⅰ类 | Ⅱ类 | Ⅲ类 | Ⅳ类 | Ⅴ类 | 劣Ⅴ类 |
| 流域 | 1017 | 7.5 | 70.7 | 18.9 | 2.4 | 0.5 | 0.1 |
| 干流 | 82 | 13.4 | 86.6 | 0 | 0 | 0 | 0 |
| 主要支流 | 935 | 7 | 69.3 | 20.5 | 2.6 | 0.5 | 0.1 |
| 省界断面 | 156 | 6.4 | 77.6 | 11.5 | 3.8 | 0.6 | 0 |
| 水体 | 断面数（个） | 较2020年变化（个百分点） | | | | | |
| | | Ⅰ类 | Ⅱ类 | Ⅲ类 | Ⅳ类 | Ⅴ类 | 劣Ⅴ类 |
| 流域 | 1017 | 0.2 | -0.4 | 1.4 | -0.7 | 0 | -0.4 |
| 干流 | 82 | 6.1 | -6.1 | 0 | 0 | 0 | 0 |
| 主要支流 | 935 | -0.3 | 0.1 | 1.4 | -0.8 | 0 | -0.4 |
| 省界断面 | 156 | -1.3 | 3.2 | -2.6 | 0 | 0.6 | 0 |

资料来源：《2021中国生态环境状况公报》。

## （四）绿色低碳转型成效显著

2017 年 7 月，工信部联合发改委、科技部、财政部、环境保护部共同研究制定了《关于加强长江经济带工业绿色发展的指导意见》。领导小组办公室及各相关部门着力推进长江经济带在优化产业结构、转换增长动力等方面发挥示范引领作用。支持上海崇明、湖北武汉、重庆广阳岛、江西九江、湖南岳阳开展长江经济带绿色发展示范，支持浙江丽水、江西抚州开展长江经济带生态产品价值实现机制试点，积极推进赤水河流域、三峡地区等重点区域生态优先绿色发展。从地方层面看，浙江以数字赋能实现源头降耗，德清建成 11 个数字农业示范园区、4100 个物联网应用示范点，8 家企业获评省级数字农业工厂。此外，德清以生物净化促进末端减排，水产品附加值大幅提升，因地制宜地打造"水下森林"，仅下渚湖湿地年固碳能力就达到 1.7 万吨。江西积极探索生态产品价值实现新路，加快一二三产业融合发展，依托自然资源禀赋初步形成以一产为基、二产为支撑、三产为主导的生态旅游产品体系，同时，以森林康养为主题、以鄱阳湖观鸟为核心、以现代农业为展示，形成以景引人、以农留人、三产融合长效发展的格局。贵州大力发展循环经济，着力提升大宗工业固废综合利用效率，"十三五"期间，按照"吃干榨净"的探索路径，固废获得"重生"被点"废"成金，5 年实现产值 1000 亿元以上，创造就业岗位 12 万个，减少堆存占用土地面积超过 1.63 万亩。

## （五）创新发展能力不断增强

长江经济带创新要素汇集、创新主体活跃，传统产业与战略性新兴产业相互交织，经济形态多样。2016 年 3 月，国家发改委、科技部、工信部联合印发《长江经济带创新驱动产业转型升级方案》，明确了打造"创新驱动的引领带、产业融合的先行带、区域协同的示范带、开放合作的共赢带"的发展方向、具体目标和重点任务。2021 年 11 省市中上海、江苏、浙江的 R&D 投入强度超过全国平均水平（2.44%）（见图 1）。同年 9 月，世界知识产权组织（WIPO）发布了《2021 年全球创新指数报告》，在全球"最佳科技集群"排名中，上海、南京、杭州分列第 8 位、第 18 位和第 21 位。在科技部和中国科学技术信息研究所公布的国家创新型城市创新能力排名中，长江经济带城市在前 10 名中占据 6 个席位，分别是杭州、南京、武汉、苏州、长沙、成都。从 2021 年各省市发展成就来看，上海全社会研发投入达到 1819.8 亿元，研发投入强度从 2015 年的3.31% 增长到 2021 年的 4.21%，科技创新综合水平居全球主要创新型城市前列。从上游地区看，截至 2021 年末，重庆共有国家重点实验室 10 个，国家级工程技术研究中心 10 个，高端新型研发机构 77 个，国家级"专精特新"小巨人企业、高新技术企业、科技型企业分别达到 118 家、5108 家、3.69 万家，2021 年科技进步贡献率达到 59.5%。

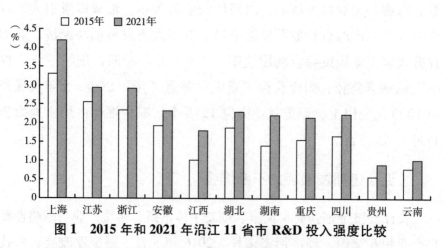

图 1  2015 年和 2021 年沿江 11 省市 R&D 投入强度比较

资料来源：沿江 11 省市 2015 年和 2021 年国民经济和社会发展统计公报。

## （六）区域发展更趋协调均衡

沿江 11 省市城乡融合发展水平显著提升，经济社会发展的整体性、协调性、可持续性不断提高，城市群、都市圈对周边地区的带动作用进一步增强。脱贫攻坚取得全面胜利。按照党中央、国务院决策部署，长江经济带沿线 11 省市如期打赢脱贫攻坚战，3000 多万贫困人口全面脱贫，安徽、江西、湖北、湖南、重庆、四川、贵州、云南 8 省市共完成约 600 万建档立卡贫困人口易地扶贫搬迁任务，约占全国的 60%。上中下游间发展差距持续缩小，长江经济带经济总量占全国的比重稳步上升（见表 1）。尤其是中上游的贵州、四川、重庆、江西、湖北、湖南等省市经济增速在全国名列前茅，后发优势不断凸显。

**表 2　2015 年和 2021 年 11 省市经济总量比较**

单位：亿元，%

| 区　　域 | 2015 年 | | | 2021 年 | | |
|---|---|---|---|---|---|---|
| | GDP | 占全国的比重 | 占全流域的比重 | GDP | 占全国的比重 | 占全流域的比重 |
| 全　国 | 685505.8 | 100.0 | — | 1143670.0 | 100.0 | — |
| 长江经济带 | 305200.2 | 44.5 | 100.0 | 530288.0 | 46.4 | 100.0 |
| 上　海 | 25123.5 | 3.7 | 8.2 | 43214.9 | 3.8 | 8.2 |
| 江　苏 | 70116.4 | 10.2 | 23.0 | 116364.2 | 10.2 | 21.9 |
| 浙　江 | 42886.5 | 6.3 | 14.1 | 73516.0 | 6.4 | 13.9 |
| 安　徽 | 22005.6 | 3.2 | 7.2 | 42959.2 | 3.8 | 8.1 |
| 江　西 | 16723.8 | 2.4 | 5.5 | 29619.7 | 2.6 | 5.6 |
| 湖　北 | 29550.2 | 4.3 | 9.7 | 50012.9 | 4.4 | 9.4 |
| 湖　南 | 28902.2 | 4.2 | 9.5 | 46063.1 | 4.0 | 8.7 |
| 重　庆 | 15717.3 | 2.3 | 5.1 | 27894.0 | 2.4 | 5.3 |
| 四　川 | 30053.1 | 4.4 | 9.8 | 53850.9 | 4.7 | 10.2 |
| 贵　州 | 10502.6 | 1.5 | 3.4 | 19586.4 | 1.7 | 3.7 |
| 云　南 | 13619.2 | 2.0 | 4.5 | 27146.8 | 2.4 | 5.1 |

资料来源：11 省市 2015 年和 2021 年国民经济和社会发展统计公报。

城市群都市圈建设稳步推进。三大城市群加快探索差异化协同发展路径，人口和经济集聚能力不断增强，黔中、滇中城市群成为省内及周边地区人口集聚、产业发展的重要地区。上海大都市圈"1+8"格局基本形成，南京、成都都市圈发展规划获得国家发改委批复，杭州、武汉都市圈建设稳步推进。城乡融合发展持续深化。第七次全国人口普查数据显示，长江经济带人口60610万人，其中城镇人口38318万人，常住人口城镇化率达到63.22%。城乡人员流动更加便捷，乡村经济蓬勃发展，农村新型经营主体大幅增加。共同富裕稳步推进。2021年11省市居民人均可支配收入显著持续提升，与2015年相比有9省市增幅超过60%，其中贵州增幅超过75%（见表3）。以四川为例，2021年，全省农村居民人均可支配收入17575元，比2016年增加6372元，平均增长9.4%，城乡居民收入差距由2.53∶1缩小至2.36∶1。综合立体交通网络加速形成。长江干支线高等级航道里程达上万公里，14个港口铁水联运项目全部开工建设，沿江高铁规划建设有序推进，一批枢纽机场项目加快实施。

表3　2015年和2021年11省市居民人均可支配收入比较

单位：元，%

| 省　市 | 2015年 | 2021年 | 增幅 |
|---|---|---|---|
| 上　海 | 49867.0 | 78027.0 | 56.5 |
| 江　苏 | 29539.0 | 47498.0 | 60.8 |
| 浙　江 | 35537.0 | 57541.0 | 61.9 |
| 安　徽 | 18363.0 | 30904.0 | 68.3 |
| 江　西 | 18437.0 | 30610.0 | 66.0 |
| 湖　北 | 19448.0 | 30829.0 | 58.5 |
| 湖　南 | 19317.0 | 31993.0 | 65.6 |
| 重　庆 | 20110.0 | 33803.0 | 68.1 |
| 四　川 | 17221.0 | 29080.0 | 68.9 |
| 贵　州 | 13697.0 | 23996.0 | 75.2 |
| 云　南 | 15223.0 | 25666.0 | 68.6 |

资料来源：11省市2015年和2021年国民经济和社会发展统计公报。

## （七）对外开放水平持续提升

沿江各地开放优势明显形成。长三角的制度型开放引领作用进一步发挥，特别是上海自贸区及其临港新片区，在外资准入前国民待遇加负面清单管理、国际贸易"单一窗口"、自由贸易账户等重大制度创新方面，为全国积累了新经验、探索了新路径。云南面向南亚、东南亚的辐射中心建设成效明显，朝着区域性国际经济贸易中心、科技创新中心、金融服务中心和人文交流中心迈出坚实的步伐。重庆、成都、武汉、长沙、南昌、贵阳等内陆开放新高地通过深度融入共建"一带一路"，将开放后方变为开放前沿。共建"一带一路"成效显现。中欧班列贸易规模不断扩大，西部陆海新通道建设加快推进，已成为沿江省市融入共建"一带一路"的两大主要贸易和物流通道。2020年新冠肺炎疫情全球大流行导致世界贸易深度衰退，中欧班列逆势而上突破"万列"，向欧洲各国运送大量抗疫和生活物资，成为名副其实的"生命通道"。沿江11省市与共建"一带一路"国家的贸易和投资规模稳步增长，在共建国家建设的境外经贸合作区和产业园区持续发展，促进了当地的工业化、城镇化，带来就业等民生改善，有力地推动了民心相通。对外开放条件进一步改善。目前全国共设立21个自贸试验区，其中长江经济带已布局9个。各自贸试验区对于长江经济带乃至全国高水平开放而言发挥了重要的排头兵和试验田作用。上海自贸试验区历史性地推出我国第一张外资准入负面清单，重庆自贸试验区首创铁路提单信用证融资结算等。综合保税区建设稳步推进，九江港、黄石港、武汉港和重庆港等口岸扩大开放，长江经济带口岸布局进一步优化。

## （八）保障机制有力支撑

强化工作合力，推动工作落实。各级党委、政府坚持"一盘棋"

思想，认真落实"中央统筹、省负总责、市县抓落实"的管理体制和工作机制。领导小组办公室加强统筹协调、督查督办，压紧压实各方责任。有关部门有效履行行业管理职责，强化对地方的指导，推动相关工作深入开展。沿江省市逐级传导压力，细化分解重点任务，强化工作任务落实。跨省份、多部门间搭建起长江流域河湖长制协作机制，凝聚形成流域统筹、区域协同、部门联动的河湖管理保护新格局。2018年，财政部发布《关于建立健全长江经济带生态补偿与保护长效机制的指导意见》，提出通过统筹一般性转移支付和相关专项转移支付资金，建立激励引导机制。2021年，财政部会同沿江省市、各有关部门研究细化具体政策措施，形成《关于全面推动长江经济带发展财税支持政策的方案》，从5个方面提出17项具体政策措施，包括完善财政投入和生态补偿机制、支持综合交通等基础设施建设、支持沿海沿江沿边和内陆开放、支持加快破除旧动能和培育新动能、支持长江经济带城乡融合发展。2018~2021年，累计下达沿江省市重点生态功能区转移支付1321亿元，加大对长江经济带的直接补偿力度，增强相关地区政府的基本公共服务保障能力。在支持打好污染防治攻坚战方面，2018~2021年，向沿江省市累计下达大气、水、土壤污染防治资金504亿元，用于支持重点区域打赢蓝天保卫战，改善流域水环境、水生态，开展土壤风险管控和修复等工作。

# 四 以新发展理念全面推动长江经济带高质量发展

习近平总书记指出，高质量发展就是体现新发展理念的发展。行动以理念为先导，理念是行动的支撑。创新发展是长江经济带高质量发展的第一动力，协调发展是长江经济带持续健康发展的内在要求，绿色发展是长江经济带永续发展的必要条件，开放发展是长江经济带走向繁荣的必由之路，共享发展是长江经济带全面发展的根本归宿。长江经济带高质量发展之所以取得历史性成就，最重要的原因在于牢牢把握正确方向、贯彻落实新发展理念。今后，沿江省市应全面准确完整贯彻新发展理念，坚持问题导向、强化系统思维、推动创新改革，努力把长江经济带建设成为我国生态优先绿色发展主战场、畅通国内国际双循环主动脉、引领经济高质量发展主力军。

## （一）谱写生态优先绿色发展新篇章

一是统筹山水林田湖草沙系统治理。更大力度贯彻落实《长江保护法》，加快长江流域综合管理配套立法步伐，建立完善的长江流域综合执法体系。提高水污染防治效能。突出长江水体化学、物理、生物的完整性，按照水安全、水环境、水景观、水文化、水经济"五位一体"模式，强化水生态建设，保护水生态环境，维护水生物多样性。借鉴德国博登湖、北美五大湖、日本琵琶湖以及芬兰塞马湖的治理经验，在内河湖泊地区执行更严格的排放标准，使湖泊的管理与河流的管理、相邻湖泊的管理、湖泊水域与岸线的管理、物和人的管理协调起来，促使生产岸线让位于生活岸线和生态岸线。大力实施"五水共治"。以城镇污水垃圾处置为突破口和系统截污重点，以工业污染、农业面源污染治理为源头管控重点，以严重污染水体、重要水域为全面治污重点，以点带面、全面推进，实现水体达标排放。加强水资源保护。强化饮用水水源地保护，优化水资源配置，加快节水型社会建设。构建源头控污、系统截污、全面治污"三位一体"的水污染治理体系，实施"四同步综合治理方案"，即沿江重化工污染和长江口沿海重化工污染同步整治、点源污染和面源污染同步控制、重化工围江和其他污染围江同步治理、支流入江口和入江支流及内河湖泊同步管控。提升沿江工业企业危固废处理处置能力。完善污水集中处理设施，实现化工"产治一体化"，推动治理模式由"集中治理"向"精细化、精准化"治理转变，努力实现"近零排放"。同时，以飞灰、工业污泥、废盐等库存量大、处置难的危固废为重点，布局危固废管理处置设施，提升利用处置能力。

二是推动产业绿色低碳转型。以"三生融合"理念，加快长江岸线整治，在破解"化工围江"取得显著成效的基础上，加快淘汰落后低效产能，严把"两高"项目准入关口，坚决遏制"两高"项目盲目发展，持续推进沿江省市重化工产业绿色化、集群化、一体化、智慧化、数字化发展。制定并实施碳达峰行动方案，明确提前达峰地区、行业名单及时限。加快实施化工等各类工业园区"智改数转"。借鉴德国路德维希港、比利时安特卫普、新加坡裕廊岛等的成功经验，完善安全监测系统、环保监测系统、园区视频监控系统、数字网络设施平台和应急通信系统，依托 AIoT 技术，以大数据、云计算和区块链技术为驱动，打造融合可视化数据、即时性监视、智能化报警的智慧监控平台。综合运用市场、法律、政策等手段推动传统产业绿色化改造，形成与资源环境承载力相适应的绿色产业体系。大力发展环保产业、绿色技术、绿色金融，开展绿色创新企业培育行动，不断发展壮大节能环保、生物技术和新医药、新能源汽车等绿色战略性新兴产业。推动循环经济发展。推广江苏静脉产业园建设经验，以无废城市、废旧物资循环利用体系示范城市创建为抓手，建立企业微循环、产业中循环、社会大循环的循环型体系。

三是完善生态产品价值实现机制。鼓励生态产品标识鲜明的地区借鉴浙江丽水、江苏溧阳、云南普洱等地的经验，选择特色、优势、主导、高效的产业作为突破口，加强区域公用品牌培育和生态产品标准化建设，逐步形成"公用品牌+产业品牌+产品品牌"三级品牌战略路径。优化产业空间布局与重心，发挥各类农产品加工企业、专业合作社等新型农业经营主体的作用，形成农村一二三产业融合发展格局。鼓励旅游资源富集、优越的地区借鉴重庆广阳岛、湖北恩施等地的经验，有效发掘生态的经济价值，推动旅游全要素、全产业链发展，引导社会资本盘活闲置资源，品质化提升乡村民宿、农村电商、森林康养等业态，变"美丽风景"为"美丽经济"。鼓励资源枯竭型城市借鉴云南大理白族自治州、江苏徐州贾汪区等地修复废弃矿山和采矿塌陷地的经验，合理运用双复模式、景观模式和绿色产业培育模式三种修复模式，让生态修复工程与特色小镇、田园综合体等有机结合，实现空间再造、生态再造、产业再造，促使废弃矿山向绿而生，以此全面推动产业转型、经济转型、社会转型、城市转型。鼓励各地构建 GEP 核算体系，探索 GDP 与 GEP "双考核" "双提升" 的有益做法和政策安排，促进 GEP 和 GDP 双增长、GEP 向 GDP 高效转化。

### （二）打造区域协调发展新样板

一是推动上中下游协同发展。充分发挥上中下游比较优势，注重下游地区对中上游地区的带动作用，加快形成优势互补、分工合作、协同发展的区域发展格局。下游长三角地区要发挥科技创新、高端要素集聚、制度型开放等优势，特别是上海要发挥龙头带动作用，引领科技产业创新，率先建立全方位的开放型经济体系，促进产业梯度转移，强化对长江经济带高质量发展的辐射带动能力。中游地区要发挥区位条件优越、产业基础扎实等优势，按照主体功能定位，加强粮食安全保障能力，提高农业综合效益，积极承接新兴产业布局和转移，提升对长江经济带发展的重要支撑作用。上游地区要发挥生态环境优美、劳动力充沛等优势，在构筑生态安全屏障的前提下，持续稳定地提升优质生态产品供给能力，促进与中下游生态产品供需对接，发挥成渝地区双城经济圈对长江经济带的绿色发展示范作用，走出一条将生态优势转化为发展优势的新路子。

二是着力推动城乡融合发展。推进以人为核心的新型城镇化。以人民为中心，不断提升城乡融合水平，持续增强人民群众的获得感、幸福感、安全感。加大户籍制度以及与此相关的社会公共服务、财税制度、行政制度等的改革力度，加快农业转移人口市民化，强化基本公共服务保障，让在城镇工作、生活的农业转移人口的获得感、幸福感增强。推进以县城为重要载体的城镇化建设。加快推进县城在市政公用设施、产业配套、公共服务、公共卫生、人居环境等方面的补短板、强弱项，优化城镇化空间格局，提升县城公共设施和服务能力，推动县城加快建设成为推进工业化城镇化的重要空间、都市圈同城化的重要节点、城乡融合发展的关键纽带，激活县域经济，释放内需潜力，更好满足人民群众的经济需要、生活需要、生态需要和安全需要。推动新型城镇化战略与乡村振兴战略在长江经济带相互促进、共同提升。稳步推进新型城镇化战略，实施城市更新行动，完善城市基础设施，增强城市防洪排涝能力，建设海绵城市、韧性城市。针对农业转移人口市民化，深化"人地钱挂钩"配套政策，完善超大、特大城市落户制度，推动城镇基本公共服务覆盖未落户常住人口。大力实施乡村振兴战略。打造一批具有历史、地域、民族特点的特色小镇和美丽乡村，持续改善农村人居环境，加快推进农村生活垃圾处理和污水治理体系建设，消除农村黑臭水体。扎实推进共同富裕。以促进基本公共服务均等化为重要抓手，高质量保障和改善民生，加强生态环境、基础设施、公共服务共建共享，完善统筹城乡的民生保障制度。深化收入分配制度改革，扩大中等收入群体规模，构建橄榄型社会结构。巩固拓展脱贫攻坚成果与乡村振兴有效衔接。

三是完善区域间生态补偿和对口合作机制。分步完善长江经济带生态补偿机制。积极推动各省市建立上下游生态补偿机制，然后逐步扩大到跨省市上下游生态补偿机制，最终建立以干流跨界断面水质为主、向中上游地区倾斜的补偿资金分配标准，形成长江干流生态补偿制度。在推进长江经济带上下游生态补偿的同时，探索在长江经济带建立重要生态功能区、围绕湿地等领域建立生态补偿机制的可行路径，以流域生态补偿机制为核心，充分发挥不同领域生态补偿机制的协同效应。拓宽长江经济带生态补偿的融资渠道与补偿方式。以提高长江中上游生态屏障地区生态功能为抓手，加大对这些地区的直接补偿力度。以拓宽生态补偿融资渠道为目标，探索构建长江经济带生态补偿基金，形成政府主导、企业和社会各界参与、市场化运作、可持续的生态补偿投融资机制。探索生态补偿与精准脱贫有机结合的路径，建立为农户和居民带来持续性收入来源的造血式、引导式生态补偿机制。探索自然生态资源占用生态补偿和自然生态产业化路径，把生态补偿融入区域发展，从产业承接、培育优势产业、共建园区等方面建立长江经济带"优势耦合、互利共赢"的产业补偿机制。建立统一共享的生态补偿大数据平台。实现长江经济带跨省市、跨部门的协同互动和信息资源共享，建立长江经济带生态补偿大数据平台，并将其纳入长江经济带大保护综合信息平台。国家有关部门和地方共同制定生态环境监测方案，统一规划建设生态环境监测网络，基本实现环境质量、生态状况全覆盖。

## （三）构筑高水平对外开放新高地

一是统筹开放和安全。坚持总体国家安全观，把握好开放和安全的关系，增强机遇意识和风险意识，树立底线思维，把困难估计得更充分一些，把风险思考得更深入一些，注重堵漏洞、强弱项，下好先手棋、打好主动仗，深入落实外商投资安全审查、反垄断审查、国家技术安全清单管理、不可靠实体清单等制度，加强国际供应链保障合作，织密织牢开放安全网。云南作为沿边省份，应着力加强公共安全和卫生安全等建设，把安全发展贯穿于沿边开发开放各领域和全过程，防范和化解各种风险，筑牢国家安全屏障。

二是抓好长江经济带上的"一带一路"支点建设。积极架设沟通平台。进一步加强与共建"一带一路"沿线国家在发展战略层面的对话与协商，进一步推动建立政府协商对话机制。比如，以发展中欧班列贸易、国际产能合作为契机，建立沿线国家间主管部门对话协商机制；加强经济政策协调和发展战略对接，推动沿线国家为区域经济发展营造良好的环境等。同时，也要开展多领域的人文交流。提升国际产能和装备制造合作水平。深入开展国际产能和装备制造合作，把长江经济带的优势产能与"一带一路"沿线国家和地区的巨大需求有机结合起来，能有效促进长江经济带发展和共建"一带一路"的融合。为此，要切实发挥城市群的开放引领作用，提升长江经济带对"一带一路"沿线的辐射能级；加快长江经济带上"一带一路"支点建设，显著提升其支撑能力；充分发挥各类企业的主体作用，鼓励各类企业联合组建跨国公司，通过多种方式推进国际产能合作等。深入推进贸易和投资自由化、便利化。在优化长江经济带营商环境、完善中欧班列运行机制等方面切实发力，特别是要深化"放管服"改革，加快推广自贸区可复制的改革试点经验，进一步健全以负面清单管理为核心的外商投资管理制度、以贸易便利化为重点的贸易监管制度、以资本项目可兑换和金融服务业开放为目标的金融创新制度、以政府职能转变为核心的事中事后监管制度。同时，着力提升"一带一路"沿线通关一体化、贸易自由化水平。

三是统筹商品要素流动型开放和规则标准等制度型开放。在继续推动传统外贸高质量发展的同时，发挥沿江省市优势和特色，大力发展服务贸易，加快跨境电商、市场采购、外贸综合服务等新型贸易业态发展，提升贸易数字化水平。同时，以自贸区为先导稳步拓展制度型开放，完善沿江自由贸易试验区布局，在制度创新方面加大先行先试力度，深入开展首创性、差别化改革探索，加强沿江自贸试验区联动发展，为全国推进规则标准等制度型开放积累新经验、探索新路径。在推动贸易转型升级方面，鼓励有条件的贸易产业集群、聚集区完善各类配套服务，培育外贸新动能。支持沿江省市发展跨境电子商务等外贸新业态，促进外贸转型升级和创新发展。

### （四）塑造创新驱动发展新优势

一是强化创新驱动能力。积极构建沿江区域创新体系。着力提升企业技术创新能力。推动创新资源、创新政策、创新服务向企业集聚，充分发挥企业在技术创新决策、研发投入、科研组织和成果转化应用方面的主体作用。深入实施高新技术企业培育"小升高"行动计划，支持研发"专精特新"产品，形成以创新型领军企业、独角兽企业和瞪羚企业为重点的企业创新矩阵。着力强化创新平台载体建设。面向国家重大需求，抓住国家新一轮科技布局的重大机遇，支持有条件的地区和科研院所加快创建国家实验室，支持南京、武汉创建综合性国家科学中心。聚焦优势产业和新兴产业，深入开展世界级产业集群共建行动、"卡脖子"技术攻关行动和重大技术成果转化行动，在扩容"G60"科创走廊基础上，建设具有国际影响力的产业创新走廊。进一步充实完善"长江流域园区合作联盟"等创新合作机制。支持企业通过援建、托管、股份合作、招商合作等模式，建立沿江跨区域产业发展协作平台、跨区域产业联盟、跨区域科技合作平台。着力完善科技创新体制机制。健全科技成果高效转移转化机制及其收益合理分配机制，提高科研人员收益分享比例，完善科技评价机制。提升国际科技合作水平。推动国际知名院校和科研机构到长江沿线布局，建立健全促进产学研有效衔接、跨区域通力合作的体制机制，发挥协同联动的整体优势。

二是积极建设自主可控的产业链。抓住全球产业链停摆和调整的机会，以及加快推进长江经济带高质量发展的有利时机，共同构建以国内循环为主体的完整产业链循环。下游要发挥科技和产业资本、前沿产业的引领优势，中游要发挥制造业规模大和门类全的支撑优势，上游要发挥新兴产业和上游产业优势，在各扬所长的基础上共同建链、强链，通过深化区域之间"链长合作"提升区域全产业链的竞争力。要强化长江经济带各区域产业链合作，在"链长制"协同的基础上，打造长江经济带各城市之间制造业的研发、设计、生产、销售、服务的纵向联结，推动形成开放式的横向互补的分工网或产业链。以龙头企业为引领，对处于同一条产业链的企业，进行资产重组或业务整合，用股权联系形成紧密合作体系。强化长江经济带各区域同一产业链内企业的外包、市场、要素合作，推动产业链集群发展，强化企业相互竞争和相互学习，提升产业链水平。提高产业链龙头企业配套能力，建立配套备选清单，优化产业配套半径，确保极端情况下的产业自我循环。以产业集群合作为基础加快区域之间产业链整合，构造有国际竞争力的国内产业链集群。

三是共同形成高水平产业科技供给。长江经济带11省市完全有条件通过整合区域内创新资源，率先构建我国区域协同创新共同体，从而成为我国科技和产业创新的开路先锋。首先，要把11省市的科技创新资源和企业创新协同、整合、流通起来，围绕产业发展的关键领域、前沿领域、难点领域和无人区展开集中攻关。其次，要健全区域内高校、科研院所、企业科技资源共享和协作体系，共建产业技术创新战略联盟、技术研发平台、公共重点实验室和工程技术中心，形成产业链与创新链协同互促的生态体系。最后，要利用长江经济带雄厚的制造业基础和高校资源，集聚全国乃至全球的创新资源。包括通过建设国际科技合作创新园，吸引海外知名大学、研发机构和跨国公司在本地设立全球性或区域性研发中心。通过"逆向发包"的方式，将研发项目发包给国外科研团队。

## （五）绘就山水人城和谐相融新画卷

一是建设人与自然和谐共生的城市。提高中心城市综合承载能力。建立分层次、分区域协调管控机制，以自然资源承载能力和生态环境容量为基础，合理确定城市人口、用水、用地规模，合理确定开发建设密度和强度。建设一批产城融合、职住平衡、生态宜居、交通便利的郊区新城，推动多中心、组团式发展。落实规划环评要求和防噪声距离。加快海绵城市建设，完善城市防洪排涝体系，提高城市防灾减灾能力，增强城市韧性。实施城市生态修复工程，保护城市山体自然风貌，修复江河、湖泊、湿地，加强城市公园和绿地建设，推进立体绿化，构建连续、完整的生态基础设施体系。实施城市功能完善工程，加强婴幼儿照护机构、幼儿园、中小学校、医疗卫生机构、养老服务机构、儿童福利机构、未成年人救助保护机构、社区足球场地等设施建设，增加公共活动空间，建设体育公园，完善文化和旅游消费场所设施，推动发展城市新业态、新功能。

二是高质量推进城市品质提升。坚持以人民为中心，努力创造宜业、宜居、宜乐、宜游的良好环境，构筑更多自然景观、滨水绿带，让"黄金带"镶上"绿宝石"、具有"高颜值"。加快提升城市的辐射带动力，形成长江经济带繁华都市、田园乡村相辉映的最美地区。提高人民收入水平，加大就业、教育、社保、医疗投入，促进发展红利共享。加快建设一批生态宜居的绿色城市，围绕重要生态屏障、重要水源地、风景名胜地，全面推进产业生态化、生态产业化，大力发展绿色农业、新型生态工业、生态服务业，使绿色产业体系基本建立并成为经济发展中的主导力量。以生态文明理念引领城乡建设和生活方式变革，着力建设功能完备、碧水蓝天、绿色低碳、人文厚重、和谐宜居的美丽家园，切实改善城乡生产生活环境，全面提升城市的综合承载能力和生活舒适度。加快建设一批特色鲜明的风情村镇。依据自然条件、生态环境容量、特色用途，合理规划小城镇规模，结合实际注重特色发展，打造自然景观特色，突出建筑风格特色，营造特色民族风情，增加文化内涵，建设小而精、小而美、小而全的特色小城

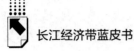

镇；同时要强化规划引领和规范指导，保护古镇、古村落等历史文化资源。

三是保护传承弘扬长江文化。深入挖掘长江文化内涵，强调保护文化遗产，传承历史文脉，弘扬长江文化，积极讲好长江故事。保护好长江文化，建设长江文化遗产基础数据库，摸清文化遗产底数，研究制定长江文化图谱，完善历史文化名城、名镇、名村、传统村落保护体系，推动实施一批文化遗产保护项目，探索建立长江生态文化建设示范区。传承好长江文化，推动优秀传统文化创造性转化、创新性发展，把文化元素应用到城市规划建设中，推动将长江历史文化、山水文化与城乡发展建设有机融合，保留传统风貌，延续历史文脉。弘扬好长江文化。系统梳理历史赋予长江的精神力量，弘扬红船精神、长征精神、抗洪精神等伟大精神，弘扬生态优先、绿色发展的新时代长江生态文化，建设长江国家文化公园建设先行示范区。促进长江国家文化公园、长江经济带与长江生态文明建设相互协调，让长江国家文化公园早日成为长江沿线经济、文化、社会、生态文明协同发展的重要实践载体。

# 推进系统治理
# 改善生态环境

Promoting Systematic Governance to Improve

Ecological Environment

**B.2**
# 长江经济带生态环境治理取得的
# 成效及需要重视的问题

张乃明*

**摘　要：** 加强长江流域生态环境保护和修复，是实现人与自然和谐
共生、保障中华民族永续发展的重大战略。本文指出，自
2016 年 1 月 5 日习近平总书记提出"把修复长江生态环
境摆在压倒性位置，共抓大保护、不搞大开发"以来，
长江经济带 11 省市积极践行习近平生态文明思想，长江
流域生态环境实现了历史性巨变，长江经济带生态环境治
理取得突出的成效，具体包括：生态优先绿色发展的意识

* 张乃明，云南省政府参事，云南农业大学二级教授，博士生导师，云南省有突出
贡献专家。

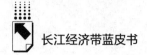

进一步加强，生态保护的法规进一步完善，生态环境质量持续改善，经济社会发展与生态环境保护更加协调可持续。同时，本文针对长江上游的云贵川渝地区存在的面源污染治理薄弱、总磷消减面临挑战、生态优势尚未转化为经济优势等问题提出了相关建议。

**关键词：** 长江经济带 生态环境 绿色发展

长江经济带覆盖沿江 11 省市，包括上海、江苏、浙江、安徽、江西、湖北、湖南、重庆、四川、贵州、云南，约占全国总面积的21.4%，约205.23万平方公里。长江经济带的人口和GDP占比均超过全国的40%。推进长江经济带发展，既是以习近平同志为核心的党中央做出的重大决策，也是关系国家整体发展的重要战略。它对于实现中华民族伟大复兴具有重要意义。进入新世纪，国内许多学者纷纷提出长江经济带的概念和相关发展建议，习近平总书记于 2013 年7 月在武汉调研时指出，长江流域要加强协作，使内河航运作用得到充分发挥，进而把全流域打造为黄金水道。国务院 2014 年 9 月印发了《关于依托黄金水道推动长江经济带发展的指导意见》，首次提出将长江经济带建设成为具有全球影响力的内陆经济带、东西互动合作的协调发展带、对内对外的开放带、生态文明建设的先行示范带。同年 12 月，习近平总书记做出重要指示，强调了长江运河是我国国土空间开发的东西主轴线，在区域发展总体格局中占据重要的战略地位，长江经济带的建设要坚持一盘棋、理顺体制机制、加强统筹协调，充分发挥长江黄金水道的作用，为全国统筹发展提供新的支撑。同时，党中央还成立了推动长江经济带发展领导小组。习近平总书记更是连续三年召开推动长江经济带发展座谈会，"走生态优先、绿色发展之路"均是三次讲话的核心内容，让中华民族的母亲河永存生机，让黄金水道真正产生黄金效益，使长江经济带成为我国生态优先绿色发展的主战场，引领经济高质量发展的主力军。针对国家提出的长江经济带发展战略，对长江经济带生态环境治理的主要成效及时进行总结，并客观深入地分析其存在的问题，对深入贯彻落实《长江保护法》，推进 2030 年长江生态环境保护目标的实现具有重要意义。

# 一　长江经济带生态环境治理的主要成效

## （一）共抓大保护、绿色发展意识显著增强

正确处理发展与保护的关系，是推动长江经济带高质量发展的关键，发展理念的转变、保护意识的增强非常重要。党的十八大以来，习近平总书记遍访长江经济带沿岸省市，并于 2016 年、2018 年、2020 年分别在重庆、武汉、南京主持召开长江经济带发展座谈会，主题从"推动"到"深入推动"再到"全面推动"。从云贵高原到江南水乡，共抓大保护、绿色发展的理念在人们心中生根发芽；"共抓大保护，不搞大开发"这一新格局逐步形成。"共抓大保护、不搞大开发、生态优先和绿色发展"等理念在长江经济带 11 省市的发展中得到落实，在"长江上下一盘棋"的思想引领下，长江经济带各省市形成治理合力、积极构建沿江绿色发展共同体，绿色发展理念不断深入人心。

## （二）生态环境保护制度更加完善

生态环境保护制度的实施是习近平生态文明思想的核心内容之一，也是党的十八大以来我国扎实推进绿色发展，生态环境状况实现

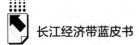

历史性转折的成功经验总结。围绕推动长江经济带高质量发展，在生态环境保护制度建设方面也取得重大进展。自 2016 年 3 月 25 日《长江经济带发展规划纲要》被中共中央政治局审议通过后，长江沿岸各地区为贯彻纲要精神，制定了一系列长江经济带发展规划（2016～2020 年）。云、贵、川三省为保护好金沙江一级支流赤水河，出台《赤水河流域横向生态保护补偿协议》。为了保护长江经济带生态环境，环境保护部、发展改革委、水利部于 2017 年 7 月印发《长江经济带生态环境保护规划》。2019 年 6 月，中共中央办公厅与国务院办公厅印发的《中央生态环境保护督察工作规定》，是为规范生态环境保护检查工作、压实生态环境保护责任以及为推动生态文明建设的重大制度创新。同年 1 月 12 日，为加强长江流域生态环境保护与恢复、促进区域内资源合理高效利用、保障生态安全、实现人与自然和谐共生，推动长江经济带发展领导小组办公室发布《长江经济带发展负面清单指南（试行，2022 年版）》。在省级层面，四川、湖南、湖北等省市也出台了相应的负面清单实施规定，形成国家和地方两级负面清单管理制度，明确长江经济带沿线禁止建设项目类型，特别是对污染物排放量大、环境影响大、产能过剩行业予以淘汰；管理好重要岸线和河段，并控制好污染物排放量大、环境风险大的行业。通过负面清单管控，长江经济带生态环境硬约束机制逐步确立。2020 年 12 月26 日，中华人民共和国第十三届全国人民代表大会常务委员会第二十四次会议通过《中华人民共和国长江保护法》，自 2021 年 3 月 1 日起开始实施，不仅明确各方职责、压实生态环境责任、加大对违法行为的惩处力度，而且为彻底且有效地根治"长江病"，全面推动长江经济带高质量发展提供了坚实的法治保障，更是中国第一部与流域相关的环境保护法。《长江保护法》与已经实施的《水污染防治法》《水法》《环境保护法》等法律紧密衔接、相辅相成，形成了更加完善、更加严密的推动长江大保护法律体系。

### （三）长江流域的生态环境质量持续改善

长江经济带作为我国重要的生态功能区，是重要的战略水源地，还具有重要的生物多样性保护、水源涵养及水土保持功能。开展"共抓大保护、不搞大开发"以来，长江经济带8000多家化工企业转移、改革、合作改造，电子信息与装备产业规模占全国的50%以上。沿江经济带的基础研究和关键技术攻关能力日益增强，同时还有一系列产业（如数字经济、电子信息、生物医学、航天）发展水平居全国前列。随着长江经济带发展战略的实施，区域内生态环境不断改善。资料显示，截至2019年底，长江流域水质优良（Ⅰ~Ⅲ级）比例为91.7%，比上年提高4.2个百分点，而劣Ⅴ类所占比例为0.6%，比上年下降1.2个百分点。总而言之，长江经济带各省市水土气环境改善，但局部仍存在一些问题，如水环境、城市空气质量、土壤环境等。各省市通过源头控制、末端治理、监督管理及联合防控来积极推进大气污染防治工作。长三角和成渝等城市群也建立健全大气污染防治机制，大气环境质量不断改善。

### （四）经济发展与环境保护更加协调

经济发展与环境保护的协调性是一个地区绿色发展水平的重要标志。《长江经济带绿色增长态势监测与评估2020》显示，长江经济带环境资源生产力指数持续增长、区域间差距缩小、环境质量和环境服务水平持续提升，绿色发展综合水平呈现"东高西低"的格局，其中，上海绿色发展综合水平位居第一，江苏紧随其后。由此可见，经济发展水平较高的地区，其绿色发展综合水平也具有领先优势。

## 二 长江经济带"共抓大保护"中尚存在的问题

在习近平总书记亲自部署和中共中央推动长江经济带发展领导小

组的直接领导下，长江经济带各省市积极开展"共抓大保护、不搞大开发"，长江经济带经济持续健康发展，实现了在发展中保护、在保护中发展，并且长江流域生态环境保护成效显著。但是也要清醒地认识到，长江经济带在生态环境治理和共抓大保护的过程中仍然存在一些问题需要引起重视。

## （一）上游农业农村面源污染治理滞后

众所周知，农业农村面源污染治理是生态环境保护的重要内容，但相对于点源污染治理而言，农业农村面源污染治理明显滞后，特别是在长江经济带的上游云贵川区域面源污染逐渐成为水环境污染的主要构成。但目前上游地区普遍存在农村生活污水处理率较低，已有处理设施简陋、运行效果不理想等问题，针对农业农村面源污染治理，无论是源头减污、过程控制还是末端净化和利用，都缺乏系统性的解决方案和较大规模的工程应用。上游农业农村面源污染治理滞后已经成为长江经济带水环境治理的短板之一，需要引起高度重视。

## （二）云贵川渝"三磷"治理仍然面临挑战

长江经济带生态环境保护的核心是水质稳定，但相对其他污染物而言，长江干流水质总磷指标的波动幅度仍然相对较大，监测数据显示，2017~2019 年长江流域以总磷作为水质超标定类因子的断面比例达 51.5%，总磷成为长江流域的首要污染物。这与上游磷资源、磷化工大省云贵川"三磷"（磷矿、磷化工企业、磷石膏库简称"三磷"）治理成效不显著有关。这已经成为长江流域生态环境保护和高质量发展的"绊马索"，尽管上述省份在国家实施长江流域"三磷"大排查之后，针对问题进行了全面整改，但在磷石膏资源化利用方面仍然面临技术等方面的难题，也缺乏推动磷石膏综合利用的政策支持。由于磷化工行业产能扩张，特别是近年来大规模上马磷酸铁锂储能材料，磷石膏产量持续增长，但综合利用量增长缓慢，再加上受预处理成本及远程运输等因素限制，磷石膏综合利用率偏低，产生量远远大于综合利用量。

### （三）长江上游区发展与保护的协调性不足

绿色发展综合水平呈现"东高西低"的格局，长江经济带上游地区特别是云南、贵州、四川经济发展相对滞后，但云南省的绿色生态指数在九省二市中排首位，贵州省、湖南省分别列第二、三名。从细分领域来看，自然禀赋方面得分最高的是云南，但云南经济总量和人均 GDP 排倒数第一，上游的云贵川地区经济发展与生态环境保护的协调性弱于中游的湘、鄂、赣、皖，以及下游的沪、苏、浙。

### （四）对不搞大开发的理解存在偏差

自开展"共抓大保护、不搞大开发"以来，长江经济带各省市对共抓大保护已经达成共识，但部分地区对不搞大开发的理解存在偏差，认为不搞大开发就是只讲保护不讲发展，这显然是片面的。2018年4月26日习近平总书记在长江中游武汉考察时明确指出，不搞大开发不是不搞大的发展，而是要科学地发展、有序地发展。而如何推动长江经济带实现科学发展、有序发展，目前各地相关研究较少，思路还不够开阔、办法还不多。

## 三　加强长江经济带生态环境保护的建议

### （一）加强上游云贵川渝的农业农村面源污染治理

云贵川渝是我国长江上游最重要的生态安全屏障，上游地区径流量高达 4840 亿立方米，相当于长江总径流量（大通站）的 49%，占全国河川径流量的 17%。长江上游污染负荷高于全国平均水平，尤其氮磷污染严重，缺乏系统治理技术手段；要保护好长江上游丰富的优质水资源，当务之急就是要补齐农业农村面源污染治理的短板。习近平总书记指出，农业发展不仅要杜绝生态环境欠新账，而且要逐步还旧账，要打好农业农村面源污染治理攻坚战。为此，建议中央有关部门结合现有资金渠道，支持长江上游云贵川渝地区农业农村面源污染治理，在资金与项目安排上给予倾斜，同时把长江上游农业农村面源污染调查、监测、控制及评估技术纳入"十四五"国家科技计划。

## （二）加大对长江上游云贵川"三磷"治理的支持力度

长江干流水质指标中总磷（TP）指标经常波动，《中华人民共和国长江保护法》明确规定，长江流域省级人民政府制定本行政区域的总磷污染控制方案，并组织实施。对磷矿、磷肥生产集中的长江干支流，有关省级人民政府应当制定更加严格的总磷排放管控要求，有效控制总磷排放总量。因此，从源头提高磷石膏资源化品质，突破磷石膏无害化处理和资源化利用技术瓶颈，国家有关部门应加大对长江上游云贵川"三磷"治理的政策和资金、技术等支持力度。

## （三）长江经济带云贵川区域生态价值转化需要新突破

长江经济带如何基于自然生态系统的现有条件探索出一条绿色发展、生态优先的新路子，将绿水青山转化为金山银山，实现生态产品价值，这是长江经济带云贵川区域亟须解决的问题。除了国家需要在生态产品价值实现模式、优惠政策以及保障制度方面给予支持和指导外，云贵川区域也要在推进生态资产确权登记、完善生态产品价值核算和定价机制、建立统一的生态产品交易市场方面有所突破。

## （四）"共抓大保护、不搞大开发"的科学内涵需要准确把握

针对当前部分地区在理解"共抓大保护、不搞大开发"方面存在偏差，需要在思想上、认识上、理论上进行纠偏，各级领导要用更多的时间和精力来研究如何才能使长江流域实现科学发展、有序发展，要在大保护的前提下，科学谋划长江经济带 11 省市绿色发展和可持续发展问题。

# B.3
# 促进长江经济带生态环境健康发展的财税政策分析

踪家峰　白雪　董懿蔚*

**摘　要：** 新时代以来长江经济带生态环境得到了根本性改善，但依然面临诸多挑战。财政是国家治理的基础，也是保障生态环境健康发展的重要基础。促进长江经济带生态环境健康发展需要深化财税政策改革，具体而言，需要优化长江经济带的环境纵向转移支付制度，建立长江经济带的环境横向转移支付制度，优化环境税体制率先建立绿色税收体制，加快长江经济带生态环境治理的市场化改革。

**关键词：** 长江经济带　生态环境　财税政策

## 一　引言

　　长江经济带横跨我国东中西三大区域，覆盖上海、江苏、浙江、安徽、江西、湖北、湖南、重庆、四川、贵州、云南11省市，面积约205万平方公里，占全国总面积的21%，人口和经济总量占比均超过全国的40%，生态地位重要、综合实力较强、发展潜力巨大。目

---

* 踪家峰，博士生导师，南京大学长江产业经济研究院教授；白雪，南开大学经济学院；董懿蔚，南开大学经济学院。

前，长江经济带发展面临诸多亟待解决的问题，其中生态环境问题尤为突出，经济快速增长、流域大规模开发对长江经济带的生态环境造成巨大威胁。

2013 年，习近平总书记首次提出长江流域要加强合作，强调建设长江经济带在区域发展总体格局中具有重要的战略地位，也为全国统筹发展提供了新的支撑。2014 年以来，习近平总书记先后在武汉、重庆、南京等地召开座谈会并发表讲话，强调长江经济带发展战略的重大意义，指出要正确把握生态环境保护和经济发展的关系，探索协同推进生态优先和绿色发展新路子，把修复长江生态环境摆在压倒性位置，推动长江经济带高质量发展，谱写生态优先绿色发展新篇章，绘就山水人城和谐相融新画卷，使长江经济带成为我国生态优先绿色发展的主战场。

2016 年 6 月，国务院发布《长江经济带发展规划纲要》，明确提出长江经济带发展战略定位为坚持生态优先、绿色发展，共抓大保护、不搞大开发。习近平总书记强调，不搞大开发不是不要开发，而是不搞破坏性开发，要走生态优先、绿色发展之路。"共抓大保护、不搞大开发"首要在于生态保护，绿色发展是基础，重点在于有序发展，实现高质量发展是核心。坚持"共抓大保护、不搞大开发"，推动长江流域打造美丽中国生态文明建设先行区，具有重要的战略意义。

## 二　党的十八大以来长江经济带生态环境保护取得的成绩与面临的挑战

### （一）取得的成绩

党的十八大以来，长江经济带生态环境保护取得了重大成就，发生了根本性变化。首先,长江经济带的区域生态环境明显改善。2021年,长江流域干流和主要支流水质均为优,Ⅰ~Ⅲ类水质断面占81.9%,比2020年上升2.0个百分点,总体优于全国平均水平;劣Ⅴ类占3.8%,比2020年下降1.1个百分点,① 有望进一步实现长江流域国控断面消灭劣Ⅴ类的目标,沿江各省市的水质优良断面比例也呈现显著的提升趋势;同时,11省市的环境空气质量指数(AQI)优良率平均达到90%,高于全国平均水平,相比2015年,11省市的化学需氧量排放总量、二氧化硫排放总量和氮氧化物排放总量均减少了50%以上;② 第九次全国森林普查数据显示,长江经济带森林覆盖率达到44.4%,比全国平均水平高21.4个百分点,整体区域生态环境明显改善。

其次,长江经济带污染防治能力明显增强。自国家启动污染防治攻坚战以来,11省市纷纷制定污水处理收费标准,其中多数省市的污水处理收费标准高于国家指导的最低收费标准,并且累计建成污水管网6.62万公里。同时,10年来"关停并转"长江干流和支流范围内11万家企业特别是重化工企业,初步改变了化工围江的局面。此外,加快推进城市污水收集管网建设、城乡生活垃圾处理和农业污染治理,污染防治取得显著成效。

最后,长江经济带积极探索生态文明先行示范区建设。在全国首批57个生态文明先行示范区中,有20个地区位于长江经济带,各省市为了实现生态文明建设的战略目标,积极探索和开展生态文明建设,长江流域范围内的四川大熊猫国家公园、湖北神农架国家公园、浙江钱江源国家公园均是国家公园体制改革先行试点区,可见长江流域加快生态文明建设,在制度和体制创新方面取得重要进展。

---

① 数据来源:《2021中国生态环境状况公报》。
② 数据来源:长江经济带大数据平台。

## （二）面临的挑战

新时代以来长江经济带的生态环境保护取得了许多成绩，但是也面临着诸多挑战。首先，协同推进生态环境保护机制有待健全。长江流域覆盖了我国东、中、西三大区域，长江经济带各省市的经济社会发展水平差异较大，各省市对生态环境保护的重视和投入程度各不相同。从全流域来看，缺乏高层次的协调机制，省市之间沟通与协调成本较高，跨区域跨部门协调程度低，缺乏对全流域生态保护的整体和系统布局，导致跨区域生态环境保护制度不够完善，区域统筹的可持续性有待提升。

其次，生态环境保护与经济社会发展之间的矛盾日益加剧。长江经济带人口密度大、经济发展需求高。长期以来的开发建设推动了流域内许多重要产业的发展，部分传统产业也承载了扩大就业等功能。例如，长江经济带化工产业是我国重要的石化、钢铁、建材等重化工业生产基地，长江沿岸化工园区数量众多，上游以加工冶金行业为主，中下游主要是钢铁、石化等行业，产业的绿色转型无法在短期内快速实现。在这种传统产能聚集的情况下，长江水环境和大气环境的保护压力很大，生态环境保护与经济社会发展之间的矛盾日益加剧。从长远来看，在发展经济的同时减少经济活动对生态环境的干扰，将是长江流域各省市需要关注的重要课题。

此外，长江经济带自然灾害频发，对经济的持续发展产生了不利影响。21世纪以来，长江中下游特大洪水频发，造成千万人受灾，经济损失巨大。长江上游地形地貌复杂，是我国地震、泥石流、滑坡最严重的地区。自然灾害的巨大危害性使长江流域生态文明建设面临很大的不确定性，也面临严峻的挑战，如何应对极端自然灾害，提升应急处理能力，是长江经济带生态环境保护中亟须解决的问题。

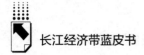
"十四五"时期，必须以生态环境为重要抓手，破解发展难题，识别潜在风险，寻找解决方案，完善促进长江经济带生态环境发展的财税政策是关键的一环，对于推动长江经济带高质量发展有重要意义。完善促进长江经济带生态环境发展的财税政策，需要优化长江经济带的环境纵向转移支付制度、建立长江经济带的环境横向转移支付制度、优化环境税体制率先建立绿色税收体制，从而推动长江经济带生态环境治理的市场化改革。

## 三　优化长江经济带的环境纵向转移支付制度

2021年8月，国务院总理李克强主持召开国务院常务会议，部署全面推动长江经济带发展的财税支持措施，强调要支持沿江省市生态保护，增加对重点生态功能区的转移支付，加大生态保护补偿力度，加强水污染防治资金倾斜，推动城镇污水管网改造和处理设施建设。

然而，地方政府的财政收支差异凸显，与此同时与污染治理相关的财权和事权严重不匹配，转移支付主要作用在于调节财政不平衡，而一些经济欠发达的市县往往需要上级转移支付来弥补自身财力不足，经济发展越滞后的地区生态环境治理的资金缺口越大。当前，中央财政通过显著提高转移支付系数、加计生态环境保护标准支出等方式，加大对重点生态功能区的资金投入。截至2021年9月，中央财政已安排沿江省市各项转移支付3.2万亿元。2018~2020年中央财政安排沿江省市各项转移支付达9.6万亿元，年均增长11.8%，占中央对地方转移支付总额的40.8%。2018~2021年，累计下达沿江省市的大气、水、土壤、污染防治资金504亿元，用于支持重点区域打赢蓝天保卫战，改善流域水环境、水生态，开展土壤风险管控和修复等工作；累计下达沿江省市重点生态功能区的转移支付1321亿元，加大对长江经济带的直接补偿力度，并重点向禁止开发区、限制开发区和上游地区倾斜，增强相关地区政府的生态保护能力。

下一步，中央财政应优化长江经济带的环境纵向转移支付制度，加大投入，强化绩效管理，引导地方提高资金使用效益，进一步推动生态保护修复和污染防治，助力长江经济带高质量发展。

## （一）推进政府间财权、事权改革，优化省以下转移支付体系

根据财权、事权属性，加大对财力薄弱地区的支持力度，健全转移支付定期评估机制，厘清各类转移支付功能定位。调整省以下转移支付结构，优化横向、纵向财力格局，推动财力下沉，增强基层生态环保能力，推动落实中央重大决策部署。此外，转移支付资金分配应与下级政府提供生态保护的成本相衔接，充分考虑下级政府努力程度，强化绩效管理，适度体现激励约束。同时，加快推进转移支付专项立法和配套法律建设，完善转移支付法律法规体系，实现政府间事权与支出责任划分、税收划分、财政体制等与转移支付息息相关的制度法治化。

## （二）提高专项资金分配的合理性、规范性和透明性

"中央—省"层次的纵向转移支付需进一步明确分配依据，只有资金分配更加科学合理，才能更好地提高资金配置和使用效率。此外，应积极推广省直管县与乡财县管的财政管理体制，提高纵向转移支付效率，提升转移支付的科学性、有效性，提升转移支付资金的配置效率和使用效益。同时，加强监测评价与考核结果在转移支付资金分配中的应用，增加生态环境污染防治专项资金的公开度和透明度，"省—市"层次的纵向转移支付需尽可能公开分配的相关数据，公示生态环境污染防治资金的省级分配数和地市级的资金

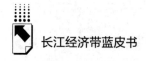

分配方案，防止地方政府间过度竞争，充分发挥纵向转移支付的污染治理效应。

### （三）建立地方政府增加生态环境支出的激励机制，着力破解区域性的生态问题

地方政府应结合本地实际，在中央财政补助的基础上，建立地方政府增加生态环境支出的激励机制，进一步加大对长江流域大气、水资源等重要生态系统的保护力度，建立省级、地市级、县级多层次共同投入的格局。同时，依托现代化环境污染监测技术，将环境中一些难降解、对人体健康威胁较大的污染物纳入监测体系，以更好地为转移支付及奖惩提供依据，从而实现财政资金自上而下的"穿透式"管理，加大财税政策"奖先罚后"的激励力度。

### （四）健全转移支付制度监督评价体系

健全转移支付监管体系，构建全覆盖的监督体系，加强监督问责机制，进一步加强地方政府环境治理类的财政预算管理，防止经济建设类支出对环保类支出的挤出效应。同时，针对长江经济带增加专项转移支付资金，加强区域型专项资金监管力度，以更好地发挥专项资金的生态补偿功能。统一监测标准和质控体系，促进和规范社会化与区域化监测。不断完善基于长江经济带的环境质量监测网络，完善区域内规划、标准、政策、环境基础设施、信息共享机制，打通"最后一公里"，无缝连接区域内各省市，实现环境监管的互通、互认，提升监管效率。

## 四 建立长江经济带的环境横向转移支付制度

作为公共产品或公共服务，生态环境具有显著的跨区域性，横向

转移支付制度有利于使生态关系密切的区域间建立基于生态服务的市场交换关系，从而使生态服务外部效应内在化。与纵向转移支付制度相比，横向转移支付制度通过明确双方的权利和义务，最大限度地调动生态补偿直接利益相关方（长江沿线各地方政府）的积极性，实现权、责、利的统一。横向转移支付制度在解决外部性和财力均等化等问题上独具优势，是纵向转移支付制度的重要补充。从我国情况来看，横向转移支付制度以对口支援和生态补偿为主，然而这两种方式既缺乏法律法规的支撑，又缺乏有效的绩效评估与监督，从而导致财政资源的配置效率较低。

目前，部分沿江省市积极开展跨省生态补偿探索，然而各地生态环境不同、发展阶段不同，对省际生态补偿的理解、认识和诉求也存在较大差异。2018 年 8 月，国务院常务会议明确指出，要将国家绿色发展基金重点投向长江经济带，引导地方建立横向生态补偿机制。当前，长江经济带整体环境横向转移支付制度建设还存在诸多问题。开展长江经济带的环境横向转移支付需要地区之间有效的协调机制的支撑。由于跨省界流域环境横向转移支付涉及的上下游省份之间经济发展水平差异大、生态环境保护目标不同、对转移支付标准设计的认识不同，如何在维护和保障省际生态环境安全的前提下，以水、大气等环境质量改善为核心，统筹协调各相关方的利益，构建公平合理、长效运行的省际环境横向转移支付机制是难点。

现有长江经济带省际环境横向转移支付模式较为单一，如生态补偿方式主要是由政府主导，依靠财政转移支付、生态功能建设专项资金及相关的税费政策，其他渠道明显缺乏，除资金补助外，产业扶持、技术援助、人才支持、就业培训等补偿方式也未得到应有的重视。此外，长江经济带省际水环境资源产权制度尚未构建，产权关系不够明晰，生态环境权益交易流转体系尚未建立健全，难以

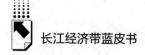

充分发挥市场力量，调动流域上下游相关方的积极性。基于此，建立完善的长江经济带环境横向转移支付制度迫在眉睫，建议如下。

### （一）构建中央督察下的跨省域环境横向转移支付的区域性合作机制

环境横向转移支付作为解决环境污染外部性问题的重要手段，通过让污染者承担污染物排放对他方造成的损失，对受损者给予相应的补偿，能够避免过度排放，提高各方环境保护的积极性。因此，加快长江经济带环境领域横向转移支付制度建设，有助于化解因环境污染跨界而引致的社会经济矛盾，激励地方政府加强环境污染防治，进一步促进区域环境污染治理合作机制的形成。

关于省际环境横向转移支付，仅仅依靠上下游的同级地方政府沟通很难达成一致，需要中央政府环境督察，自上而下地构建跨省域环境横向转移支付的沟通与合作机制，各省级政府联合制定统一的生态补偿横向转移支付制度，做到标准统一化、精细化、制度化。

实现向"造血型"补偿为主的多样化补偿方式转变，构建并完善省际环境横向转移支付标准体系。当前以纵向转移支付为主的生态补偿方式存在补偿标准偏低、方式单一、范围偏窄等问题。因而，从实现长江经济带可持续发展的角度出发，建立省际环境横向转移支付制度有必要推动生态补偿方式从"输血型"补偿为主向"造血型"补偿为主转变。还要综合考虑上游生态系统建设和保护成本以及下游因生态环境破坏而造成的经济损失，科学确定生态补偿标准，并使之制度化、规范化、常态化。

同时，需加强环境质量生态补偿金的管理与使用效能考核，各地方需将其用于生态环境污染防治工作或投向改善生态环境的项目。设置相应的衡量体系与专门的监督机构。因此，在环境质量横向转移支付制度完善的过程中，不仅需严格执行"罚"，也要合理利用"奖"，严格落实到整个环节的最后一步，真正让奖罚资金发挥最大效能，让生态环境补偿金发挥真正的效用——提高长江经济带生态环境防治工作水平。

## （二）在长江经济带联防共治框架下推进省际环境横向转移支付机制建设

大气、水等环境污染的跨界传输特征明显，容易引发跨界污染问题。因此，仅以属地原则界定各级地方政府的生态环境污染责任，存在一定的不公平性。即使本地的污染排放源管控得当，也很有可能会因外来污染物的影响而造成本地环境质量下降，从而对当地环境的考核结果产生额外的负向影响，长此以往则会打击地方政府环境污染防治工作的积极性。因此，由生态环境部牵头，有关部门、地方参加，建立长江经济带省际生态保护联席会议制度，协商推进省际水域、大气环境保护与治理工作，联合查处跨界违法行为，建立重大工程项目环评共商、环境污染应急联防机制。通过加强引导、技术指导、强化规范、统筹协调，推进长江经济带省际环境横向转移支付机制建设。

## （三）加快研究制定长江经济带生态环境保护法

制度建设离不开法律保障，推进长江经济带省际环境横向转移支付机制建设还需要加强在立法基础、流域管理协调机制、生态环境监测能力支撑等方面的配套保障工作。应尽快研究制定长江经济带生态环境保护法，明确界定中央、各地方、各部门的生态环境保护事权划分，建立长江经济带统一监督管理新体制机制，保障长江经济带环境横向转移支付机制的运转。

## 五　率先推进长江经济带的环境税改革

我国主要是通过实施排污费制度来缓解经济发展与环境保护之间

的矛盾，但是随着形势变化，推行环境费改税、建立完善的环保税法律体系成为实现绿色发展的必然之路。我国的绿色税收体系包含环境保护税、资源税、耕地占用税等多个绿色相关税种和包括增值税、所得税在内的多项税收优惠政策，对助力生态文明建设发挥着重要作用。

2018年1月1日，我国首部"绿色税法"《中华人民共和国环境保护税法》应运而生，对大气污染物、水污染物、固体废物和噪声四类污染物的征税标准进行了明确规定，自此，通过税收手段调节经济主体的行为、消除环境问题的负外部性，成为实现绿色发展的重要手段之一。从整体来看，环境税的征收使污染者付出代价，促使环境污染者和生态破坏者通过技术革新、提高资源使用效率、寻找替代品等方式减少污染物排放量，进而达到保护环境的目的。因此，还需进一步推动环境保护税改革，助力长江经济带全面迈向绿色发展的新路。

## （一）完善环保税法律体系

我国环境保护税政策出台时间短，长江经济带各省市虽然按照规定对各自的环境保护税税率做出调整，但大部分省市采取的是税率平移的做法，并未充分利用自由制定征收税率这一政策，应当建立动态的环保税税率体系。因此，随着时间的推移和工业生产技术的进步，长江经济带各省市应当逐步完善和提高环境保护税的征收标准，针对不同污染因子实行差别税率和阶段性阶梯税率，对新增的污染物种类（如挥发性有机物等）予以规范、动态调节，在保证环境保护税的减排效应得到充分发挥的同时，使其具备改善生态环境的能力。除此之外，长江经济带城市众多，城市"热岛效应"问题突出，而二氧化碳的过度排放使这些城市群的温室效应越来越明显，因此长江经济带为遏制二氧化碳的排放，将二氧化碳纳入环境保护税征税范围具有重要意义，这与国家"双碳"目标相契合。在政策改革的转轨期，地方政府通过转变思维，结合地方实际深化改革、强化制度创新，促进新政策的有序落地，让新的政策发挥其应有的效果。

### （二）调整财税分享比例，构建环境保护税的激励机制

长江经济带的能源重化工业密集度高，传统产业要改变粗放型发展方式，走高质量发展之路，就必须完善环境保护税相关的激励机制。首先，应当激励企业的环保创新和节能减排行为，通过税收抵免、减征、加倍抵扣等方式予以奖励，从降低企业成本的角度鼓励高污染企业减排、改变发展方式、开展环保创新。其次，采取税收返还等手段对购买清洁设备、采用节能工艺、开展污染末端治理的企业进行税收优惠，鼓励高耗能、高污染企业减少"三废"排放、发展高科技清洁生产工艺。通过完善环境保护税相关的激励机制，促进生产领域的绿色化发展。同时，适当提高财政收入分权程度，推动构建绿色税收体系，鼓励地方政府积极发展环境友好型产业。着力清理跨区域的总分支机构，确定政府间合理的税收分享比例，保证区域间政府财政收入的合理性和多样性。在环保税的改革中可建立动态的边际税率递增的污染当量计算规定，并配套更具激励效果的税收补贴、税收抵免等措施，以发挥出环保税的生态环境治理效果。

### （三）完善环境税的税收征管体系

首先，应加强跨部门之间的联合征管。环境费改税使得征管部门由环保部门转变为税务部门，但是税务部门缺乏对污染物监测管理的条件，因此，长江经济带各省市应进一步明晰纳税人、税务机关、环保部门的责任划分，建立更加长效的部门激励机制，充分利用技术手段通力合作、精准对接，实现环保税征收环节的效益最大化；地方政府也应有所作为，提高部门协调能力，建立完善的多方协调沟通机

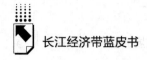

制，积极为推动环保税法的落实做出贡献。

其次，长江经济带各省市间也要协调好治理机制，对于跨省市的企业合作项目，各省市的环境部门和税务部门应当做好协商工作，统一污染物检测体系和标准，建立环境数据信息共享机制，搭建一站式环境信息平台，实现省际高效沟通。

最后，稳步推进环保税法落地实施，重点关注提高环保税法的遵从度，通过环境信用体系建设对企业的环境信用进行评级，将环境信用纳入企业强制披露范围，并将其纳入企业进行贷款、发债、上市等重大行为的基础考核条件。

## 六　推进生态环境治理的市场化改革

近年来，生态环境保护补偿机制不断完善，重点区域和流域上下游的市场化补偿范围逐步扩大，投入力度明显增强，但是成效还不够明显，在实践中，不少地区市场化、多元化生态补偿进展并不顺畅，如水权、排污权交易尚未真正启动，交易规则不明确，跨省市交易也未提上议程等。因此，需要在生态环境治理方面进一步强化和细化市场化改革，建立全社会参与的市场化生态保护补偿机制。

作为国家生态文明建设的先行示范带，长江经济带肩负着率先实现生态环境保护、绿色发展的重大使命。因此，应多举措推动长江经济带生态环境治理和保护的市场化改革，有效激发市场的活力，实现经济高质量发展。为此，需要做好以下几个方面的工作。

### （一）建立健全多层级生态补偿制度

现有省级层面的生态补偿方案是以城市为单位、由省级政府统筹的生态补偿方案，没有具体到企业污染排放源层面，并不能让污染物的第一源头方承担相应的环境责任，也无法解决跨省市环境污染外部性问题，不利于解决区域生态环境跨界污染问题。因此，现有生态补偿方案的实施无疑会进一步增加地方的财政负担，进而挤压其他公共支出。为解决以上问题，可尝试构建中央—地方—企业的多层级生态补偿机制，动态调整主要生态环境污染物的生态补偿金系数与权重，不断完善现有地方生态环境补偿政策，加速改善生态环境质量，更好地解决区域性环境污染跨界传输问题。同时适时利用横向、纵向转移支付减轻地方的财政负担，具体到企业污染排放源层面，扣缴相应的补偿资金，让污染物的第一源头方承担起相应的环境责任，从而形成覆盖面更广、调节区域范围更大的多层次生态补偿参与机制。

此外，对于长江经济带全流域的自然资源应当进行产权登记，建立起归属清晰、权责明确、保护严格、流转顺畅的自然资源资产产权制度，严格界定当地自然资源开发边界和总量，完善资源有偿使用、总量管理以及自然资源损益的评估考核机制。健全上下联动的协同治理工作格局，增加中央对地方、长江流域上下游的生态补偿效益，实现长江经济带林地、草原、湿地等自然资源的生态保护补偿全覆盖。根据流域生态补偿效果建立评价指标和体系，强化生态保护红线和底线，根据地区生态环境改善质量进行绩效评估和考核。

## （二）优化排污权、水权、碳排放权等交易体系

在国家"双碳"目标指引下，长江经济带的生态环境保护和协同发展正在进行中，如浙江和四川是用能权有偿使用和交易制度试点地区；湖北则是全国 7 个碳市场机制试点省市之一。不可否认的是，长江经济带生态环境保护和经济发展之间的矛盾依然突出，绿色转型任重道远，除了着力调整产业结构和优化能源结构、降低对高碳发展的依赖外，还要注重发挥市场机制在其中的作用，进一步突破地方生态环境以财政资金奖惩作为主要激励手段的局限，探索构建以财政激励为主体、多种激励举措相互支撑的新格局，将排污权许可证颁发与

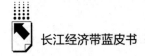

交易分配纳入地方环境保护的奖惩措施。对环境质量排名靠前的城市，加快颁发排污权交易许可证，并在排污权交易的总量分配与跨区交易方面给予相应的优惠政策支持。

同时，积极探索排污权、水权、碳排放交易权等，建立长江经济带跨区域的排污权交易制度，企业可以按照相关政策在市场上自由交易，逐步实现环境资源从无偿使用到有偿使用的过渡，以经济手段倒逼企业开展环境治理，提高资源配置效率和污染减排绩效。进一步推进水权确权，合理确定长江流域取水和用水总量，明确水资源的使用权，引导水权交易，鼓励通过节约用水有偿转让水权，达到水资源的节约和保护目的。合理科学控制碳排放总量，科学配额，并在此基础上发展碳排放权期货交易，推动建立碳排放权抵消机制，充分发挥碳市场在生态建设和保护中的补偿作用。通过水权交易、森林碳汇市场化等，实现自然资源的资本化和增值，发挥市场在生态环境保护中的积极作用。

### （三）拓宽投融资渠道，推动企业转型升级

在长江流域生态保护中，除了各级财政要适当予以倾斜外，也要采取多种方式拓宽投融资渠道，鼓励银行等金融机构针对生态环保地区建立绿色信贷服务体系，通过信贷政策、低碳评价等支持企业的生态环境保护项目，并鼓励有条件的金融企业发行绿色证券。除此之外，鼓励保险机构创新绿色保险产品，探索绿色保险在推动生态保护和补偿方面的作用，在此基础上推进绿色金融改革创新试验区建设，满足长江经济带企业在生态环保、节能减排等方面的投融资需求。进一步鼓励、引导、支持社会资本参与长江生态环境保护，完善资源环境价格收费政策，探索将生态环境成本纳入经济运行成本，实现PPP项目的正常运营和盈利，支持以PPP模式规范操作的绿色产业项目，充分发挥社会资本方在生态环境保护中的作用。

同时，持续推进长江经济带产业结构升级，着力促进技术创新，提升能源使用效率。当前各级政府要打好生态环境污染防治攻坚战。因此，促进地方产业结构优化，加快淘汰高污染、低效率产能，从源头上提高生态环境污染防治效率，更好地发挥环境政策对城市环境质量改善的促进作用。

### （四）正确处理属地管理与区域协同的关系

当前，地方环境治理仍以省或地级市为主体，表现出较强的"属地"思维，以行政地域各自为战的问题始终突出。因此，长江经济带生态环境治理应突破区域边界，不仅要在城市内部进行穿透式竞争，更要跨行政边界以区域为载体，依托城市群进行组团式协同治理，以增强区域联防联控能力和组织能力。生态环境污染的强空间外溢性客观上要求突破属地管理局限，立足于区域联防联控进行协同治理。属地管理与区域协同之间应是互补而非简单对立的关系，坚持以属地管理为基础，并非囿于行政边界束缚，加强长江经济带区域内各行政单元之间的通力合作，在区域协同、步调一致的前提下做好属地管理，充分发挥两者的内在优势。

同时，在区域协调治理的政策选择上建立统一并具有行政约束力的高层级机构以实现跨区域环境污染治理不应当是唯一的可选策略，根据长江经济带的环境污染情况采取灵活且有差异的跨区域治理模式更有助于提高污染治理效能。此外，生态环境治理存在溢出效应，容易形成地方政府"搭便车"的局面，因此，生态环境污染防治专项资金需促进跨区域合作与补偿机制的建立，强化区域间联防联控、协同治理。

# B.4
# 新时代长江流域水安全保障
# 形势与对策研究

王小毛*

**摘　要：** 维护长江流域水安全，是永葆母亲河健康与活力、推动长江经济带高质量发展的基础性、前提性要求。新中国成立以来，经过70余年的持续治理与保护，长江流域水安全保障能力得到了历史性提升。进入新时代，长江流域面临着治理保护任务的重大调整和水情工情的显著变化，水安全保障面临新的形势与挑战，迫切需要围绕理顺流域管理体制机制、守住水安全风险底线、协调保护与发展关系等方面，统筹水灾害防御、水资源保障、水生态环境保护，构建更高质量的流域水安全保障体系。

**关键词：** 长江流域　水安全　保障体系

　　长江是中华民族的母亲河。新中国成立以来，特别是改革开放以来，以三峡水利枢纽、丹江口水库、乌东德和白鹤滩水电站等"国之重器"为骨干的流域工程体系建立健全，以水土保持和水污染防治为重点的流域水生态环境治理日趋深入，流域水安全保障能力大幅提升，基本实现了由洪患之河向安澜之河、黄金水道的历史性转变。

---

　　* 王小毛，湖北省政府参事，长江设计集团有限公司总工程师。

进入新时代，习近平总书记站在中华民族永续发展的战略高度，擘画了长江经济带发展战略和长江三角洲区域一体化发展战略，对长江流域治理与保护提出了新的要求。习近平总书记深刻洞察国情水情，提出了"节水优先，空间均衡、系统治理、两手发力"的新时期治水思路，为我国治水兴水指明了方向；2021 年《长江保护法》颁布施行，进一步确立起长江治理与保护的新准则，引领长江流域水安全保障体系的建设理念发生深刻变革。同时，国家水网重大工程建设赋予了长江流域在国家水安全体系中新的使命；近年来，全球气候变化和人类活动对流域水情影响日益显著，极端旱涝事件、旱涝急转事件频发，客观上也造成了新的水安全风险，长江流域水安全保障体系的建设任务亦要进行适应性调整。

面向新要求、新理念与新任务，有必要在厘清当前以及未来一段时期长江流域水安全保障形势和重大需求的基础上，系统谋划流域水安全保障体系建设的对策与路径。

## 一　新时代长江流域水安全保障的形势与要求

### （一）更加注重全流域、多要素、全过程的系统治理

长江流域庞大的河湖水系串联构成了有机统一的整体，客观上决定了长江流域水安全保障是一项不可分割的庞大的系统工程。习近平总书记就长江治理与保护作出系列重要指示，多次强调和系统阐述了流域系统治理的重要意义与任务要求。总体来看，长江流域系统治理与管理至少应包括流域空间的协同、水安全多领域的协调，以及水安全问题从源头到末端的统筹。但从目前的治理与保护形势来看，距离系统治理的要求还存在一定差距。

一是管理条块化分割的问题仍然制约着流域治理效能。一方面是

空间的整体联动不足，例如受地区间发展水平与条件的制约，流域防洪工程体系建设并不同步，部分地区建设滞后、能力不足，而部分地区则可能超规划标准开展工程建设甚至侵占行蓄洪空间，造成了事实上的洪水风险"转嫁"，也制约了流域防洪效能的整体提升。另一方面是行业间的协调机制仍不够通畅，跨行业之间信息互联互通程度不高，还存在规划冲突、建设不统一、管理不协调、执法不一致的问题，难以适应长江经济带"一盘棋"的战略部署。

二是流域管理与治水过程的整体性有待提高。一些重要领域和关键环节的制度需要进一步完善，流域水安全保障体系建设在一定程度上还存在"头痛医头、脚痛医脚"的现象。例如流域内部分丰水地区反而面临着水资源短缺问题，其原因可能是水环境污染造成的水质型缺水、用水方式粗放造成的水资源超载等，根本上还是需要通过水环境治理"开源"、水资源节约"节流"，而不能过于依赖调水补给。

## （二）更加注重生态环境保护与经济社会发展协调

长江承接的主要污染物排放一度达到全国的 40% 以上，水生生物群落一度降至"无鱼"等级，生态环境承载"不堪重负"。党的十八大以来，尤其是长江经济带发展战略实施后，在"共抓长江大保护"要求指引下，长江生态环境治理取得了转折性变化，但长江生态持久安全的维护，则有赖于保护与发展的协调，必须加快实现生态环境保护与经济社会的良性互促。但从目前流域保护与发展形势来看，距离这一要求还存在一定差距。

一是保护与发展格局的矛盾仍然存在。长江流域人口、产业、城镇、基础设施沿江聚集，其分布与水生态敏感区高度重合，不可避免地造成了保护与发展的矛盾。例如，荆江河段作为长江黄金水道的重要组成，规划建设 4.5 米水深的航道，但由于该河段 58% 的范围被纳入生态保护地，航道建设受生态制约难以实施，造成了长江航道的

"中梗阻"，也制约了长江上中游的经济社会发展。又如，由于历史原因，长江的部分洲滩上筑起民垸、蓄滞洪区中建起城镇，一方面造成流域行蓄洪空间被挤占，影响流域防洪安全，另一方面这些地区因防洪安全得不到保障而只能粗放式、低水平发展，进一步影响流域生态环境安全。

二是保护与发展的良性互促机制有待健全。从目前各地区的生态环境治理工作看，其投入主要依赖于财政、政府债、基础设施或特许经营权抵押融资，造成了较大的政府资金压力，生态环境治理投入难以保障。究其原因，主要在于生态环境价值未得到充分挖掘和利用，生态收益转化为经济收益的能力不足，难以吸引市场资金和资本投入，制约了生态环境治理投入的可持续性。

### （三）更加注重底线安全的保障和安全韧性的塑造

习近平总书记强调，必须坚持统筹发展和安全，增强机遇意识和风险意识。水安全不仅直接关系到人民生命财产安全，也是粮食安全、能源安全、生态安全的基础性支撑与保障，只有牢牢守住水安全的底线保障，才能有效维护社会长治久安和长远发展。但是从长江流域水安全保障情势来看，仍然存在不少薄弱环节。

一是面临的水安全风险仍然突出。一方面，已有的水安全保障体系仍存在不少薄弱环节，例如防洪减灾还存在蓄滞洪区建设滞后、洲滩民垸防洪运用困难、部分干支流堤防建设不达标、城市排涝能力不足、水库病险等问题，水资源保障存在部分地区水资源利用超载、备用水源建设滞后等问题，水生态环境则仍面临着部分河湖污染严重、地下水污染治理困难以及生物种群恢复的不确定性等问题，抵御常规水安全风险的能力仍然需加强。另一方面，近年来气候变化造成旱涝极端事件和旱涝急转事件增加，如 2016 年和 2020 年长江流域连续发生流域性洪水、2022 年发生流域性持续极端干旱；流域开发与发展对应急污染风险等人为水安全风险也造成了一定影响，进一步增加了水安全保障的压力。

二是应对水安全风险的韧性有待提升。目前的水安全风险应对以被动防御为主，灾前预警、预报、预案、预演的"四预"体系主要在干流和部分支流的防洪减灾领域有所建设；灾中的应对手段较为欠缺，例如长江流域遭遇超标准洪水或遭遇如2022年的流域性极端干旱，能够系统解决流域问题的措施并不多；灾后恢复能力也有待加强，韧性城市、水弹性城市的理念虽已得到广泛认可，但在具体实施中仍然面临技术和城市治理体制机制等方面的制约。

## 二 新时代长江流域水安全保障体系建设的对策与建议

### （一）进一步理顺流域管理体制机制，提升流域治理效能

一是以流域协调机制"统筹协调"长江流域管理。加快建立长江流域协调机制，是贯彻落实《长江保护法》的重要举措。应总结国内外流域治理实践经验，依托国务院有关部门、长江流域省（市）级人民政府、专家咨询委员会等形成网络型组织结构，以搭平台、建系统为抓手，推动解决长江流域条块分割、部门分割、多头管理等问题，切实增强长江流域保护和长江经济带发展的系统性、整体性、协同性，形成长江保护和发展的强大合力。

二是坚持系统观念推进流域治理与管理能力提升。坚持流域统一规划，加强长江治理与保护顶层设计，确立流域综合规划在流域水安全保障，尤其是供水、灌溉、航运、发电等水资源综合利用方面的指导性地位，科学推进长江流域综合规划和专项规划的评估、修编和实施监管，形成流域规划引领、科学治水的良好局面。坚持流域统一治

理，统筹考虑水环境、水生态、水资源、水安全、水文化和岸线等多方面的有机联系，推进长江上中下游、江河湖库、左右岸、干支流协同治理，实现山水林田湖草沙冰系统治理。坚持统一调度，通过强化流域防洪统一调度、水资源统一调度、生态流量水量统一调度实现水资源最大效益，强化流域管理机构统一调度职能，努力实现流域涉水效益"帕累托最优"。

### （二）坚持生态优先绿色发展，加快实现保护与发展相协调

一是要科学优化流域保护与发展格局。要坚持流域生态系统的整体性和完整性，以流域空间为基本底图单元，以资源环境承载能力为依据、以生态空间管控为硬约束，科学谋划流域发展空间布局。要统筹洪水行蓄、水资源调节、水生生境等方面的需求，管护好水域空间，确保水域空间面积不减少、功能不降低；重点研究洲滩民垸的行蓄洪作用以及清退带来的经济社会影响，分类管理、分级调度、分类开展防洪治理；根据全流域防洪体系和防洪形势的变化，深入研究长江中下游蓄滞洪区布局调整方案，在确保流域防洪安全的前提下，研究扩大部分蓄滞洪区的安全区，为发展需求迫切的城镇提供安全的发展空间。要深入探索生态环境影响小的基础设施建设替代方案，重点深入研究在江汉平原建设"荆汉运河"的荆江航运分流替代方案，畅通长江航运通道的同时避免对荆江生态敏感区的影响。

二是要积极探索"两山"转化路径。生态产品价值化是绿色发展市场机制建设的基础，建议长江流域相关省市加快建立健全生态产品价值实现机制，以体制机制改革创新为核心，以生态产品的系统性保护、价值化评估、产业化经营、市场化交易、共享化分配为重点，加快完善绿水青山转化为金山银山的多元实现路径和政策制度体系。研究建立健全长江流域生态补偿机制，充分考虑长江流域生态环境保

护特征和管理需要，明确流域上下游在经济、社会、生态等方面存在的差距及其差异性需求，协调上下游各个利益相关体的关系，深入分析各个省市利益之间的相互联系和相互影响，做到统筹兼顾，明确流域上下游在生态保护和补偿中的不同职责、不同作用和不同地位，建成可操作性强的流域生态补偿机制，让保护者和受益者良性互动，真正实现在发展中保护、在保护中发展。

### （三）强化底线思维，系统提升流域水安全风险应对能力

一是加快补齐流域水安全保障体系的短板。要强化流域蓄泄兼筹的韧性防洪减灾体系，科学提升洪水防御标准，加快蓄滞洪区布局调整与建设，推动洲滩民垸分类防洪治理，推动病险水库除险加固，建成城市防洪排涝综合体系。要强化水资源节约集约利用体系，完善节水标准制度体系，落实以水而定、量水而行，加大节水技术推广力度；统筹国家和流域水网建设，构建空间均衡的优质水资源配置体系，加快推动流域内国家水网重大工程建设，为长江流域乃至全国的农业安全、产业安全和城市安全提供坚实的水资源保障。要以流域底图单元为基础，强化河湖生态流量保障与水资源统一调度，严格涉河建设项目监管，加强重点河湖系统治理，科学推进水土流失防治，加强地下水管理保护，逐步建立与高质量发展相适应的流域水生态环境保护体系。

二是以数智赋能为重点提升应对水安全风险的韧性。加强水利信息化和数字流域建设，提升水安全风险的监测感知能力，实现风险自动预报、管理形势预警、工程运行方案预演和应对预案决策辅助，将水安全风险从被动应对转向主动防控。要丰富水灾害风险的事中应对手段，在流域防洪工程体系中要为超标准洪水的行蓄预留空间，以国家水网工程建设为引领研究流域内更大范围水资源优化配置以及从其他流域向长江应急补水的水资源调配方案，提升长江流域应对大范围

甚至全流域极端干旱事件的能力，要深入实施城市备用水源建设工作，提升应对局地干旱或水源污染等应急水资源短缺风险的能力。

# 三　结语

进入新时代，长江流域的治理与保护格局、治水思路、水安全风险都发生了较大变化，针对新形势下水安全保障体系建设面临的新挑战，要着力以理顺流域管理体制机制为引领，提升流域治理效能；要坚持生态优先绿色发展，加快实现保护与发展相协调；要强化底线思维，系统提升流域水安全风险应对能力。

# B.5
# 巩固长江十年禁渔成果
# 持续加强长江水生生物多样性保护

刘焕章　王丁　高欣　黎明政　梅志刚　王克雄*

**摘　要：** 长江流域具有极为独特的水生生物多样性。近年来多种人
类活动导致长江水生生物资源衰退严重，部分珍稀物种灭
绝或濒临灭绝。长江十年禁渔后，水生生物资源恢复明
显；但是一些珍稀濒危物种种群数量少，恢复缓慢或困
难，栖息地环境亟待改善。建议继续落实好长江十年禁渔
措施；修复水生生物关键栖息地；特别关注中华鲟等珍稀
物种保护，建立有针对性的物种保护基地；加强基础研
究，建立完善的长江水生生物监测网络，健全保护管理
体系。

**关键词：** 长江　十年禁渔　生物多样性

长江流域水生生物资源丰富，具有极为鲜明的独特性，是全球水

---

\* 刘焕章，中科院水生生物研究所研究员，主要研究方向：长江鱼类演化与保护；
王丁，中科院水生生物研究所，主要研究方向：长江鱼类演化与保护；高欣，中
科院水生生物研究所，主要研究方向：长江鱼类演化与保护；黎明政，中科院水
生生物研究所，主要研究方向：长江鱼类演化与保护；梅志刚，中科院水生生物
研究所，主要研究方向：长江鱼类演化与保护；王克雄，中科院水生生物研究
所，主要研究方向：长江鱼类演化与保护。

生生物多样性保护的热点地区之一。但是，过度捕捞、水电开发、水污染、江湖阻隔等人类活动导致长江水生生物资源严重衰退，以白鱀豚、白鲟、长江鲟、中华鲟、长江江豚等为代表的珍稀水生生物的野生群体已经灭绝或者濒临灭绝。为了保护和恢复长江水生生物资源，国家实施了长江十年禁渔、人工繁殖放流、迁地保护等一系列的保护措施。目前，长江十年禁渔已经初现成效，水生生物资源恢复明显，但是一些珍稀濒危物种种群数量少，恢复缓慢或困难。因此，在长江十年禁渔的背景下，亟须进一步采取措施，加强对长江水生生物资源的保护和恢复。

# 一　长江水生生物保护现状

## （一）长江水生生物具有极为重要的保护价值

长江水生生物极具独特性，是重要的生物资源，对维系河流生物多样性和生态平衡、保障国家生态安全具有不可替代的关键作用。长江流域分布有水生生物 4300 多种。鱼类有 424 种，约占我国鱼类种数的 1/4，其中特有鱼类 183 种。依赖长江上游流域生境生存的特有种类有 124 种，约占长江特有鱼类种数的 68%。圆口铜鱼、长鳍吻鮈、长薄鳅等长江上游特有鱼类作为优势种，其产量曾约占长江上游渔获总量的 50%。宽唇华缨鱼和古蔺裂腹鱼是赤水河的特有种类。白鲟是匙吻鲟科仅存的两个物种之一，被称为"中国淡水鱼之王"，也是世界十种最大的淡水鱼之一；中华鲟是分布纬度最低的一种鲟鱼，也是溯河洄游距离最长的鲟鱼。全世界仅分布有 5 种淡水豚类动物，长江就有白鱀豚和长江江豚两种。

长江渔业资源丰富，是重要的鱼类种质资源库，是我国淡水养殖产业可持续发展的支撑。长江流域鱼类中有 50 多种是主要的经济鱼类，"四大家鱼"青草鲢鳙以及鳊、团头鲂等是我国主要的淡水养殖种类，长江的"四大家鱼"等的品质被认为是我国所有水系中最优的，长江被誉为我国"淡水渔业的摇篮"。2020年，长江流域11个省市的淡水养殖产量为3088.9万吨，占全国的58.6%，创造经济产值6387.2亿元，占全国的64.7%。①

## （二）长江十年禁渔效果初现，水生生物资源明显恢复

长江禁渔以后鱼类资源恢复明显。赤水河流域鱼类物种的多样性稳步提升，鲈鲤、异鳔鳅鮀、红唇薄鳅等消失多年的土著鱼类重新出现；长江鲟等珍稀鱼类种群数量逐年增加；中华倒刺鲃等大、中型鱼类的种群小型化趋势得到遏制；鱼类资源量明显上升，单船产量由禁渔前的4.1公斤/（天·船）提高至2021年的8.0公斤/（天·船），增长率近100%；生物完整性指数稳步提升，由禁渔前的良好等级提升至优良。

长江中下游的鄱阳湖禁渔后，刀鲚繁殖亲鱼的出现率由禁捕前的9.4%提升至2021年的94.1%，平均体长由254.5毫米增加至306.1毫米；单船捕获量由禁捕前的44.4公斤/（船·天）增加至66.4公斤/（船·天），增加了49.5%。

长江中游的湖北宜昌中华鲟自然保护区年均单船监测鱼产量由禁捕前的年均1.35公斤/（船·天）增加至2020年的6.16公斤/（船·天），增幅达356.3%。宜昌江段2021年四大家鱼产卵规模为55.4亿粒，相较2020年增加112.96%。

宜昌江段长江江豚数量由2016年的6头增加至2021年的20头左右。2020年7月长江武汉段自禁捕以来，生态环境逐步改善，江豚群体频频在武汉江段出现。

---

① 数据来源于《2021年中国渔业统计年鉴》。

## （三）珍稀濒危物种野生种群数量少，种群恢复缓慢

中华鲟种群数量极度减少，繁殖活动中断；长江鲟野生种群灭绝。尽管长江十年禁渔后，鱼类资源总体恢复明显，但是一些珍稀物种种群资源恢复缓慢。白鲟、中华鲟和长江鲟是我国长江特有的三种鲟鱼。受过度捕捞、水利水电工程修建等人类活动的严重影响，三种鲟鱼的野生种群已经灭绝或者濒临灭绝。2022年，世界自然保护联盟（IUCN）宣布白鲟已经灭绝，长江鲟为野外灭绝（EW），中华鲟为极度濒危（CR）。近年来，科研单位调查到的长江鲟均为人工放流个体，没有调查到长江鲟的野外繁殖活动。2013年、2015年、2017~2021年，没有调查到中华鲟的野外繁殖活动，年均繁殖群体数量下降为不足20尾，亲本数量少导致难以配对成功。尽管已经开展了中华鲟人工放流，但是放流个体不足以恢复种群数量。

长江江豚种群快速下降趋势得到遏制，但是物种灭绝风险依旧很大。长江江豚是长江目前唯一的水生哺乳动物，分布于长江中下游干流以及洞庭湖和鄱阳湖等水域。30多年来种群数量快速衰减，从1991年的约3600头下降到2017年的1012头，2013年被世界自然保护联盟定为"极危"等级，2021年被列为国家一级保护动物。目前已开展就地保护、迁地保护和人工繁殖研究，其种群快速下降的趋势得以缓解，但极危状况没有改变。

由于胭脂鱼无法自然繁殖，其野外种群依赖人工繁殖放流维持。1989年胭脂鱼被《国家重点保护野生动物名录》列为国家二级水生野生保护动物。20世纪80年代以来，由于过度捕捞，特别是部分渔民滥捕胭脂鱼亲本及幼苗，胭脂鱼自然资源量显著下降；同时，随着长江干流及支流电站与水坝的建设，中下游胭脂鱼无法洄游至上游进行产卵，自然繁殖停止，野生种群数量急剧下降。近年来，

在长江上、中、下游野外调查中经常发现胭脂鱼，但都是增殖放流的个体。

其他珍稀濒危水生生物物种仍然遭受严重威胁，种群生存状况堪忧。2021年颁布的《国家重点保护野生动物名录》中，国家一级和二级保护动物中新增了20种长江鱼类，仅长江上游鱼类就新增了19种二级保护动物，例如圆口铜鱼、长鳍吻鮈等。此外，长江中共有102种鱼类被《中国生物多样性红色名录》列为极危、濒危和易危等级。这些鱼类保护形势严峻，亟须加强保护。例如，鲥的洄游通道被阻隔，基本绝迹；鲸已绝迹多年。川陕哲罗鲑当前的野外种群仅分布在汉江上游二级支流太白河和大渡河上游支流脚木足河，2017~2020年的调查表明太白河残存种群数量不足4000尾，如果不加强保护，该种群很可能会消失；圆口铜鱼作为历史上长江上游干流的优势物种，曾占渔获总量的40%，受金沙江水电梯级开发的影响，其赖以生存的栖息环境发生显著变化，洄游通道被阻，栖息地破碎化，导致其资源量急剧下降，成为极危物种。

## 二　长江水生生物保护中存在的问题

### （一）中华鲟、长江鲟研究仍然不足，人工放流规模太小，栖息地修复保护不够

我国针对中华鲟和长江鲟已开展多年的保护工作，如实施增殖放流、建立保护区、制定鲟鱼拯救行动计划等，但仍然未能恢复其野外种群，主要原因是基础研究投入不足、保护力度不够、针对性不强、修复措施难以落实等。如长江两种鲟鱼野外基础生物学资料较为匮乏，尤其是关于中华鲟在海洋中的状况研究几乎为空白，仍然不清楚中华鲟和长江鲟的遗传背景和物种状况；尽管每年开展大量增殖放

流，但放流数量少、个体小、遗传背景单一，导致野外群体补充率极低（贡献率约为 1.85%）；此外，虽规划保护区，但仍存在人类活动干扰，如宜昌中华鲟保护区产卵场内隔流堤的修建、航运等均会对中华鲟繁殖产生不利影响；三峡等大型水利工程的调度，改变了水文、水温节律，也对中华鲟的繁殖产生不利影响。根据中科院水生所的监测和研究，2013 年、2015 年、2017 年繁殖季节宜昌中华鲟产卵场的水温太高、流量小，导致中华鲟没有产卵，而 2018～2021 年水温和流量均合适，中华鲟仍没有野外繁殖的原因是繁殖群体数量太少。目前仍然不清楚长江鲟的产卵场信息，以前没有禁渔，放流的个体也难以长大。

### （二）人类活动频繁干扰，长江江豚种群数量和栖息地范围均在衰减

随着人类活动的不断增加，在过去 30 多年中长江江豚自然种群数量迅速减少，其栖息地范围也严重缩小。水质污染、水利工程建设、采砂等对栖息地的破坏导致江豚自然生存环境恶化，高密度航运船舶的噪声和螺旋桨误伤已成为江豚面临的最大的直接威胁。

### （三）其他珍稀濒危物种保护工作基础较薄弱、保护投入严重不足

为保护长江珍稀濒危水生生物，相关部门开展了保护区建设、栖息地保护、迁地保护、增殖放流等多项工作，特别是从 2015 年开始，农业农村部相继制定了中华鲟、长江江豚、长江鲟的拯救行动计划，并逐步实施了一系列抢救性保护工作。但是，其他珍稀濒危物种的保护工作严重滞后，保护投入严重不足。部分物种的资源和栖息地现状数据缺乏，例如湘西盲高原鳅、金氏䱫等；部分物种关键栖息地受到破坏，野外种群维系艰难，需要规模化人工繁育保护，

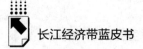

但是技术难度大，投入严重不足，人工保种措施难见成效，如圆口铜鱼等。随着长江上游干支流梯级水电的相继蓄水和运行，许多珍稀濒危物种的关键栖息地生境条件进一步恶化，部分种类的天然种群难以自我维系。

### （四）长江水生动物监测和研究工作投入不足，缺少基础研究保障机制和稳定监测网络

目前长江流域缺少水生动物基础研究的保障机制和稳定的监测网络，投入严重不足，致使基础工作无法持续开展，研究队伍人员减少。首先，由于缺少基础研究的保障机制，基础研究仅靠科研单位争取到的项目支持，很难系统、持续地开展。例如，目前长江流域鱼类资源家底仍未摸清，针对物种组成、资源量、产卵量等基础数据缺少全面调查和及时更新。其次，投入不足，缺少稳定的监测网络。曾经开展长期、系统监测工作的原"长江三峡工程生态与环境监测系统"被不断调整，其中4个鱼类监测重点站被调整为1个。最后，分类、进化、基础生态研究等基础学科的经费严重不足，研究队伍人员减少，人才梯队出现断层。

## 三　进一步加强长江水生生物保护的建议

### （一）继续落实好长江十年禁渔措施

过度捕捞是导致长江水生生物种群数量减少进而出现濒危和灭绝的重要因素之一。十年禁渔后，水生生物资源恢复明显。尽管珍稀濒危物种的种群恢复缓慢，但是十年禁渔后，长江整体生态系统的恢复将为珍稀濒危物种的恢复创造有利的条件。因此，需要继续落实好十年禁渔措施。

（二）实施"综合保护，精准修复"措施，统筹推进长江水域生态环境的综合提升

长江水域生态系统保护是一项系统性工程，应该基于"生物多样性以及水量、水质、水域空间、水流和水温"等多方面属性，从全局角度，系统研究和认识长江流域的生态系统结构和功能特征，并以此为依据，统筹推进长江流域已有的各项保护措施，制定和实施综合保护方案。同时，长江流域生境复杂，在不同区域，人类活动造成的影响也存在差异。比如，长江上游是水电开发的密集区域，河流连通性被阻断；在长江中下游，江湖阻隔造成江湖复合生态系统的生境破碎化。需要根据区域生境受损原因和特征，有针对性地制定科学的区域生态修复方案。因此，建议以"综合保护，精准修复"为原则，统筹规划和科学实施保护与修复措施，比如赤水河等重要支流保护、小水电拆除、江湖连通性与灌江纳苗以及生态调度等，协调区域生态保护与经济社会发展，综合改善长江水域生态环境，巩固长江鱼类资源保护成果。

（三）多措并举，修复中华鲟、长江鲟的野外种群

为恢复中华鲟和长江鲟的野外种群，需要提升人工放流规模和放流的个体规格，建议放流性成熟或者有过繁殖经历的个体；建立中华鲟、长江鲟人工养殖群体的精细化谱系管理体系；组织多家科研机构深入研究中华鲟和长江鲟的遗传多样性，联合进行种质鉴定，改善人工养殖及放流群体的遗传质量，提高对野生群体的补充效率；持续开展鲟鱼野外种群动态监测，深化鲟鱼基础生物学研究，深入了解中华鲟在海洋环境的状况、长江鲟产卵场的环境条件需求，深入研究分析中华鲟野外产卵或不产卵的原因；发展新的监测技术与方法，更准确、及时地了解中华鲟和长江鲟的种群状况，例如环境DNA、水下声呐视频

监测等。对现有栖息地实施生态修复，包括宜昌、上海的中华鲟保护区，长江上游和赤水河涉及长江鲟的保护区等，减少保护区的人为干扰。

### （四）加强综合规划和经费保障，以提升江豚保护工作

一是统筹规划，加强长江生境保护和修复。由国家统筹协调涉水各个部门的资源，从整体上综合规划和实施长江水生生境的保护和恢复工程。二是提供充足经费，将长江江豚的种群常规监测纳入长江水生生物监测体系，并采用自动化和智能化监测设备，切实加强对长江江豚和水生生境的监测管护。三是提供稳定支持，加强保护措施研究和科研设施设备改善。加强就地保护中多个保护区间的连接工作，加强迁地保护群体野化研究，改善和更新现有科研场馆设施设备，建立稳定的支持机制，以持续开展长江江豚人工繁殖技术瓶颈如幼体存活率低等的攻关，为种群复壮提供技术支撑。

### （五）重视对其他珍稀濒危物种的保护投入，加快推进相关保护措施

在加强对中华鲟、长江鲟和长江江豚的保护投入的同时，应重视对其他珍稀濒危物种的保护投入。一是切实落实已有的相关保护规划，例如2021年农业农村部与国家发展改革委、中国科学院共同制定的《长江生物多样性保护实施方案（2021—2025年）》明确提出"修复其他珍稀水生生物关键栖息地"和"珍稀濒危物种保护中心"建设的规划，其中就包括了推进川陕哲罗鲑和圆口铜鱼等珍稀濒危鱼类关键栖息地保护及修复，以及建设长江上游珍稀濒危物种保护中心（如赤水河）等措施，建议加快推动落实。二是统筹实施其他珍稀濒危水生生物的保护工作，对物种资源及栖息地状况不清的种类，尽快摸清其本底状况；对部分物种现有仅存的少数关键栖息地，建立就地保护区，加强保护；对原有栖息地受损难以维持

种群延续的，选取生态环境状况较好、具有迁地保护潜力的河流——如赤水河，开展迁地保护；对部分珍稀濒危物种数量现存较多的支流，通过小水电的拆除开展整体性保护，恢复珍稀濒危物种的栖息生境。

### （六）加强基础研究，建立系统、长期、稳定的长江鱼类资源监测网络，健全长江水生生物保护管理体系

建议由在长江开展水电开发和排污的企业出资，建立长江水生动物研究和保护基金，为长江水生动物的生理、生物、生态学基础研究提供稳定的支持。同时，建议以专业研究机构为依托，整合前沿技术，建立规范统一的监测技术，系统构建长江水生动物资源监测网络体系，根据监测结果提出长江水生动物资源的适应性管理对策，有效服务于长江大保护战略的实施。

此外，长江十年禁渔后，相关区域的鱼类捕捞管理制度均发生了变化。这些变化对鱼类监测和科研工作也带来了一定影响。建议在严格执行"长江十年禁渔"政策的同时，针对资源普查、专项调查、多样性调查、科研调查等国家、地方科研和监测任务，相关部门和单位应完善禁捕水域的审批制度，全力支持长江鱼类资源相关的科学研究和监测工作，为掌握长江鱼类资源变化、评估十年禁渔效果和适应性措施的制定提供政策支持。

# B.6
# 长江经济带农业面源
# 污染评估及治理对策

张会恒*

**摘　要：** 本报告评估了 2005~2020 年长江经济带 11 省市的农业面源污染现状与特征，以及农村生活污染、种植业污染、畜禽养殖污染、水产养殖污染现状与特征，分析了长江经济带农业面源污染存在的主要问题，为此，提出不断完善相关法规标准体系、建立长效污染治理机制、加大科技支撑力度以及聚焦重点污染源开展攻坚等政策建议。

**关键词：** 长江经济带　农业面源污染　环境治理

长江经济带是我国重要的农业产区，主要生产粮、棉、油等大宗农产品，也生产茶叶、水产品、蚕桑、水果、中药材等多种特色农产品。长江经济带也是我国重要的林业产区和畜禽产品的重要产区，各类主要林产品产量占我国总量的比重均较高，肉类、奶类、禽蛋和蜂蜜产量较高。但长期追求高产量、高利润的农业生产活动，造成了严重的农业面源污染。本文以长江经济带 11 省市为基本研究单元，评

---
* 张会恒，安徽省政府参事，安徽财经大学安徽生态文明建设研究院院长，民建中央及民建安徽长江生态环境保护民主监督专家库专家。

估了长江经济带农业面源污染的现状、特征与主要问题，提出相应的治理对策建议。

# 一 长江经济带农业面源污染现状和特征

农业面源污染主要涉及两大类，一类是农村生活污染，包括农村生活污水污染和人粪尿污染等；另一类是农业生产污染，包括种植业、畜禽养殖和水产养殖污染等，其中种植业污染又可细分为农药、化肥、地膜使用等污染。

## （一）长江经济带农业面源污染总体情况

### 1. 污染现状与变化特征

近年来，长江经济带的农业面源污染趋势得到扭转。2005～2020年长江经济带农业面源污染物排放大体经历了恶化、稳定和改善三个阶段[①]：一是污染恶化阶段（2005～2012年），各类污染物排放总量高位运行且不断增加，年均排污1837万吨，峰值为1926万吨；二是污染稳定阶段（2013～2016年），各类污染物排放总量呈波动下降，2016年降至1844万吨，污染趋势扭转，但改善幅度较小，年均改善0.7%；三是污染改善阶段（2017～2020年），各类污染物排放总量快速下降，2020年降至1671万吨，污染改善趋势明显，年均改善2.4%。

---

① 核算公式为：面源污染物排放总量（万吨）=农村生活污水污染物排放量（万吨）+农村人粪尿污染物排放量（万吨）+农药施用量（万吨）+化肥施用量（万吨）+地膜使用量（万吨）+畜禽粪尿污染物排放量（万吨）+水产养殖污染物排放量（万吨）。因数据获取限制，秸秆焚烧污染未计入。相关污染物排放量根据生态环境部2021年发布的《第二次全国污染源普查产排污系数手册》和相关文献资料计算。

### 2. 污染物构成与分布特征

从污染物来源看,粪尿污染尤其是畜禽粪尿污染是造成长江经济带农业面源污染的首要原因,该污染源"贡献"了超过2/3的面源污染物排放量,且近年来污染"贡献"持续增加,2020年增至70.5%。其中,畜禽粪尿污染"贡献"由2005年的34.6%持续增至2020年的44.0%;农村人粪尿污染"贡献"由2005年的34.0%持续降至2020年的26.5%。农村生活污水污染物排放量约占经济带面源污染物排放总量的1/9,该比重持续下降,由2005年的17.3%降至2020年的13.5%。其他污染源排放占比均较小,最高不超过7%,地膜使用和水产养殖污染占比有所增加,化肥和农药施用污染占比有所下降。

表1  2005~2020年长江经济带农村面源污染物来源占比

单位:%

| 污染物来源 | 2005年 | 2008年 | 2012年 | 2016年 | 2020年 | 均值 |
|---|---|---|---|---|---|---|
| 农村生活污水 | 17.3 | 17.0 | 15.1 | 13.9 | 13.5 | 11.1 |
| 农村人粪尿 | 34.0 | 33.4 | 29.5 | 27.2 | 26.5 | 22.4 |
| 农药施用 | 3.6 | 4.1 | 4.1 | 3.9 | 3.3 | 3.0 |
| 化肥施用 | 6.0 | 6.5 | 6.5 | 6.4 | 5.7 | 5.0 |
| 地膜使用 | 1.8 | 2.0 | 2.4 | 2.7 | 2.6 | 1.8 |
| 畜禽粪尿 | 34.6 | 34.0 | 38.9 | 42.0 | 44.0 | 54.2 |
| 水产养殖 | 2.8 | 2.9 | 3.4 | 4.1 | 4.3 | 2.4 |

注:相关数据主要根据生态环境部2021年发布的《生活污染源产排污系数手册》和《农业污染源产排污系数手册》,结合国家统计局和林业局网站公布的长江经济带11个省市数据,经综合计算后得到。

从污染物构成看,化学需氧量(COD)是长江经济带农业面源污染物排放的首要污染物,2005~2020年,COD、总氮、氨氮和总磷排放占长江经济带污染物排放总量的比重分别稳定在82.4%、14.5%、

1.5% 和 1.6% 左右，2020 年占比分别为 83.5%、13.4%、1.5% 和 1.6%。

从各流域段污染物排放看，长江经济带的农业面源污染物排放量呈中游地区>上游地区>下游地区的分布特征，[1] 各省市农业面源污染状况均有所改善。截至 2020 年，各流域段污染物排放占比为上游 36.1%、中游 46.7%、下游 17.2%。从流经省市看，2020 年农业面源污染物排放量居前三的依次是四川（244.6 万吨，占比 14.6%）、湖南（239.2 万吨，占比 14.3%）、安徽（202.0 万吨，占比 12.1%）。需要特别指出的是，不同于流域段的农业面源污染整体改善，近年来，云南和贵州两地的农业面源污染物排放量呈上升态势，其区域农业面源污染需要格外关注。

**表 2　2005~2020 年长江经济带流经省市农业面源污染物排放量**

单位：万吨

| 年份 | 上游地区 | | | | 中游地区 | | | | 下游地区 | | |
| --- | --- | --- | --- | --- | --- | --- | --- | --- | --- | --- | --- |
| | 云南 | 贵州 | 四川 | 重庆 | 湖南 | 湖北 | 江西 | 安徽 | 江苏 | 浙江 | 上海 |
| 2005 | 140.8 | 124.6 | 292.7 | 93.7 | 277.5 | 223.9 | 156.4 | 239.9 | 248.1 | 113.6 | 14.7 |
| 2012 | 155.7 | 121.8 | 275.7 | 90.9 | 263.9 | 237.4 | 164.5 | 222.3 | 238.1 | 112.9 | 14.2 |
| 2020 | 154.1 | 124.8 | 244.6 | 79.1 | 239.2 | 193.6 | 144.9 | 202.0 | 183.6 | 92.4 | 12.1 |
| 变化趋势 | 上升 | 上升 | 下降 | 下降 | 下降 | 下降 | 下降 | 下降 | 下降 | 下降 | 下降 |

注：相关数据主要根据生态环境部 2021 年发布的《生活污染源产排污系数手册》和《农业污染源产排污系数手册》，结合国家统计局和林业局网站公布的长江经济带 11 个省市数据，经综合计算后得到。

结合各地区污染来源构成及变化发现，云南污染恶化的主要原因是种植业污染和畜禽粪尿污染同时增加，贵州污染恶化的主要原因是地膜使用和畜禽粪尿污染增加。

---

[1] 长江经济带上游地区包括云南、贵州、四川、重庆，中游地区包括湖南、湖北、江西、安徽，下游地区包括江苏、浙江、上海。

### 表3　云南和贵州农业面源污染来源构成与变化

单位：万吨

| 项目 | | 农村生活污水 | 农村人粪尿 | 农药施用 | 化肥施用 | 地膜使用 | 畜禽粪尿 | 水产养殖 |
|---|---|---|---|---|---|---|---|---|
| 云南 | 2005 年 | 21.7 | 62.4 | 3.1 | 9.5 | 5.2 | 38.4 | 0.6 |
| | 2020 年 | 16.3 | 46.9 | 4.5 | 11.6 | 9.4 | 63.9 | 1.5 |
| | Δ | −5.4 | −15.5 | 1.4 | 2.1 | 4.2 | 25.5 | 0.9 |
| 贵州 | 2005 年 | 21.3 | 54.2 | 1.0 | 5.5 | 1.7 | 40.8 | 0.2 |
| | 2020 年 | 14.1 | 35.9 | 0.8 | 4.2 | 2.4 | 66.7 | 0.6 |
| | Δ | −7.2 | −18.3 | −0.2 | −1.3 | 0.7 | 25.9 | 0.4 |

注：相关数据主要根据生态环境部 2021 年发布的《生活污染源产排污系数手册》和《农业污染源产排污系数手册》，结合国家统计局和林业局网站公布的长江经济带 11 个省市数据，经综合计算后得到。

## （二）长江经济带农村生活污染

### 1. 农村生活污水污染

农村生活污水污染是指农村居民在日常生活中产生的污水及废弃物对农村水环境所造成的污染。生活污水主要源自厨房炊事、洗漱、洗涤、洗浴及水冲式厕所等活动，无冲水式厕所的粪污不计入。污水污染物主要包括化学需氧量（COD）、氨氮、总氮、总磷等四类。

农村生活污水影响持续减小。从长江经济带农村生活污水污染物排放量[①]来看，2005~2021 年持续减少。具体而言，农村生活污水污染物（COD、氨氮、总氮和总磷）的年排放总量不断降低，2021 年排放 221 万吨，较 2005 年的 333 万吨减少 33.6%，年均改善 2.1%。

---

① 农村生活污水污染物排放量核算公式为：污染物排放量（吨）=农村常住人口（万人）×污染物产物强度［克／（人·天）］×365（天）×污染物流失率（%）。其中，污染物产物强度源自生态环境部 2021 年发布的《生活污染源产排污系数手册》；污染物流失率结合文献资料，按 85% 计算。

由于污染物核算主要是基于 2021 年生态环境部标准，因此，在不考虑治污技术进步和污水处理率提高的条件下，长江经济带农村生活污水污染物排放的持续减少与人口流动有关，主要是城镇化等因素推动农村人口向城市流动，降低了污染核算的人口基数，即长江经济带乡村常住总人口，[①] 从而使农村生活污水污染物总体排放量减小。

从 2021 年长江经济带农村生活污水污染物构成与区域分布来看，在污染物构成方面，长江经济带农村生活污水的主要污染物构成为：COD（占 85.4%）、总氮（占 8.9%）、氨氮（占 4.9%）、总磷（占 0.7%）；在区域污染物排放量方面，中游（占 40.0%）、上游（占 34.5%）、下游（25.5%），污染物排放量居前三的地区上、中、下游各有 1 个，分别是四川（占 16.1%）、湖南（占 13.2%）和江苏（占 12.2%）。

### 2. 农村人粪尿污染

2005~2021 年长江经济带农村人粪尿污染状况持续改善。具体而言，农村人粪尿污染物（COD、总氮和总磷）的年排放总量不断降低，2021 年排放 433 万吨，较 2005 年的 655 万吨减少 33.9%，年均改善 2.55%。

从 2021 年长江经济带农村人粪尿污染物构成与区域排放分布来看，在污染物构成方面，长江经济带农村生活污水的主要污染物构成为：COD（占 84.7%）、总氮（占 13.1%）、总磷（占 2.2%）；在区域污染物排放量方面，中游（占 41.2%）、上游（39.2%）、下游（19.6%），污染物排放量居前三的地区上、中、下游各有 1 个，分别是四川（占 16.2%）、湖南（占 12.2%）和安徽（占 11.4%）。

---

① 根据国家统计局数据计算，长江经济带乡村常住人口由 2005 年的 3.29 亿持续减少至 2021 年的 2.18 亿，年均降低 2.55%。

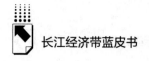

### （三）长江经济带种植业污染

种植业污染主要包括由农药、化肥、地膜以及农作物秸秆产生的农业污染。受数据获取限制，这里重点分析种植业前三类污染。

#### 1.农药污染

农药污染恶化趋势得到扭转。从 2005～2020 年长江经济带农药施用规模与施用强度变化情况看，长江经济带农药污染总体情况大体经历恶化、稳定和改善三个阶段：一是污染恶化阶段（2005～2010年），长江经济带农药施用规模与施用强度整体增加，2010 年达到峰值，年均恶化 2.6%，农药污染恶化趋势明显；二是污染缓慢稳定阶段（2011～2015 年），农药施用规模与施用强度呈波动下降，但改善速度缓慢，年均改善 2.1%；三是污染明显改善阶段（2016～2020年），施用规模与施用强度快速下降，改善幅度较大，年均改善 6.5%。

农药污染集中在中下游区域。从 2020 年长江经济带各地区农药施用规模和施用强度看，中下游地区尤其是湖南和湖北的农药施用规模和施用强度明显高于其他地区，意味着长江经济带中下游地区在种植业污染中扮演着重要的角色，这与中下游种植业生产密集和产污强度较高密切相关。

表 4 反映了长江经济带各区域种植业总氮、氨氮、总磷排放（流失）系数，下游地区的种植业产排污强度明显高于中游地区，更远高于上游地区。

#### 2.化肥污染

化肥污染是指农业生产中施用的化肥，在降雨、农田灌溉的作用下流失到水环境所造成的水体污染。化肥污染主要是总氮、总磷污染。

化肥污染恶化趋势得到扭转，从 2005～2020 年长江经济带化肥污染物排放总量变化情况看，近似于农药污染，化肥污染（总氮和

表4　种植业总氮、氨氮、总磷排放（流失）系数

单位：千克/公顷

| 地　区 | 农作物播种过程排放（流失）系数 | | | 园地排放（流失）系数 | | |
|---|---|---|---|---|---|---|
| | 氨氮 | 总氮 | 总磷 | 氨氮 | 总氮 | 总磷 |
| 上游地区 | 0.394 | 4.237 | 0.464 | 0.261 | 2.694 | 0.320 |
| 中游地区 | 0.900 | 6.271 | 0.701 | 0.548 | 6.002 | 0.433 |
| 下游地区 | 1.192 | 9.187 | 1.304 | 0.664 | 9.271 | 0.323 |

注：根据生态环境部2021年发布的《农业污染源产排污系数手册》计算得到。

总磷）大体也经历恶化、稳定和改善三个阶段：一是污染明显恶化阶段（2005~2011年），长江经济带化肥污染物排放总量持续增加，2011年达到峰值，年均恶化1.2%，化肥污染恶化趋势明显；二是污染缓慢稳定阶段（2012~2015年），长江经济带化肥污染物排放总量不断下降，化肥污染恶化趋势得到扭转，但改善速度缓慢，年均改善0.9%；三是污染明显改善阶段（2016~2020年），长江经济带化肥污染物排放总量快速下降，化肥污染改善明显，年均改善4.6%。

从2020年长江经济带化肥污染构成与区域排放分布来看，在污染物构成方面，长江经济带化肥污染以氮污染排放为主，排放量占污染物排放总量的96.1%；在区域污染物排放量方面，中游（占42.8%）、上游（占34.7%）、下游（占22.6%），污染物排放量居前三的地区依次是江苏（占18.1%）、湖北（占14.1%）和安徽（占13.0%）。

### 3. 地膜污染

地膜污染又称土壤白色污染，具有分布面广、隐蔽性强的特征。

地膜污染恶化趋势得到扭转，从2005~2020年长江经济带地膜使用量和使用强度变化情况看，依据使用强度变化，长江经济带地膜污染大体经历恶化、急剧恶化和逐步改善三个阶段：一是污染恶化阶段（2005~2010年），长江经济带地膜使用规模波动上升，

年均增长4.0%，而地膜使用强度稳定在82千克/公顷左右，使用规模上升导致地膜污染呈恶化趋势；二是污染急剧恶化阶段（2011~2015年），长江经济带地膜使用规模与使用强度均总体上升，年均分别增长3.5%和2.0%，二者叠加导致地膜污染急剧恶化；三是污染逐步改善阶段（2016~2020年），长江经济带地膜使用规模与使用强度均不断下降，年均分别降低2.1%和0.9%，地膜污染逐渐改善。

地膜污染集中在四川和云南等上游区域。从2020年长江经济带各地区地膜使用量和使用强度来看，相较于中、下游地区，上游地区地膜使用量占全经济带地膜使用总量的50.1%，这与云南、四川两省使用地膜较多有关。部分地区，尤其是江西和上海的地膜使用量占比不高，分别为7.2%、0.7%，但地膜使用强度约是长江经济带平均水平的3倍，其地膜使用效率亟待关注。

## （四）长江经济带畜禽养殖污染

近年来畜禽养殖污染状况有所改善。从2005~2020年长江经济带畜禽养殖污染物排放总量变化情况来看，[①] 畜禽养殖污染在2016年以前总体呈恶化趋势，污染物排放总量2016年达到峰值，为774万吨，较2005年增长16.1%；此后，畜禽养殖污染改善，污染物排放总量明显下降，2020年为736万吨，较2015年下降4.9%，但仍处于历史高位。

从2020年长江经济带畜禽养殖污染物构成与排放分布情况来看，

---

① 畜禽养殖污染物主要涉及化学需氧量（COD）、氨氮、总氮和总磷四类。畜禽养殖污染物排放量核算公式为：污染物排放量（万吨）＝当年畜禽出栏量（万头）×畜禽排污系数［千克/头（羽）］÷1000。其中，畜禽排污系数源自生态环境部2021年发布的《农业污染源产排污系数手册》，取规模化养殖和养殖户排污系数的均值。

在污染物构成方面，长江经济带畜禽养殖污染主要构成是化学需氧量污染，其次是总氮污染、总磷污染和氨氮污染；在畜禽养殖污染种类方面，家禽养殖污染物排放量>大牲畜（如牛）畜禽养殖污染物排放量>猪畜禽养殖污染物排放量>羊畜禽养殖污染物排放量；从省市来看，湖南畜禽养殖污染物排放量>四川畜禽养殖污染物排放量>安徽畜禽养殖污染物排放量>湖北畜禽养殖污染物排放量>江西畜禽养殖污染物排放量>其他省市畜禽养殖污染物排放量；中游畜禽养殖污染物排放总量>上游畜禽养殖污染物排放总量>下游畜禽养殖污染物排放总量。

## （五）长江经济带水产养殖污染

水产养殖污染物排放总量处于历史高位。从 2005～2020 年长江经济带水产养殖污染物排放总量变化情况来看，水产养殖污染在 2016 年以前总体呈恶化趋势，污染物排放总量 2016 年达到峰值，为 75 万吨，较 2005 年的 53.6 万吨增长 40%；此后，水产养殖污染状况改善，污染物排放总量缓慢降至 2020 年的 72.6 万吨，年均改善 0.8%，但污染物排放总量仍处于历史高位。

从 2020 年长江经济带水产养殖污染物构成与排放分布情况来看，长江经济带水产养殖污染以化学需氧量污染为主，其污染物排放量占长江经济带水产养殖污染物排放总量的 87.8%；从区域分布看，污染物排放主要集中在中下游地区，尤其是湖北、江苏、浙江等省市。

# 二 存在的主要问题

2016 年 1 月 5 日，习近平总书记指出，当前和今后相当长一个时期，要把修复长江生态环境摆在压倒性位置，共抓大保护、不搞大开发。为深入贯彻落实习近平总书记的重要讲话精神，长江经济带各省市采取了积极有效的措施，近几年长江经济带农业面源污染

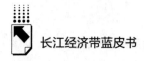

恶化趋势得到有效控制和扭转，但与此同时，还存在一些问题需要解决。

### （一）地区污染程度差异导致区域精细化治理难度增大

长江经济带涉及 11 省市，各省市发展水平和资源禀赋差异明显，导致相同污染物、污染源在不同地区的污染特征存在明显分化。总体来看，长江经济带的农业面源污染物排放量呈中游地区、上游地区、下游地区递减特征。在长江经济带整体农业面源污染状况改善的同时，云南和贵州两省却呈恶化态势；农药、化肥污染集中在中下游地区、地膜污染集中在四川和云南等上游区域；污染物排放主要集中在中下游地区，尤其是湖北、江苏、浙江等省份。在缺乏适合不同区域的综合治理模式的背景下，地区污染分化使区域实施精准化污染治理的难度增加。因此，要加大重点地区和重点污染源的治理力度。

### （二）畜禽粪尿污染突出问题亟待解决

如前文所述，粪尿污染尤其是畜禽粪尿污染是造成长江经济带农业面源污染的首要原因，该污染源"贡献"了超过 2/3 的面源污染物排放量，且近年来污染"贡献"持续增加，2020 年增至 70.5%，这应当引起我们足够的重视。在缺乏有效环境监测和粪便处理设备与技术的条件下，大量粪污未能得到有效处理，粪尿污染成为现阶段长江经济带农业面源污染治理中的突出难题，亟须大力推进畜禽粪便的资源化利用，防治养殖污染。

### （三）水产养殖污染改善缓慢

近年来长江经济带经济社会快速发展，但环境污染防治工作总体上还比较滞后。2005 年以来，长江经济带水产养殖污染物排放量迅速增加，水产养殖污染物排放量占长江经济带农业面源污染物排放总量的比例持续增加。2016 年以来，伴随水产养殖污染综合治理的开展，长江经济带水产养殖污染初步得到控制，污染物排放量缓慢降至2020 年的 72.6 万吨，年均改善为 0.8%，污染物排放量仍处于历史高位，水产养殖污染治理问题不容忽视。

## （四）化学需氧量在污染物构成中占比高未有效扭转

从污染物构成来看，化学需氧量（COD）是长江经济带农业面源污染物排放中的首要污染物，2005~2020 年，在 COD、总氮、氨氮和总磷排放中，COD 所占比重稳定在 82% 左右。在农村生活污水污染物排放量中 COD 的年排放量不断降低，但 2021 年占比仍高达85.4%；农村人粪尿污染物排放量中 COD 的年排放量不断降低，但2020 年占比仍处于 84.7% 的高位，化学需氧量在污染物构成中占比较高的局面仍未得到有效改善。

# 三　对策建议

农业面源污染治理涉及法规标准、治理机制、技术应用、多元主体参与、农户积极性、投融资机制等问题，根据以上分析，下文重点提出以下对策建议。

## （一）不断完善相关法规标准体系

国家出台了一系列污染物排放检测指标和核算标准，但长江经济带农业面源污染相关统计数据分散，调查、评估和监测等技术规范欠完善，相关环境监测基础薄弱。农田尺度面源污染监测网络已建成运行，但流域—区域尺度监测网络尚未形成，这为长江经济带开展农业面源污染治理带来障碍。因此，国家或省级层面应当重点做好制定、

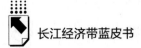

修订农业面源污染防治相关政策法规和标准工作，建立符合生态化要求的农业生产标准、农业废弃物资源化利用标准或操作规程。加强监管能力和体系建设，加大环境监管力度，将农业农村污染治理作为中央环保督察的重要内容。

### （二）建立长效污染治理机制

明确各部门的责任分工，形成齐抓共管的工作格局。农业农村部门要加强对农业面源污染防治生产技术的指导和监督。生态环境综合监管部门要加强对农业面源污染治理的顶层设计、监测评估、执法监督等。地方政府要落实对农业面源治理的主体责任，明确部门职责、细化分解任务、严格绩效考核；农业面源污染治理投资大、见效慢，社会资本、农户参与积极性不高，市场主体少，要加快培育新型治理主体，构建农业面源污染防治多元协同治理体系；加强长江流域上下游之间的协调联动，凝聚长江大保护合力，建立共享信息、协作执行等常态化工作机制。

### （三）加大科技支撑力度

近年来，通过科技手段减少污染源、治理污染物为农业面源污染治理提供了强有力的支持，如持续开展测土配方施肥、推广水肥一体化技术等。国家更加重视农业面源污染相关科研工作，设立了"化学肥料和农药减施增效综合技术研究"专项、"农业面源和重金属污染农田综合防治与修复技术研发"专项等，力图在关键技术研究、集成示范应用等方面探索出系统性解决方案。因此，要加强对主要农作物养分需求及施肥技术的研究，提高肥料利用效率。推广使用高浓度液体肥料、节水灌溉及水肥一体化技术。应切实发挥农业推广部门网点覆盖广的优势，在问题突出的重点区域，加大对科技成果应用推广的支持力度，切实发挥科技创新对解决农业面源污染问题的支撑作用。

## （四）聚焦重点污染源开展攻坚

建立完善的养殖户环境准入与退出机制，逐步实现养殖业的规模化、集约化发展；强化农业废弃物资源化利用，进一步完善畜禽养殖废弃物无害化处理利用体系，实施畜禽粪污资源化利用整县推进，开展生态健康养殖、现代化示范农场建设、畜牧业绿色发展、废旧农膜和农药包装物回收处理利用等试点，探索市场化运作机制；开展渔业水域环境污染与生态效应监测以及主要水库养殖环境容量评估等方面的长期监测工作，构建省、市、县三级监测数据传输专网和信息共享平台；建立增效补偿机制。以村为单位、户为对象，对施用有机肥、培肥地力、保育农田的农户给予一定的补贴，引导和鼓励农民采取配方施肥等措施。

# B.7

# 多举措加强长江上游山区天然林保护与修复
# 稳固筑牢长江上游生态屏障

王根绪 孙守琴*

**摘　要：** 长江上游山区是我国川滇生态屏障区的核心，也是实现长江经济带高质量发展的生态安全、水安全屏障。天然林是长江上游山区生态系统的主体，促进长江上游天然林植被水源涵养与固碳增汇功能协同增效对于稳固和提升长江上游生态屏障的天然"水库"和"碳库"作用而言意义重大。但现阶段天然林生态质量持续退化、天然次生林生态低效，同时区域生态工程建设缺乏综合性与系统性监测评估，制约了天然林与人工林差异性保护与调控的科学施策，生态屏障功能保护修复缺乏统筹推进的体制与机制支撑。为此，本文有针对性地提出相关举措以加强长江上游山区天然林保护与修复、稳固筑牢长江上游生态屏障。

**关键词：** 长江上游　天然林保护　生态屏障

2022年6月，习近平总书记在宜宾三江口考察时，再次强调

---

\* 王根绪，教授，博士生导师，四川省政府参事，四川大学水力学与山区河流保护国家重点实验室副主任；孙守琴，教授，四川大学博士生导师。

四川地处长江上游，要增强大局意识，牢固树立上游意识，筑牢长江上游生态屏障，守护好这一江清水。长江上游山区是我国天然林主要分布区之一，天然林面积占森林面积的72%以上，是长江上游水源涵养和森林碳汇等生态屏障区的主体。自20世纪90年代后期至2015年，国家在长江上游地区先后启动了天然林保护、长江防护林建设、退耕还林还草等系列生态建设重点工程，推进长江上游森林资源持续增长，生态效益提升。然而，最近研究表明，长江上游山区天然林持续退化趋势未能明显遏制，天然林水源涵养功能持续衰减，人工林整体稳定性差，生态功能较弱，且生态多功能性的协同提升矛盾十分突出，对长江上游生态屏障安全构成极大威胁。为此，本文针对长江上游山区天然林生态现状与生态功能保护体系存在的主要问题，提出了多措并举加强天然林生态系统保护，稳步促进长江上游生态屏障功能持续提质增效的建议。

# 一　长江上游山区天然林保护和功能修复存在的主要问题

（一）在长江上游森林覆盖度整体增加的背景下，山区原始天然林生态质量持续退化，天然次生林生态低效且稳定性不高的局面未得到有效改善

从森林整体生态状况而言，20世纪90年代以来，长江上游森林覆盖度持续增加。然而，从基于遥感数据的精确分析来看，过去30年森林面积和覆盖度显著增加的区域主要分布在四川盆地东部和南部，岷江流域和金沙江流域大部分区域则持续递减，而这些递减区域正是天然林集中分布区，其中以水源涵养功能最为强大的亚高山天然

常绿针叶林和山地落叶阔叶林退化幅度最显著。大量科学研究表明，相比人工林，天然林具有更强的水源涵养能力和更高的水碳权衡效益；且山区森林植被退化是导致长江上游径流量持续递减的主要原因之一，这意味着山区生态屏障功能呈现持续衰减态势。

## （二）长期以来森林恢复工作中重人工林数量、轻天然林提质调控，森林生态功能与生态效益降低

2010 年之前，长江上游国土绿化工作始终以扩大林地面积为主要目标。此后，由于西南山区益林荒地有限，持续提高森林或者林地覆盖面积的空间不足，各地开始注重由单纯增面积向增效益转变，并推动四川、云南等省份加快人工林建设，如四川省 2016 年颁布了《大规模绿化全川行动方案》，提出国土绿化工作将着力实现以增量扩面为主向提质增效的转变。但无论是之前长时期的森林生态建设以扩大林地面积为主还是此后的提质增效，均将人工林作为对象，以森林覆盖率和林木覆盖率提升为主要目标，缺乏实质性的提质增效举措。长江上游山区大面积天然次生林和人工林的林分质量普遍较差，以水源涵养功能为例，岷江上游天然次生林和人工云杉林最大水源涵养量分别仅为原始冷杉林的 60% ~ 75% 和 40% ~ 60%。同时，由于缺乏科学、合理的调控抚育，保守估计有 15% ~ 20% 的天然次生林显著退化，而人工林则普遍存在树种单一、林分密度大、林地生物多样性弱、生态系统整体稳定性差等特点，总体上次生林和人工林抵御自然灾害能力弱，林分质量亟待提升改造。

## （三）天然林生态功能演变的认知受限，生态工程建设的系统性监测评估不足，缺乏天然林与人工林差异性保护与调控的科学施策

西南地区天然林多分布在海拔较高的中山和亚高山带，对全球气

候变化极度敏感且脆弱。长期以来，除了针对天然林实施简单的保护措施外，区域内各省份很少开展林分质量变化的监测与调控工作，对于气候变化下西南山区不同类型天然林的退化规律和形成机制的理解有限。同时，对西南山区天然林生态功能维护与提质增效的关注不够，针对天然林生态功能稳定提升的高效技术研发也不多，致使目前既缺乏天然林生态功能稳定维持与提质增效的科学施策方案，也没有足够的相关科学理论和技术支撑。

自 20 世纪 90 年代开始，国家先后实施了长江防护林体系建设、天然林资源保护、退耕还林还草等重大生态工程，森林资源总量快速增长、水土流失趋势得到显著遏制。然而，相关研究表明，长江上游人工森林植被在中低海拔区域（四川盆地及其周边）增加显著，而在中高海拔山区森林植被持续退化。但长期以来，由于缺乏对全域性的生态工程效果的系统性监测评估，对长江上游气候变化、多种自然灾害以及重大工程建设等多因素影响下的生态屏障功能"家底"不清、生态系统变化过程与机理不明，甚至对各类生态工程的长远潜在生态效应也缺乏基本的了解。

### （四）长江上游山区天然林完整性保护缺乏统筹推进的体制与机制

依照《全国重要生态系统保护和修复重大工程总体规划（2021-2035 年）》，制定长江上游生态屏障保护与修复实施办法，从管理机制入手推动长江上游生态屏障功能保护和恢复对策的不断完善。同时，在长江流域大保护与推动流域经济带高质量发展的新形势下，迫切需要根据《长江保护法》，建立健全专门的长江上游生态屏障保护与修复的体制和机制。

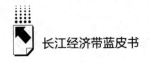

## 二　加强上游山区天然林保护
## 稳固长江上游生态屏障的建议

（一）从生态屏障功能的系统性和完整性保护与修复视角，全面开展长江上游山区生态工程效益的系统性再评估，准确掌握上游山区天然林生态质量现状，优化生态工程建设方案

天然林（包括天然次生林和原始林）是长江上游生态屏障功能保护与修复的主体。针对长江上游实施的"长防工程"、"天保工程"和退耕还林还草等生态工程的效益，过去主要从森林面积和覆盖度角度进行评价，并没有全面准确掌握西南地区森林生态质量以及生态功能演变趋势，迫切需要从长江上游生态屏障的质量与功能的全新视角，全面开展天然林现状调查与评估，精准掌握天然林质量与功能退化分类及其空间分布，全面了解天然林生态质量与功能变化及其对生态屏障功能的影响。基于此，以生态屏障功能修复与保护为核心，进一步优化后续区域生态工程布局。

（二）分类、分区和分阶段科学施策，促进天然林生态质量快速提升与水碳效益协同增效

以县域和保护区为基本单元，针对天然林分类与退化分级，按照不同生物气候分区，分类、分区、分级选择适宜的天然林抚育以及退化天然林修复技术，制定高效、精准的天然林抚育和功能提升对策，真正做到科学施策。同时，加强专项支持，在各级林业主管部门统一协调和指导下，积极应用提升天然林水源涵养功能的新技术、新模

式，培育适合不同天然林类型和自然分区的高效技术，快速恢复天然林质量，稳定提升水源涵养功能，以长江上游天然"水库"和"碳库"的协同增效筑牢长江上游生态屏障。

## （三）统筹长江上游山区生态屏障保护与修复和乡村振兴战略，践行"两山"理论，协调区域人地关系，推动长江上游绿色高质量发展

长江上游生态屏障区与川滇连片深度贫困区相交织，是我国脱贫攻坚后实施乡村振兴的关键区域，山区经济社会高速发展的任务繁重，并且脆弱生态环境战略下的人地关系十分紧张。一方面，要在长江上游构建一道高质量、稳固的绿色生态屏障，实现"最大的绿色覆盖、最优的水源水质、最小的水土流失"三个目标，以高质量生态功能来保障长江中下游的生态安全；另一方面，在践行"两山"理论和新发展理念中，坚守上游山区各类生态保护"红线"，积极探索生态优先区域的经济高质量发展路径，从根本上改善该区域的人地关系。

立足长江保护法，兼顾长江上游生态屏障功能稳固提升，全面修订长江上游地方水源涵养保护、天然林保护等相关条例，完善新时期生态屏障建设与保护法规。

建立健全相关法律法规，是一切生态文明建设的基本保障。在长江保护法颁布实施后，结合国家长江上游生态屏障建设和"双碳"目标，根据新形势和新要求，对长江上游各地相关生态保护法规条例进行全面、系统的修订和完善。立足长江流域高质量发展规划和上游生态屏障功能保护与建设，研究制定《长江上游生态屏障保护条例》，为新时期进一步强化生态屏障建设和绿色高质量发展奠定强有力的法律保障基础。

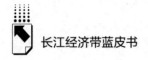

（四）统筹各级林草行政管理机构、自然保护区和国家公园的相关天然林保护业务，建立健全长江上游天然林生态多功能性保护的体制与机制，明确责任主体，形成长效监管制度

基于自然规律和长江上游生态多功能性需要，坚定贯彻"大局意识、上游意识、筑牢长江上游生态屏障"的生态文明建设基本思想，统筹各地以及保护区和国家公园等的相关林业保护业务，针对西南地区极其重要的天然林抚育与功能修复，消除条块分割障碍，建立统一的管理体制；基于统一的技术标准与管理规范，实施明确的目标责任导向，构建统一的管理机制，明确责任主体，建立健全长江上游天然林生态多功能性保护的体制与机制。立足于法律法规体系，参照水环境管理制度，制定严格且长效的长江上游天然林保护监管制度，从而有力地保障长江上游生态屏障的可持续发展。

（五）构建长江上游山区天然林生态多功能精准智能监测网络，进一步完善相关基础科学研究体系，提升新时期天然林保护的系统性科学支撑能力

长江上游地形地貌与气候条件复杂，生态类型多样，获取详尽和高精度的生态环境监测数据难度大、成本高，数据不足成为制约天然林生态多功能效益提升的主要瓶颈之一。需加强适宜于长江上游复杂自然条件的天空地一体化生态环境智能监测网络建设，实现长江上游山区生态信息的全覆盖与实时智能感知，为天然林保护与修复监管提供可靠、详尽的数据支撑。同时，长江上游山区天然林对气候变化十分敏感且脆弱，加之山地灾害、火灾、病虫害等频发，未来需要进一步加强长江上游生态系统结构和功能稳定性以及韧性的研究，探索以

生态系统水源涵养与碳汇功能协同提升为目标的植被恢复重建技术与模式研发。为此，应设立专项资金，深化长江上游天然林多功能协同增效的生态屏障建设的整体性和系统性研究，提升长江上游生态屏障建设与保护水平。

# B.8
# 湖北省湿地保护研究

彭智敏 *

**摘　要：** 湖北拥有得天独厚的湿地资源优势，湿地类型丰富，湿地面积及动植物资源均居全国前列。本文指出，湖北严格执行国家相关法规，制定和完善了保护湿地的法规及政策，采取"一地一策"的方式对不同类型的湿地进行了富有成效的保护与治理，但与此同时湿地保护仍面临一些问题，为此提出了进一步推动湖北湿地保护的路径。

**关键词：** 湖北省　湿地保护　长江经济带　绿色发展

　　湿地与森林、海洋并称为地球三大生态系统，享有"地球之肾"和"物种基因库"的美誉，拥有独特的生态功能，在整个全球生态过程中发挥着巨大的生态效益，在涵养水源、净化水质、调蓄洪水、调节气候和维护生物多样性等方面有着其他生态系统不可替代的作用与功能。尽管我国人口众多、人均土地资源不足，但对湿地的保护十分重视，在全球湿地生态系统退化的背景下，近年来我国湿地保护率大幅提升，管护成就举世瞩目。

---

　　* 彭智敏，湖北省政府参事，湖北省社会科学院研究员。

# 一　湿地保护与长江经济带绿色发展

湿地是地球生态系统的重要组成部分，其提供的自然生态服务功能，是我国社会经济发展的重要基础之一。与森林和海洋生态系统相比，湿地生态系统与人类社会生存发展的依存度更高，被人类开发、利用甚至破坏的比例更高。一旦湿地生态系统遭到破坏，湿地自身平衡失调，将会导致洪涝灾害的风险提高、生物多样性降低。因此，保护湿地、保护湿地生物多样性就是保护人类自己。

湿地是世界上生产力最高的生态系统之一，据估计，每公顷湿地生态系统每年创造的价值达 4000 美元，分别是热带雨林和农田生态系统的 2~7 倍和 45~160 倍。湖北之所以被称为"鱼米之乡"，与其湿地提供的大量产品不无关系。正是由于湿地所具有的独特且不可替代的生态、环境和经济功能，湿地生态系统成为全省生态安全的重要组成部分。

长江经济带发展是习近平总书记亲自谋划、亲自部署、亲自推动的国家重大战略。党的十八大以来，习近平总书记发表了一系列关于长江经济带发展的重要讲话，其关于长江经济带战略思想逐渐形成与发展，并日趋系统与完善，是新时代深入推动长江经济带高质量发展的根本遵循。2016 年 1 月，习近平总书记在重庆市召开的推动长江经济带发展座谈会上，对长江经济带发展方向与战略定位作出明确阐述，当前和今后相当长一个时期，要把修复长江生态环境摆在压倒性位置，共抓大保护、不搞大开发。2016 年 1 月 26 日，在中央财经领导小组第十二次会议上，习近平总书记再次强调，涉及长江的一切经济活动都要以不破坏生态环境为前提。2018 年 4 月 26 日，习近平总书记在武汉要求"努力把长江经济带建设成为生态更优美、交通更顺畅、经济更协调、市场更统一、机制更科学的黄金经济带，探索出

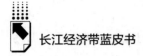
一条生态优先、绿色发展新路子"。

加强湿地保护和管理是贯彻习近平生态文明思想的内在要求，是贯彻落实党中央、国务院决策部署和贯彻实施《湿地保护法》的重要举措，是严守湿地生态安全底线，助力建设人与自然和谐共生的"美丽中国"的迫切需要，是长江经济带"生态优先、绿色发展"的重要内容。

## 二 我国及湖北湿地资源状况

### （一）全国的湿地资源概况

我国湿地资源非常丰富，根据 2014 年 1 月公布的第二次全国湿地资源调查结果，全国湿地总面积 5360.26 万公顷，湿地面积占国土面积的比例为 5.58%，其中，自然湿地面积 4667.47 万公顷，占全国湿地总面积的 87.08%。按类型划分，近海与海岸湿地 579.59 万公顷，河流湿地 1055.21 万公顷，湖泊湿地 859.38 万公顷，沼泽湿地 2173.29 万公顷，人工湿地 674.59 万公顷。从世界范围来看，我国湿地面积占世界湿地总面积的 4%，居亚洲第 1 位、世界第 4 位。

### （二）长江流域湿地资源丰富

长江源远流长，长江流域土地广袤、支流众多，上游高原湖泊和沼泽星罗棋布，中下游河道弯曲、湖泊密布，形成了不同类型、面积广阔的湿地，是全国湿地最为丰富的区域。目前，长江流域内共有国际重要湿地 21 处、国家重要湿地 13 处、国家湿地公园 361 处、省级重要湿地 424 处。同时，这里经济发达、人口稠密，对淡水、土地资源需求较大，湿地保护与修复面临的情况也因此更为复杂。

### （三）湖北湿地资源状况

湿地资源丰富。湖北位于长江中游，境内江河湖库密布，拥有长江、汉江、清江等交汇形成的江河湖泊湿地复合生态系统，是全国湿地大省。据调查统计，全省共有湿地面积 156.3 万公顷，占国土面积的 7.8%，湿地面积在全国排第 11 位、居中部六省第 1 位。其中湖泊 843 座，总面积 29.8 万公顷；水库 5800 座，总面积 31.3 万公顷；除长江干流和汉江干流之外，5 公里以上的河流有 4228 条，河流总长 5.9 万公里；有重点湿地 20 余处，其中包括洪湖湿地、梁子湖群湿地、网湖湿地、沉湖湿地、龙感湖湿地、长江三峡库区湿地、长江新螺段湿地、麋鹿湿地、天鹅洲长江故道湿地、丹江口水库湿地等。

湿地类型多样，资源分布区域差异显著。除江汉平原的湖泊、河流湿地外，鄂西南山区还分布有沼泽和沼泽化草甸湿地、灌丛沼泽、森林沼泽等亚高山湿地，如利川小河水杉森林沼泽湿地、神农架大九湖泥炭藓沼泽湿地等。此外，还有具有极其重要战略意义的人工湿地，如长江三峡库区湿地、丹江口水库湿地。正是由于这些资源优势和区位特点，洪湖湿地、梁子湖群湿地、石首天鹅洲长江故道湿地、丹江口水库湿地、网湖湿地等 5 处湿地被列入《中国湿地保护行动计划》中的"中国重要湿地名录"，有 9 个保护区被列入"国家湿地自然保护区名录"；长江三峡库区湿地保护与生态建设、洪湖湿地恢复和重建被列入"中国湿地保护行动计划优先项目"。

目前，湖北全省有洪湖湿地、沉湖湿地、网湖湿地、大九湖湿地等 4 个国际重要湿地，国家重要湿地 8 个、省级重要湿地 54 个；已建立国家湿地公园 66 个，省级湿地公园 38 个，湿地保护区（小区）72 个，其中国家重要湿地、国际重要湿地、国家湿地公园数量分别位居全国的第 1、第 2、第 3 位。

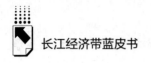

# 三　湖北省湿地保护的主要举措

## （一）法治先行，各级联动

21 世纪以来，湖北省及各地注重立法保护、持续进行湿地生态修复。2007 年，省政府出台了《湖北省人民政府关于加强湿地保护工作的意见》。近年来，湖北先后出台了《湿地保护修复制度实施方案》《湖北省湿地公园管理办法》《湖北省湿地名录管理办法》《湖北省重要湿地认定标准》等法规制度，湿地保护相关制度不断完善。

2022 年 9 月 20 日，湖北省领导干部"深入学习贯彻习近平总书记考察湖北重要讲话精神　推进落实省第十二次党代会决策部署"系列培训——"加强湿地保护和管理"专题研讨班在省委党校开班，这次专题研讨是省委统一部署的 13 个专题研讨班中唯一的专业研讨班。

2022 年 5 月 17 日，省人大专题听取 8 个部门参加的实施《湿地保护法》专题汇报。5 月 20 日，省委常委会传达学习全国人大常委会《湿地保护法》实施座谈会精神，听取贯彻落实《湿地保护法》的情况汇报。近期将召开贯彻实施《湿地保护法》视频会，出台全省贯彻落实《湿地保护法》实施意见。

2010 年，武汉在各副省级城市中率先出台《武汉市湿地自然保护区条例》，《武汉市湖泊保护条例》《武汉市基本生态控制线管理条例》等与湿地保护相关的地方性法规也陆续出台；2013 年 10 月，武汉在全国率先推出湿地生态补偿机制——《武汉市湿地自然保护区生态补偿暂行办法》。经过多年积累，武汉已经形成"政府主导、部门协同、社会参与"的湿地保护合力，30 余个非政府组织机构、20 万名志愿者积极参与湿地生态保护。

### （二）制定行动方案，保障落实落细

一是完善配套规划，省政府正在组织编制湖北省湿地保护修复"十四五"规划和泥炭沼泽湿地等专项规划，指导全省湿地保护工作。二是各地制定了相关工作方案。如黄石市制定了《黄石市委和市政府机关有关部门生态环境保护责任清单》《大冶湖流域横向生态保护补偿实施方案》等一系列工作方案，形成了人人有责任、事事有人管的齐抓共管格局。三是生态环境治理更加科学有效。咸宁市委、市政府主要领导多次深入一线，调研督办通山县小水电清理整改、长江大保护等工作。注重科学推进生态环境治理，成立了 11 个生态环境保护专业委员会，探索建立了环保督察员制度。

### （三）多方筹措项目资金

黄石市与国开行、农发行合作开展生态环境保护与绿色发展类项目 40 项，总投资 526 亿元。"一江两山三湖"生态治理项目成功入选国家第二批生态环境导向开发（EOD）模式试点（全国 58 个，湖北省 3 个），总投资 72.94 亿元的 9 个项目正在加速推进中。黄石市阳新县莲花湖国家湿地公园生态保护及修复工程等 5 个重点项目共争取到中央预算内资金 2408 万元。

### （四）保护与文化休闲相结合

黄石市充分运用报刊、电视、网络新媒体等平台，大力宣传关于长江大保护的重大决策部署和有关工作落实情况，引导广大市民群众主动参与湿地保护，先后建立了湿地科普展览馆、标本馆和宣教中心，每年举办世界湿地日、爱鸟周等专题宣传活动，以寓教于乐的形式增强了市民生态环境保护意识，丰富了市民的文化生活。积极推进科普宣传进校园，联合中小学师生代表在湿地公园规划展示馆、动植物标本馆开展了形式多样的科普活动。

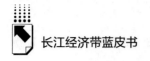
### （五）积极探索生态补偿机制

咸宁在斧头湖流域率先开展生态补偿。以"谁污染谁付费、谁破坏谁补偿"为原则进行严格考核，并对斧头湖防治工作表现突出的单位进行奖励，2021年、2022年分别拨付奖励资金204万元、204.75万元。同时，针对陆水流域、西凉湖等探索建立了生态补偿机制。

### （六）逐步形成了以湿地公园为主要载体的河湖湿地保护系统

经过多年的努力，武汉市成功通过"国际湿地城市"认证，成为国际湿地城市和拥有国家级湿地公园（6处）最多的副省级城市。黄石成功申报了网湖省级湿地自然保护区、保安湖国家湿地公园、莲花湖国家湿地公园，划定保护面积38.97万亩，这些湿地已成为国家种质资源保护区、候鸟迁徙的栖息地。咸宁建立了赤壁陆水湖、通城大溪、崇阳青山、通山富水湖、咸宁向阳湖、嘉鱼珍湖等6个国家级湿地公园，以及咸安金桂湖、通山望江岭、崇阳浪口等3个省级湿地公园。这些城市均注重把握湿地公园的功能特点，根据生物资源保护、饮用水源地、水鸟栖息地等不同特性，打造了各具特色的湿地公园。

## 四　湖北湿地保护存在的主要问题

首先，项目的系统性不够。目前，湖北省湿地保护和修复工作主要还是以项目形式推动，流域治理的系统性有待进一步增强。河湖湿地等都是生态系统的重要组成，流域治理涉及生态系统的多个组成部分，各组成部分之间需要形成相互协同、有机配合的治理模式，才能更加均衡协调地推动流域治理工作。

其次，生态补偿工作才刚刚起步。虽然生态补偿试点工作已经启动，但从全省范围看，从生态文明建设的高度看，全省的生态补偿才刚刚破题，亟须拓展，形成可持续性更强的长效补偿机制。国家对湿地生态补偿实行分级负责、合理补偿，通过财政转移支付的方式增加地方政府生态补偿资金。但是，目前湿地补偿范围偏小、标准偏低，仅限于纳入国家或国际重要湿地名录的湿地公园和湿地保护区，保护者和受益者良性互动机制不够健全，没有形成低成本、可持续的长效机制。市、县级政府在开展湿地保护和修复工作时，往往需要承担较大的财政压力，由于补偿不足的问题容易和居民产生矛盾，不利于生态环境治理工作的有效开展。

最后，保护与开发的尺度难以把握。从生态保护的角度看，自然是开发利用得越少越好，但从市民需求和湿地公园维持运行的角度看，又需要一定的开发和利用，从生态文明的角度看，多数湿地资源则需要在保护中合理利用，在合理开发利用中进行更好的保护。但目前的情况是，保护和修复过程中存在局部开发较多、整体与局部发展不平衡的现象。

## 五　推动湖北湿地保护的路径

### （一）统筹兼顾，强化流域治理思路

针对湿地保护中的碎片化现象比较突出、系统性不够等问题，需要从流域的角度，统筹兼顾流域内各类水利工程、生态环境保护、城市建设、农业发展等不同类型的项目，通过制定和实施流域性治理规划提高生态环境保护工作的系统性与科学性。在以项目为载体推动包括湿地保护在内的生态环境保护工作的同时，加强统筹谋划，在整合现有规划的基础上，编制水资源保护和利用的专项规划。用更加长远的眼光，对不同流域制定系统性的中长期治理方案，实现湿地资源的有效保护和可持续发展。

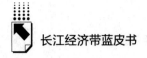

### （二）创新体制机制，探索生态优先绿色发展之路

协调是五大发展理念之一。协调好湿地保护与开发之间的关系，就是在保护优先的前提下，既要避免过度开发，同时也要发挥生态文化旅游价值，让人民从湿地保护中获得更多的自然景色、生活乐趣、生态文化。结合历史文化资源，做好有序开发，推进高质量发展。为此，一要全面构建省级生态补偿机制，健全区际利益补偿机制和纵向生态补偿机制，努力形成财政资金与社会资本双向投入模式，为基层湿地生态环境保护提供有力支持。二要建立健全生态产品价值实现机制，完善自然资源资产产权制度和有偿使用制度等，增加生态产品和服务有效供给。进一步强化生态环境保护者受益、使用者付费、破坏者赔偿的利益导向机制。探索政府主导、市场主体和社会各界参与、市场化运作、可持续的生态产品价值实现路径。

### （三）提升治理能力，健全治理机制

一是加强省市县湿地保护统筹协调与工作衔接，综合施策共同把湿地保护工作提升到新高度。二是探索建立湿地保护联席会议制度、联合执法机制和执法会商制度，进一步提升跨界湖泊的综合治理能力。三是着力开展生态功能退化湿地生态修复和综合整治，增强水系连通，开展河湖系统清淤疏浚，增强河流水体的活性。全力维护湿地生态功能及生物多样性，综合保障生态与流域安全。洪湖地区将继续加强生态修复与建设，构造湿地景观，修复受损的生态系统。四是以贯彻实施《湿地保护法》为契机，尽快出台全省湿地保护的地方性法规，并将湿地保护纳入林长制等考核范畴，形成湿地保护合力，围绕重点流域生态修复、生态治理、退耕还湿等修复退化湿地，扩大湿地面积，改善湿地生态系统功能。

# B.9
## 加快建设鄱阳湖水利枢纽
## 推动长江鄱阳湖湿地生态可持续发展

戴兴临*

**摘　要：** 近年来，长江水文与生态状况发生了重大变化，丰水期缩短，枯水期拉长，加上过度捕捞，水生生物生长繁殖受到影响，产量下降，水生态环境趋于退化。今后，长江流域水资源的保护和利用、水生态环境保护等已成为与防洪抗洪同样重要的任务。建设鄱阳湖水利枢纽，提高水资源利用率，既可以保护鄱阳湖湿地生态环境、保护候鸟、保护江豚，又能保护长江、支持南水北调、支持长江下游生态修复和生态建设，此外，还有利于抗洪防洪，增强航运、灌溉能力，改善优化湖区景观进而发展旅游业，综合效益明显。

**关键词：** 鄱阳湖　水利枢纽　可持续发展

水是生命之源，湿地被称为"地球之肾"。

长江与黄河一样，是中华民族的母亲河。党中央高度重视保护长江生态工作，习近平总书记多次亲自考察指导长江生态保护工作，作出了对长江要"共抓大保护、不搞大开发"的重要指示。

---

\* 戴兴临，江西省政府参事，江西省农业科学院作物所研究员。

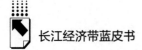

鄱阳湖是连通长江的吞吐型湖泊，年均流量 1500 亿立方米，占长江流域年均径流量的 16% 左右，超过黄河、淮河、海河三河水量的总和，对长江水文变化具有重大影响，是养育江西人民几千年的母亲湖。2000 年鄱阳湖被世界自然基金会（WWF）确定为全球重要生态区。建设鄱阳湖水利枢纽，保护利用好鄱阳湖，对保护长江水生态环境具有重要意义。

# 一 长江水文与生态状况发生重大变化

近年来，长江上游及支流修建了许多大中型水库，对洪水的调蓄能力显著提高，长江流域干流、支流及水库堤岸得到加固，河道下切引起长江同流量水位下降。这些都显著增强了长江干流的防洪抗洪能力。

受长江上游水库蓄水引起长江水位下降等人为因素影响，长江下游、鄱阳湖的水环境严重恶化。2018 年 9 月 17 日 22 时，鄱阳湖星子水文站水位 11.99 米。江西省水文部门分析，2018 年鄱阳湖低水位（12 米）出现时间较往年大幅提前，比 2003~2016 年平均日期（10 月 10 日）提前了 23 天，比 1956~2016 年平均日期（11 月 5 日）提前了 49 天。而近二十年来，比二十年前，鄱阳湖枯水位平均提前 32~33 天。2022 年，由于长江流域高温少雨，鄱阳湖与长江连接处，湖口水文站 9 月 6 日即降到了极枯水位 8 米以下，比往年平均提前了 115 天。由于近年来鄱阳湖丰水季节明显缩短，枯水时间长，水生物生长繁殖受到严重影响，鱼类、贝类、水草产量下降，秋冬季节，湖面和沼泽湿地显著减少，影响了候鸟在鄱阳湖越冬栖息。2022 年夏季的高温干旱，还对农业生产造成严重损失，甚至影响到居民生活用水。许多气象学家预测，今后长江流域夏季高温、干旱事件将会明显增加。本文认为，由于北极明显升温，对气候变化产生重大影响，副热带高压将会加强，今后一个时期，长江流域夏季高温、干旱事件将会频发。

过度捕捞和丰水期缩短，使长江鱼类资源严重减少，渔获量早已不到 1954 年的 1/5，长江白鲟、白鱀豚等长江特有的珍贵鱼种已经灭绝。

因此，今后长江流域水资源的保护和利用、水生态环境保护等已成为与防洪抗洪同样重要的任务。

## 二 建设鄱阳湖水利枢纽有利于长江鄱阳湖湿地生态可持续发展

建设鄱阳湖水利枢纽，能够有效地将每年 8 月在长江丰水期经长江流入大海的鄱阳湖 200 亿立方米左右的宝贵水资源储存起来，并于 10 月到次年 3 月的长江枯水期逐步放入长江，这样既能保护鄱阳湖湿地生态环境，保护候鸟，又能保护长江，支持南水北调，支持长江下游、长江三角洲的生态修复和生态建设，提供有效应对长江下游水生态突发事件的水资源条件，对长江下游和鄱阳湖湿地生态可持续发展具有重大的现实意义。

同时，鄱阳湖水利枢纽工程建设成本低、蓄水能力和潜力大，有利于抗洪防洪，实现江湖两利，增强航运、灌溉能力，改善优化湖区景观从而发展旅游业，综合效益明显。

目前，建设鄱阳湖水利枢纽受到上游、下游有关省市的异议和一些专家的质疑。上游、下游有关省市的异议主要是防洪和水资源使用分配问题，一些专家的质疑主要是蓄水对候鸟生存环境的影响、对鱼类的洄游繁殖和生存环境的影响，以及清水对河道的冲刷等。而所有这些问题多数是不存在的，有些是很容易解决的。还有一个问题，就是对国家保护动物江豚的保护问题。

第一，在防洪问题上，鄱阳湖是吞吐型湖泊，建设鄱阳湖水利枢纽以调控江水倒灌鄱阳湖的合适时机，可以起到分洪调蓄长江洪水的作用，使长江避开最高洪峰的危险。

鄱阳湖洪水一般出现在4~6月，而长江洪水一般出现在7~8月。7~8月，常常出现江水"倒灌"鄱阳湖的情况，修建鄱阳湖水利枢纽后可利用长江和鄱阳湖洪峰期的时间差，在长江和鄱阳湖洪峰期错开的年份，当长江洪水的第一或第二个比较安全的洪峰经过鄱阳湖口时，关闭闸门，不让长江水倒灌进鄱阳湖，直接东流，保持鄱阳湖的低水位，当第三、第四个危险洪峰经过时，再开闸让江水进入鄱阳湖，削长江洪峰，这样可以提高鄱阳湖的调蓄洪水能力，保障长江中下游防洪安全。如果出现类似1998年长江和鄱阳湖的洪峰相碰的情况，鄱阳湖水闸可以通过对江湖两边进行评估调控同时保障两边的安全。若出现严重危险需要泄洪时，鄱阳湖水闸可以通过控制洪水向泄洪区的流入量，减小泄洪区的损失。

另外，如果长江下游洪涝灾害严重而上中游洪水低于警戒线，则鄱阳湖水利枢纽可以通过调节减轻长江洪水对下游洪灾区的威胁，帮助下游有效应对洪灾。所以，建设鄱阳湖水利枢纽，对长江下游的防洪抗洪是有利的。

第二，在水资源利用分配方面，鄱阳湖是8月长江丰水期蓄水、10月到次年3月长江枯水期放水，完全是把8月长江不需要的水流量留下了，以便其在长江中下游缺水、要水的季节流入长江，对长江中下游用水都是有利的。如果鄱阳湖蓄水200亿立方米，即使江西使用和蒸发损耗100亿立方米，尚有100亿立方米的水量在10月到次年3月长江枯水期流入长江，每天为长江增加约0.5亿立方米的水量，就可以将长江下游流量平均提高600m³/s左右，还可以根据长江水文状况予以调节，在必要时增加流量。而三峡水库规定的最低下泄量只有 6000m³/s，可见，建设鄱阳湖水利枢纽对于保障长江中下游生产生活用水和南水北调而言具有重要的意义，而长江下游地区正是受益地区。

鄱阳湖到 3 月必须腾出库容以应对 4~6 月的洪水，所以蓄水必须在 3 月底之前放入长江。如果江西要保证鄱阳湖 3 月底的高水位，就必须退田还湖，扩大库容，以防洪灾。这样也会增加蓄水量，保证每年有 100 亿立方米甚至更多的水量在 10 月到次年 3 月枯水季节流入长江。

第三，至于对鱼类的洄游繁殖和生存环境的影响，为了防洪，3~7 月鄱阳湖水利枢纽必须打开闸门，保持自流状态，因此不会造成鱼类的洄游繁殖和生存环境的恶化。相反，丰水期延长，枯水期缩短，有利于提高鱼产量，增加亲鱼数量，增加鱼类繁殖需要的水草量，从而改善鱼类的洄游繁殖环境，同时，水草、贝类产量提高，鱼类的食物来源增加，从而改善鱼类的生存环境。参照大水年 1954 年与枯水年 1972 年的捕鱼量比较，蓄水后鄱阳湖年存鱼量可增加 2 万吨以上。

第四，关于对候鸟生存栖息环境的影响，鄱阳湖水利枢纽的运行基本上与鄱阳湖原来的水环境年变化相似，不会破坏候鸟生活栖息的环境，丰水期延长还会提高鱼虾和贝类的产量，丰富候鸟的食物来源。鄱阳湖面积达 4000 余平方公里，丰水一大片，枯水一条线，不同水位条件下都有适宜于候鸟生活栖息的地方。为了进一步保护候鸟，在鄱阳湖水利枢纽建设开工前，要摸清在鄱阳湖不同水位条件下适宜于候鸟生活栖息的区域及其面积，在各个水位适宜于候鸟生活栖息的地区都种植一些其喜食的水生植物，保障有利于候鸟生活栖息的环境，同时美化湖区景观。在鄱阳湖水利枢纽建成后，可以根据实际情况，调节水位，更好地保障有利于候鸟生活栖息的环境。所以鄱阳湖水利枢纽建设对候鸟的生活栖息环境是有

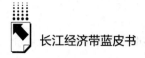

利的。

第五，对于清水冲刷作用。清水冲刷可引起河道下切，对防洪抗洪是有利的。但与此同时，清水冲刷容易对堤岸造成破坏，这是多数大型水库面临的问题，也是生态环境改善后大江大河必然要面临的问题，就算不修建鄱阳湖水利枢纽，这个问题也需要长期予以监测应对。通过对受影响的堤岸进行工程加固，可以较容易地解决问题。如果修建水利枢纽导致鄱阳湖大量泥沙沉积，则每年需进行沉积泥沙清理，可结合长江中下游的水情需要，进行调沙调水，更加主动地整治长江中下游的水环境。

第六，对江豚保护的影响。江豚活泼可爱，被称为"微笑天使"，目前只有1000余头，属于濒危物种，由国家二级保护动物升至国家一级保护动物。保护江豚是保护生态环境、实现人与自然和谐共处的一项重要任务。

江豚之所以成为濒危物种，主要是因为其孕期长（11~12个月）、繁殖系数小（一胎只孕育一头）、种群繁育增殖速度慢、容易受到伤害、食物匮乏等。特别是人们采用电鱼、炸鱼、药鱼、迷魂阵鱼牢、滚钩等野蛮方式大量捕鱼，一方面造成江豚食物大幅度减少；另一方面对江豚造成严重伤害，导致江豚受伤甚至死亡。

江豚对环境的适应性较强，为此，人们既可以选择在固定水体保护养殖，也可以选择在水族馆和网箱养殖。如长江天鹅洲白鳍豚国家级自然保护区在3万亩水面的长江故道迁地保护养殖江豚，长江故道中养殖的江豚数量已增加到90余头（包括后来引进的30~40头）。另外，还在网箱中养殖江豚，江豚在网箱中生长状态良好。铜陵淡水豚国家级自然保护区2001年异地保护引进江豚4头（雄、雌各2头），并养殖在不足1000亩的夹江中，经过自然繁殖群体目前已增加到11头。在几个保护区，江豚分布密度较高，生活状态很好。这说明江豚在食物充裕、不受伤害的情况下，群体数量是会缓慢增长的。2017～2020年连续4年中央一号文件都对长江禁捕工作提出明确要求。2020年1月1日零时起开始实施长江"十年禁渔"计划。长江禁渔后，在长江干流和鄱阳湖、洞庭湖都可以看到更多的江豚，在一些过去从未出现过江豚的河段也能看到江豚群。这表明食物增加、伤害减少后，江豚的种群数量会逐步恢复。在各个保护区，江豚数量都稳步增长。随着人们的生态环境保护意识增强，外加长江流域实施禁渔措施，江豚保护前景是光明的。

鄱阳湖有足够的江豚生存生活繁育空间，一直都是江豚的主要生活栖息地。鄱阳湖江豚数量占长江流域的40%～50%。修建鄱阳湖水利枢纽对江豚的生存繁殖不会产生实质性影响。鄱阳湖水利枢纽建成后，丰水期会显著延长、枯水期缩短，最低水位也会保持在湖口站10米以上，不会出现过去6～7米的极枯水位。湖区水体面积大大增加，水生生物产量将明显增加，作为江豚食物——鱼的产量自然会显著增加。同时鄱阳湖水利枢纽蓄水后水深增加了，也有利于对江豚的保护。2022年由于鄱阳湖水位下降较快，一头江豚搁浅死亡，而鄱阳湖水利枢纽建成就不会出现这种情况。

有人担心鄱阳湖水利枢纽建成后会隔断长江和鄱阳湖江豚的种群交流，进而影响江豚的遗传多样性，其实江豚的繁殖期是4～6月，而鄱阳湖水利枢纽建成后在4～8月闸门都是打开的，是呈自流状态，并且大闸门60米宽，完全不会影响江豚的种群交流。即使水利枢纽对种群交流产生影响，也可以通过江豚生态保护区人为交换江豚种群，以保持其遗传多样性。铜陵淡水豚保护区专家基于长年观察提出，江豚在食物充裕的情况下，迁移范围较小，一般在几十公里范围内。总体来讲，建设鄱阳湖水利枢纽对江豚保护不会产生实质性的不利影响，反而是有利的。

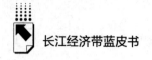
## 三　长江水文与生态的可持续发展需要统一管理调控长江流域水资源

水资源是生产生活中不可或缺的重要资源，但过多又会泛滥成灾。长江流域是每年都有洪旱交替，而洪旱强度变化、转换时间都不容易掌握的区域。对于长江流域的防洪抗洪及水资源利用，流域各地区都是相互联系、相互影响的，所以应该统一管理整个长江流域的水资源。鄱阳湖水库建成后将成为长江流域大型水库之一，应该由长江水利委员会统筹考虑其水资源的调配管理。加强长江全流域的水文调控，结合水情，制定计划，既要保证洪涝灾害时洪水的合理调蓄、分流，旱灾时水资源的合理调配，也要在水情正常情况下统筹各方利益。兼顾防洪抗洪和防旱抗旱，以及生产、生活、生态、发电、航运、应急等各方面用水需要，提高长江流域防洪抗洪能力、水资源利用效率和生态保护水平。

# B.10
# 湘江治理与保护的成功实践与对策研究

唐宇文　言　彦　张雅璇[*]

**摘　要：**　湘江是湖南的母亲河，属长江流域洞庭湖水系。党的十八大以来，湖南省以"十年治一江"的决心，连续实施三个"三年行动计划"，开展"夏季攻势""河长制"等重点工作，有效推动了湘江流域水环境质量改善。本文系统回顾了湘江治理与保护的实践历程、成效及经验，从落实落细河湖长制、强化数字支撑能力、持续加强农业面源污染整治、加大生态保护修复力度、凝聚多方治理力量等方面提出了新阶段高标准实施湘江治理与保护的对策建议。

**关键词：**　长江经济带　高质量发展　湘江

党的十八大以来，湖南开启湘江保护与治理新征程，湘江保护与治理被列为"省一号重点工程"，连续实施三个"三年行动计划"，久久为功打好湘江污染防治攻坚战。回眺湘江数十载治理，"守护好一江碧水"已成全省共识，水质劣化恶化趋势得到根本性遏制。与此同时，湘江流域水环境改善成效尚不稳固，结构性、根源性问题仍

---

* 唐宇文，湖南省政府参事室特约研究员，湖南省政协研究室主任，研究员；言彦，湖南省政府发展研究中心研究人员；张雅璇，湖南现代物流职业技术学院讲师。

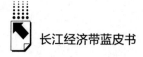
未彻底解决，距离建设全域美丽大花园目标依然任重道远。进入新阶段，要以更高标准实施湘江碧水保卫战，实施"省一号工程"2.0版，从"湘江流域"到"一江一湖四水"全流域，从"攻坚战"到"持续战"，从"防治为主"到"治养结合"，从"旧产业退出"到"新产业导入"，逐步恢复流域水环境质量和水生态功能，建设生产、生活、生态"三生共融"的千里湘江滨水走廊。

# 一　湘江治理与保护的成功实践与成效

湘江是湖南的母亲河，省委、省政府高度重视湘江的保护和治理，以"十年治一江"的决心，久久为功、持续发力，连续实施三个"三年行动计划"，开展"夏季攻势""河长制""民生实事"等重点工作，有效推动湘江流域水环境质量改善和水生态治理修复。

## （一）湘江治理与保护的实践历程

2011 年，国务院正式批复《湘江流域重金属污染治理实施方案》，湘江成为全国首个由国务院批复的区域性重金属污染治理试点。

2013 年，湖南将湘江治理列为"一号重点工程"，同步实施第一个"三年行动计划"（2013~2015 年），以"堵源头"为核心，以"全流域水质初步好转"为主要目标，重点实施工业企业污染防治、城镇污水收集处理设施建设和升级改造、规模化畜禽养殖和网箱养殖污染防治、尾矿库和渣场环境安全隐患整治、饮用水水源地环境保护等 5 项任务。

2016 年，实施第二个"三年行动计划"（2016~2018 年），以"治调并举"为核心，以"改善水环境质量、控制水资源使用总量"

为主要目标，重点实施加强水资源保护、提高用水效率、强化工业污染防治、加快推进城镇生活污染治理、全面开展农业农村污染防治等10项任务。

2019年，实施第三个"三年行动计划"（2019～2021年），以"巩固提升"为核心，以"拓展保护治理范围、强化综合协同治理"为主要目标，重点实施持续改善流域水环境质量、持续巩固重金属污染治理成效、持续推进五大重点区域综合整治、优先保障饮用水水源安全、实行最严格水资源保护等10项任务。

在强化"治理"的同时，湖南也在探索系统"修复"路径。2018年，湖南湘江流域和洞庭湖生态保护修复工程成功申报国家第三批山水林田湖草生态保护修复工程试点。试点工程分为水环境治理与生态修复、农业与农村生态环境治理、矿业生态环境保护修复、生物多样性保护修复四大类20个子项目，总预算79.13亿元。试点工程将湘江流域和洞庭湖试点区作为整体进行统筹规划，将源头控制、过程拦截、末端治理、区域综治作为全链条进行技术设计和工程布局，力求从根本上解决区域内突出的生态环境问题，巩固湘江流域和洞庭湖治理成效。

## （二）湘江治理与保护所取得的成效

一是水环境质量持续改善。流域干流和主要支流考核评价断面水质持续稳定改善，2021年水质优良率达到98.7%，比2012年提高约11个百分点，干流47个断面全部达到Ⅱ类；城镇黑臭水体治理成效显著，2021年地级城市建成区黑臭水体消除比为98.6%，涌现出长沙龙王港、岳阳东风湖等典型项目；初步建立入河排污口监测体系，截至2021年底，完成湘江流域4562个入河排污口的初步溯源，启动部分河（湖）排污口市级排查建档工作；重金属超标顽疾有效缓解，2021年湘江干流镉、汞、砷、铅和六价铬浓度均达到或优于Ⅱ类，

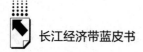

分别比 2012 年下降 84.0%、47.0%、31.4%、70.6% 和 59.4%；铊浓度仅为饮用水水源标准限值的 30%。

二是水安全保障持续巩固。构建水资源统筹调控体系，常态化落实流域内 15 个主要控制断面生态流量监测预警和调度保障措施，提升涔天河水库，以及毛俊、椒花、犬木塘等骨干水源的调水能力，流域 8 市用水总量均严格控制在红线以内。优先保障饮用水水源安全，完成流域 8 市县级以上城市集中式饮用水水源地名录核定，基本完成农村其他千人以上水源保护区划定，划定各类水源保护区 2436 处。截至 2020 年底，流域内乡镇 100% 通自来水，行政村自来水管网覆盖率达 91.2%。强化防洪抗旱能力，新增 16 个城市防洪圈闭合，完成长沙湘江东岸等重点薄弱堤防和险工险段整治任务以及 534 座病险水库除险加固，完成 83 处大中型灌区现代化建设及续建配套，增加保灌面积 27.55 万亩。

三是水生态修复稳步推进。以"河湖清理"修复水生态，开展河道非法采砂整治行动，全面清除非法网箱养殖、拆除违法建筑、开展非法码头渡口整治行动，推进小水电清理整改，完成流域内 232 座立即退出类和 2599 座整改类电站的整改任务。以"退产还水"修复水生态，大力实施退耕还林、石漠化综合治理、退捕禁捕、自然保护地体系建设、天然林资源保护、湿地保护修复等生态保护修复工程，强化流域生态保护修复。截至 2021 年底，流域湿地保护率达 75.46%，新增湿地保护面积 479.4 公顷。以"矿区整治"修复水生态，开展砂石土矿、露天开采非金属矿专项整治，有序退出各类保护地内已设矿业权，加快绿色矿山建设。截至 2021 年底，流域建成绿色矿山 187 家，占全省的 65%。

四是重点区域环境整治初显成效。株洲清水塘，261 家企业全部搬迁退出，已修复污染地块 2800 多亩，完成 52 家企业污染地块环境调查，污染土地安全利用率 100%，受污染耕地安全利用率高于 90%。湘潭竹埠港，28 家化工企业均已关停拆迁。衡阳水口山，完成水口山及合江套地区 7 个场地治理。常宁水口山铅锌煤矿区生态修复试点工程已全面完工，实现修复耕地 6700 亩、林地 3000 亩。郴州 36 湾，完成甘溪河流域 11 个重金属治理项目；以陶家河为重点，投入 20 亿余元，完成了湘江支流陶家河治理项目及 34 个中省资金支持项目。娄底锡矿山，妥善处置历史遗留废渣，砷碱渣无害化处理及配套填埋场投入运行，治理污染土壤 400 亩，修复渣场生态 3000 多亩。

五是生产生活污染防治网络基本建成。生活污水处理方面，实施县以上城市污水处理提质增效三年行动，初步建成城乡污水处理设施及配套管网系统。截至 2021 年底，湘江流域建成 99 座县以上城市生活污水处理厂；地级城市污泥无害化处理处置率达到 100%；实现较大规模的建制镇污水处理设施全覆盖；地级市建成区生活污水处理率达 98.33%。生活垃圾治理方面，推进生活垃圾焚烧发电项目建设，加快厨余（餐厨）垃圾处理设施建设。截至 2021 年底，流域 8 市生活垃圾焚烧处理能力占无害化处理总能力的比例达 77.47%。全面推进实施流域内农村人居环境整治三年行动计划（2018~2020 年），沿江城镇基本实现生活垃圾全收集、全处理，沿江农村生活垃圾基本实现生活垃圾收转运全覆盖。工业企业水污染治理方面，持续加强重点行业企业整治，流域 8 市通过提升改造、整合搬迁、关停取缔整治"散乱污"企业 3675 家。完成重点行业企业排污许可证核发工作，持续开展排污许可证专项执法检查。开展长江"三磷"专项排查整治行动，基本完成"三磷"整治任务。工业园区水污染治理方面，组织流域 88 家省级及以上园区开展规划环评，编制生态环境准入清单，明确分类管理要求，实现 88 家园区污水集中处理设施省级监控平台"全覆盖"。

六是农业面源污染得到初步遏制。畜禽养殖污染方面，流域 8

市完成了畜禽养殖禁养区划定和分区管理。加快推进规模养殖场粪便污水贮存、处理、利用等配套设施建设。水产养殖污染方面，全面禁止投肥养鱼，重点实施农业农村部集中连片内陆养殖池塘标准化改造和尾水治理项目，组织创建国家级水产健康养殖示范场414家。构建禁捕水域网格化管理体系，全面推进渔民上岸、退捕禁捕。种植业污染方面，开展化肥使用量零增长行动，2020年流域8市化肥使用量较2018年减少7.93%。深入推进农作物病虫害绿色防控与统防统治，2021年流域8市农药使用量比2018年减少11.5%。

## 二 湘江治理与保护的经验做法

以习近平生态文明思想为基本遵循，在推动长江经济带高质量发展的伟大实践中做好湘江治理与保护工作。习近平总书记在全面推动长江经济带发展座谈会上指出，要使长江经济带成为我国生态优先绿色发展的主战场。推动长江经济带发展是党中央作出的重大决策，是关系国家发展全局的重大战略，要从历史高度和全局视野来统筹和开展湘江治理与保护工作；要从长江流域系统性的角度来统筹以湘江为代表的"一江一湖四水"治理，推动湖南水系得到根本性改善。

首先，坚持源头治理，从源头上系统开展生态环境修复和保护。重金属污染治理是世界性难题，也是湘江污染之源。湘江有着千年冶炼史，沿岸矿业、化工业密集，一度是全国重金属污染最严重的河流之一，尤其是清水塘、竹埠港等"重灾区"，重金属污染问题积重难返，湖南以壮士断腕的决心，摒弃"边污染、边治理"的老路，从源头上减污治污实现湘江的蝶变重生，十年间，湘江累计淘汰涉重金属污染企业1200余家。

其次，坚持政府主导，充分调动全社会的积极性。充分发挥政府的主导作用，实现"三部法"统领——《长江保护法》、《湖南省湘江保护条例》和《湖南省洞庭湖保护条例》；"一盘棋"谋划——省政府成立"湘江保护协调委员会"和"湘江重金属污染治理委员会"，协调湘江流域8市67个县、20多个省直部门，建立省、市、县、乡四级河长体系，形成全流域治污一盘棋。同时，湘江保护治理是广大人民群众共同参与、共同出力的"全民工程"，老百姓切实感受到了生态环境的改善，充分参与生态保护。实施环保志愿者保护湘江"绿色卫士"行动计划，探索建立"河长+河长助手+河道警长+民间河长+检察长"体系。

再次，坚持系统联治，把整体推进与重点突破结合起来。湘江治理与保护坚持系统观念，注重综合治理和系统治理。湖南以"一江一湖四水"为主战场，推动山水林田湖草沙系统治理，实施洞庭湖水环境综合治理五大专项行动和重大生态修复工程，整治黑臭水体、欧美黑杨、非法矮围、非法采砂等顽瘴痼疾。统筹考虑湘江与"一江一湖四水"以及岸线等多方面的有机联系。通过"四水协同、江湖联动"，实现"水系完整、水量保障、水质良好、河流畅通、生物多样、岸线优美"的目标。

最后，坚持创新驱动，运用新技术新手段开展生态环境治理。湖南围绕水环境治理、水生态修复、水资源节约等重点领域，开展重金属污染治理、蓝藻水华防范、饮用水安全保障、农业面源污染治理、矿涌水治理等重点课题的科技攻关，有效提升流域保护和治理的科技支撑能力。例如，湖南设立全国首个重金属污染防治领域的国家级科技创新平台——重金属污染防治工程技术研究中心，攻克冶炼重金属固废利用、重金属废水回收利用等技术难题。鼓励公众采用"巡河宝"小程序等工具，进行巡查、举报等活动，为湘江建立了定期"体检"的"电子病历"。

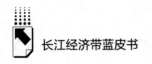

# 三 新阶段高标准实施湘江治理与保护的对策建议

新阶段，湘江治理与保护要在继续巩固前期成果的基础上，紧扣"更高标准"的要求，建议从以下方面重点发力。

落实落细河湖长制，实现河长制"从名到实"的转变。健全河湖长制组织架构，坚持五级河湖长制，形成一级抓一级、层层抓落实的工作格局，确保每条河每个湖都责任到人；推行河湖长向上述职制度，省河长办每年对述职情况进行监督。将纪监委及人大、政协监督纳入河湖长制体系，形成河湖治理的强大震慑。使河湖长制与司法制度相衔接，提升河湖管护司法效能；增强"河湖长+部门"的统筹配合能力，由河湖长牵头相关部门制定河湖治理年度任务，并进行任务分解：发改部门负责水环境及综合整治、生态环境部门负责饮用水水源地整治、住建部门负责乡镇污水处理设施建设等。建立重大问题"一单四制"制度，针对中央环保督察反馈的突出问题等实行问题闭环销号，提高处理效率。

强化数字支撑能力，构建"人防+技防"立体监督网络。一是加强水情监测能力，围绕"科学技术攻关、卫星遥感监测、掌上智慧治水"目标，积极采用遥感卫星解译、光谱分析技术开展静态监测；采用无人机、巡查机器人、视频监控等手段进行动态监控，为河湖管护提供技术支撑和信息服务。二是加强水情应急应对能力，优化山洪灾害监测站网布局，实时捕捉水量、水质、水位、流量等信息，提升信息感知能力，为防洪调度指挥提供决策支持。进行水资源管理调配预演，对用水限额、生态流量等进行预警预报，为推进水资源集约安全使用提供决策支持。

加强农业面源污染整治，加快"绿色种养殖"普及步伐。深入推进农药、化肥减量增效，积极推进农田退水"零直排"综合性示范工程建设。理顺绿色农业市场体系，完善绿色农产品的认证制度和标识制度，同时严格执行环境保护法律法规，为绿色产品的正当竞争创造良好的市场环境。以生猪养殖大县为重点，加快粪污资源化综合利用整县推进项目建设，大力发展有机肥，鼓励规模以下畜禽养殖户采用"种养结合"等模式消纳畜禽粪污。在水产养殖重点地区加快推广养殖尾水治理模式。

加大生态保护修复力度，推进"人与自然"和谐共生。一是推动自然保护地深度整合。调整优化风景名胜区、湿地公园、水产种质资源保护区、水利风景区等自然保护区的功能分区，构建一个保护地、一套机构、一块牌子的整体保护格局。二是推进生态保护修复。全面叫停流域天然林商业性采伐活动，有序开展天然林保护、封山育林、湿地保护恢复、水土流失治理、废弃矿山植被恢复等重点生态修复工程。在沿江沿湖划定生态隔离缓冲区，严格控制人为开发；修复受损河湖缓冲带，强化污染拦截和净化能力；在湘江源头建设水源涵养林，提升水源涵养能力。三是加强生物多样性保护。加强流域珍稀、濒危、特有物种"三场一通道"等关键栖息地保护力度。严格执行禁渔期、禁渔区等制度，科学实施水生生物洄游通道和重要栖息地恢复工程。

凝聚多方治理力量，充分发挥"市场+公众"治理效能。建议由省国资委牵头，推动国有平台公司成立大型环保集团公司，整合资源，统筹推进污水垃圾处理一体化、专业化建设运营，运用市场化机制解决治理资金难题。支持本土更多环保企业融入资本市场。培育流域保护治理的市场化机制。不断完善流域生态补偿、生态产品价值实现等机制，推进市场化、差异化的财税、价格、信用等政策，大力推广PPP、污染治理第三方服务、园区环保管家等模式。加强宣传教育。大力弘扬生态文明理念，加强湘江文化资源收集整理、文艺题材创作推广，讲好湘江保护和治理故事，营造良好的社会氛围。紧紧依靠群众，构建环境治理全民行动体系，积极引导全民践行绿色生活方式，打好湘江保护和治理的人民战争。

# B.11
# 守护好出江入海生态屏障

—— 南通推动长江经济带发展的实践与探索

徐惠民*

**摘　要：** 2020 年 11 月 12 日，习近平总书记亲临南通视察，点赞滨江环境发生了"沧桑巨变"，让人"流连忘返"。近年来，滨江临海的南通坚定落实"共抓大保护、不搞大开发"要求，以"地处长江下游、工作力争上游"的政治担当和目标追求，坚持"点、线、面、体"结合，协同推动生态环境保护和经济发展，高质量建设长江口绿色生态门户，生态环境面貌发生了历史性变化，成为习近平生态文明思想落地生根、开花结果的一个生动案例。

**关键词：** 长江经济带　生态屏障　南通

2020 年 11 月 12 日，习近平总书记考察江苏，第一站就来到南通五山地区滨江片区，肯定南通推进沿江生态保护修复、构建生态绿色廊道的做法，称赞南通滨江环境发生了"沧桑巨变"，让人"流连忘返"。南通地处长江口，拥有长江干流岸线 166 公里，是万里长江奔流入海的最后一道生态屏障。近年来，南通以习近平新时代中国特色社会主义思想为指导，完整准确全面贯彻新发展理念，

---

* 徐惠民，江苏省政府参事，中共南通市委原书记。

坚定贯彻落实习近平总书记关于全面推动长江经济带发展的重要指示精神，始终以"地处长江下游、工作勇争上游"的政治担当和目标追求，坚持"点、线、面、体"结合，协同推进沿江生态保护修复与产业转型升级，全力守护出江入海生态屏障，高质量建设长江口绿色生态门户。

# 一　点：重点突破，打造生态修复示范

习近平总书记强调推动长江经济带发展需要正确把握整体推进和重点突破的关系。南通市区南部的狼山、军山、剑山、黄泥山、马鞍山"五山"临江而立，是长江入海口少见的地理风貌。五山地区总面积10.8平方公里，拥有沿江岸线约7公里，历史上小景区、老港区、破厂区、旧小区相互交织，多头分割管理、利益矛盾复杂、污染问题突出，脏乱差的环境与紧邻的新城区形象形成了强烈反差，"滨江不见江、近水不亲水"成为城市发展中的窘境写照。2016年，南通组织市四套班子领导深度调研、反复酝酿，并广泛征求专家学者、市民代表等意见建议，果断决策启动五山地区生态修复工作，成立由市主要领导任组长的工作领导小组，设立专门指挥部，强力推进五山地区生态保护修复，并以此先行试点，拉开长江共抓大保护的序幕。

五山地区生态本底好，又紧邻新城区，商业价值不菲，但南通没有进行商业开发，而是明确提出还江于民、还岸于民、还景于民，打造一个高品质的公共活动空间。一是高水平整体规划，依托"江海第一山"的自然资源和"近代第一城"的人文禀赋，按照"园中园、景中景、林中林"的思路，统筹城市规划、景区规划、旅游规划等，推进多规合一，形成一张蓝图。二是大力度集中整治，共关停并转"散乱污"企业203家，拆除民、非居1700多户，腾出生态岸线5.5公里。搬迁过程中，南通认真践行以人民为中心的发展思想，对搬迁居民按照 1∶1.6 的面积拆迁补偿并在周边安置，还将其全部纳入城市失地农民保障体系，得到了老百姓的高度认可。三是分片区实施修复，依据总体规划和旅游策划，将五山地区分为狼山中心片区、军山片区、植物园片区等七个片区，分片实施生态修复，划定道路、水系、林网及景点四条红线，构建从建到管无缝衔接的生态修复工作"闭环"。四是精准化嵌入功能，在传统登狼山、访寺庙、揽江景的基础上，增加旅游观光和公共服务功能，因地制宜地引入"慈航狼山"等特色体验项目，让市民和游客"来了不想走，走了还在梦中留"，充分挖掘和彰显生态经济价值，探索绿水青山创造金山银山的有效路径。五是多举措谋求平衡，五山及周边生态保护修复需要投入资金 120 亿元，同时会损失部分税收收入。南通没有仅就五山地区生态修复寻求资金平衡，而是将五山与滨江片区结合起来，通过适度配套开发建设等方式，实现了资金的区域平衡、动态平衡。经过三年多的生态修复，五山地区新增公园绿地面积约 600 公顷，森林覆盖率超过 80%，"春游桃源赏牡丹，夏有林溪避暑地，秋闻金桂醉心扉，冬观雪景踏梅来"，一个面向长江、鸟语花香的"城市客厅"呈现在市民和游客面前。2018 年，狼山森林公园获评国家森林公园，南通获批国家森林城市；2019 年，南通成功举办了"中国森林旅游节"；2021 年，五山地区滨江片区接待游客数超 420 万人次，创历史新高。

从试点先行到多点并进，南通正在加快推进创新区、滨江地区、任港湾、五龙汇、五洲等沿江片区生态保护修复，连点成片、连片成带，展现一幅江清岸绿的美好图景。规划建设 17 平方公里南通创新区，构建 2.65 平方公里中央森林公园景观轴带，打造集科技创新中心、金融商务中心和企业总部中心于一体的城市未来发展新中心。放大 2.9 平方公里滨江片区的绿水青山生态优势，引进邮轮母港等重大文旅项目，提升旅游观光、休闲娱乐等功能，打造国际街区。在通吕运河入江口及周边区域规划建设任港湾、五龙汇片区，放大江河交汇的独特生态优势，实施城市有机更新，打造服务西北片区发展的城市副中心。一幅滨江城市的美丽画卷正在徐徐展开。

## 二 线：全线整治，扮靓沿江生态颜值

南通依江而兴，城市形态呈典型的沿江带状，过去很多化工、港口码头等重工业都布局在沿江区域，在推动经济社会发展的同时，"化工围江"、码头尘埃漫天、非法占用岸线等问题成为长江的沉疴旧疾。2018 年以来，国家和省先后向南通反馈 65 项突出问题，涉及水环境污染、非法侵占岸线、码头污染等多个方面。南通把整治突出问题作为重中之重，举一反三、系统施策，多管齐下地推进沿江整治，建设长江入海口水清岸绿、可感可亲的沿江生态绿廊。近年来，有长江"大熊猫"之称的江豚、"活化石"桃花水母频频现身，被视为长江流域生态环境"指标生物"的螺蜞也频繁出现，仅 2021 年南通市民就密集观测到中华凤头燕鸥、东方白鹳等 13 种珍稀濒危物种，成为南通实施长江生态环境修复、推动绿色发展的最新例证。

"一张图"抓管控。绘制沿江共抓大保护"一张图"，在全省率先编制沿江生态带发展规划，完成沿江空间布局研究，整体规划沿江3000 平方公里前沿区域，将生产岸线占比由 40% 调减到 22%。对于生态保护修复重点片区，大幅度将生产岸线优化调整为生活生态岸线，五山及周边地区将生活生态岸线、生产岸线比例从 1∶13 调整为10.4∶3.6，"工业锈带"正加快向"生活秀带""风光绣带"蝶变。

"清单式"抓整治。结合国家和省披露问题整治，全面梳理沿江需要整治的重点领域、突出问题，明确责任、要求和时间，清单化推进非法码头、化工园区、排污口等 26 项专项整治行动，使沿江生态面貌焕然一新。解决"披露反馈"问题，建立一事一档、挂牌督办、销号管理等工作机制，对于国家和省警示片披露的问题实现清零，率

先完成 93 个长江干流岸线利用项目清理整治工作。解决"码头无章"问题，逐个攻坚突破，狼山港码头过去是全国最大的进口硫黄集散基地，扬尘、污水、噪声等污染严重，周边居民反映强烈，南通迎难而上妥善处理港口股权多元、职工分流安置、码头功能转移等问题，全面停止每年约 300 万吨的硫黄进港作业，用了不到 6 个月时间就完成了 537 亩堆场的全面清理工作。解决"化工围江"问题，开展所有企业评估诊断、"一企一策"分类整治，累计取消沿江 2 个化工园区定位，缩减化工园区规划面积 11.9 平方公里，关停化工企业370 家；在全省率先实施化工产业安全环保整治，组织第三方咨询机构以及安全、环保等力量逐一排查、全面体检，有力整改了突出问题和事故隐患。解决"退捕禁捕"问题，坚定落实"十年禁渔"要求，在全省率先实施"三无"船舶整治，以"零容忍"态度打击涉渔违法行为，加强退捕渔民全方位保障，2019 年底，全市 191 艘长江渔船、368 名长江渔民全部退出长江捕捞，退捕渔民社会保障覆盖率达到 100%。

"高品质"抓增绿。南通坚定把大规模增绿作为长江大保护的重要一环，奋力打造沿江绿色生态长廊，与辽阔江面相得益彰，尽显大江风光。"十三五"以来，南通新增造林面积 35.9 万亩，其中沿江新增 2.2 万亩，全市林木覆盖率达 24.2%，全国绿化委员会授予南通市"全国绿化模范城市"称号。置身山水间、行在长江畔，群众普遍反映狼山"长高"了、吹到江风了、环境变美了、心情也舒畅了。

## 三　面：市域协同，提升绿色发展指数

南通推进长江大保护，聚焦沿江而不局限于沿江，以全市域为完整单元协同治理、整体推进，走上一条生态优先、绿色发展的道路。

坚持水岸共治。南通江海河交汇，全市水域面积 778 平方公里、

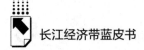

河道总长 2.4 万公里，水环境污染一度是最为突出的短板。南通在全省率先构建市、县、镇、村四级河长体系，对如泰、通吕、通启运河等 16 条市域骨干河道和 213 条（段）县级河道实行"一河一策"治理，水环境改善幅度列全国重点城市中的第 17 位，建成全国水生态文明城市。位处南通老城区的 5A 级濠河风景区过去水网混乱、水流不畅、水体黑臭，南通以濠河及中心城区 66 平方公里为重点，实施市区治水行动，综合实施理顺河网、活水畅流、排污口及"六小行业"整治等措施，该区域内主要河道水质全面达到Ⅲ类标准。南通又将主城区治水经验向全域推广，以启东、通州等地为试点，走出了一条"系统化思维、片区化治理、精准化调度、长效化管护"的特色治水之路，区域治水面积拓展到 3000 平方公里。2021 年，南通国考断面优Ⅲ比例达 87.5%、改善幅度居全省第一，水清河畅、鱼翔浅底的美好景象处处可见。守护碧水的同时，南通空气质量连续四年为全省最优，成为全省首批达到国家二级标准的城市之一，"南通蓝"日益成为高质量发展的最鲜明底色。

实施江海联动。南通始终把江海共保、江海联动贯穿于长江大保护的全过程，奋力推动江海共兴。在江海联动中培育发展新动能。一方面，以技术创新为支撑，加快推动沿江船舶、海工等向产业链、价值链高端攀升。作为我国第二大船舶和海工基地，南通船舶和海工产业规模分别约占全国的 1/10 和 1/4，其通过转型发展，建造了亚洲最大绞吸式挖泥船"天鲲号"等大国重器，创造了 13 项全国乃至世界首制产品。另一方面，主动融入国家和省产业大布局，以重大产业项目建设为抓手，推动适合沿海发展的产业向沿海地区转移。总投资千亿元的中天钢铁项目是江苏落实长江大保护要求的示范项目，已从长江南岸、太湖之畔成功升级落户南通，一期一步，于 2020 年开工、2021 年投产。金光高档生活用纸、桐昆聚酯一体化等百亿级项目相继落户，沿海万亿级绿色高端临港产业基地呼之欲出。在江海联动中构筑发展新优势。实施港口一体化改革，将沿江 9 个港区调整为 3 个，在长江下游新建现代化通海港区，年集装箱吞吐量超 140 万标箱。创新实施"大通州湾"体制机制，加快推进国家战略性工程通州湾江苏新出海口建设，并通过公铁水集疏运体系连接沿江通海港区，打造长江集装箱江海联运新通道，放大"海进江、江出海"的江海联运优势。在江海联动中塑造生态新风貌。聚焦江海前沿 750 平方公里，建设沿江沿海 447 公里全线贯通的生态廊道，目前 10 个特色示范段全面建成，堤顶路贯通里程已达 115 公里，沿线东布洲长滩公园、江海文化大道等景区成为游人如织的"网红"打卡地。

加强城乡统筹。南通推进全市域生态保护，聚焦城市农村两个战场攻重点、补短板，持续改变城乡环境面貌。加强环保基础设施建设，组建水务公司，对于污水处理设施进行"建管养"一体化管理，市区实现污水处理全收集全覆盖，49 座乡镇污水处理厂完成提标改造、达到一级 A 排放标准；全面推进垃圾分类治理，生活垃圾焚烧日处理能力 4800 吨、危废处理能力 32 万吨/年，实现产处平衡。围绕解决农村面广量大的管网建设和较为沉重的运维负担难题，成功研制"低成本、无动力、少维护"分散式生态化污水处理装置，先后对 426 个行政村 17.65 万户农户实施生活污水治理。狠抓农村环境质量改善和品质提升，开展"百村示范、千村整治"工程，深入开展厕所革命、农村人居环境整治等行动，全国"一村一品"示范镇村数量居江苏第一，14 个村入选中国农民丰收节"千村万寨展新颜"活动，约占全省的1/3。

## 四 体：制度创新，构建高效体制机制

南通推进大保护，始终注重制度创新，建立高效的体制机制，广泛调动各方力量及其积极性，创造性地落实好中央和省委的部署要

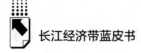

求，推动长江经济带高质量发展。2021 年，南通在生态文明体制改革、制度创新、模式探索等方面成效显著。

全员参与增动力。自觉把落实长江"共抓大保护、不搞大开发"作为拥护"两个确立"、增强"四个意识"、坚定"四个自信"、做到"两个维护"的具体行动。市委、市政府主要领导担任污染防治攻坚战总指挥长，人大强化环保执法检查，政协主要负责同志领衔环保督察，纪检部门开展环保专项市县联动巡察，公安部门开展"利剑斩污"行动，法院、检察院及 51 个部门强化环境保护责任，形成全员齐上阵、合力抓落实的工作格局。建立污染防治攻坚"月督察、季点评、年述职"工作机制，每季度在媒体通报考核排名靠后的镇（街道）和村（社区），压实镇村环保责任，真正让长江大保护没有旁观者、只有参与者。

联防共治聚合力。南通与上海崇明区接壤，所辖海永、启隆两镇就在崇明岛上。南通正确把握自身发展和协同发展的关系，主动策应崇明世界级生态岛建设，和崇明签署全面战略合作框架协议；共同编制实施《东平—海永—启隆城镇圈协同发展规划》，将海永、启隆两镇的规划建设纳入崇明岛统筹规划；在面向崇明岛的沿江区域划定 150 平方公里的生态带，初步形成了跨区域生态共保共治格局。

改革创新激活力。在全国率先探索生态环境损害赔偿制度改革，累计签订赔偿协议 650 份、赔偿金额 1.55 亿元，案件数居全国地级市之首。在全省率先探索市内水环境流域补偿制度，补偿断面达 66个，2021 年补偿金额 8599 万元，增长 2.6 倍。创新环境信用评级制度，对 2.6 万多家企业开展环境信用评级，联动实施差别化水电价、绿色信贷等政策，被生态环境部列为生态环境政策法制基层联系点。强化环境失信行为社会监督，在新闻媒体设立重点环境问题"曝光台""回音壁""致歉栏"等栏目，鼓励公众参与环境保护，倒逼企业实施环境保护行为。

# B.12
# 统筹推进城市废品分类处理
# 改善长江经济带生态环境

## ——九江市废品分类收集处理项目工程的推广应用

彭以元*

**摘　要：** 本文通过分析人口、产业经济规模、城市群体等统计数据，彰显了长江流域与长江经济区在我国的经济、生态安全中的重要地位。本文针对目前垃圾分类处理状况，对九江市采用信息化激励手段开展废旧物品分类收集处理试点等进行了分析，并建议将其作为示范工程，通过增加政府补贴、协同环保公司运作，在长江经济带各城市进行推广，使其在长江经济带生态环境建设中做出重要贡献。

**关键词：** 城市废品　分类处理　生态环境　九江市

## 一　长江流域与长江经济带范畴

长江流域是指长江干流和支流流经的广大区域，涉及19个省（自治区、直辖市）。其中，干流流经青海、西藏、四川、云南、重庆、湖北、湖南、江西、安徽、江苏、上海等11个省（自治区、直辖市），支流展延至贵州、甘肃、陕西、河南、浙江、广西、广东、

---

\* 彭以元，博士生导师，江西省政府参事，江西省绿色化学重点实验室主任。

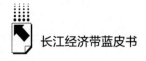

福建等 8 个省（自治区）。

长江经济带按上、中、下游划分，上游地区是以重庆为中心的成渝经济圈，包括重庆、四川、贵州、云南四省市，面积约 113.74 万平方公里，占长江经济带的 55.4%；中游地区是以武汉为中心的经济圈，包括江西、湖北、湖南三省，面积约 56.46 万平方公里，占长江经济带的 27.5%；下游地区是以上海为中心的长三角经济圈，包括上海、江苏、浙江、安徽四省市，面积约 35.03 万平方公里，占长江经济带的 17.1%。长江经济带面积约 205.23 万平方公里，占全国的 21.4%，人口和生产总值均超过全国的 40%。

从统计数据可以看出，长江经济带是我国人口多、产业规模大、城市体系非常完整的巨型流域经济带之一，长江经济区在我国的经济、生态安全中占有重要的地位。

党的十九大报告强调，实施区域协调发展战略，提出以"共抓大保护、不搞大开发"为导向推动长江经济带发展。长江经济带不仅涵盖上下游、干支流、左右岸及河、湖、湿地等全流域，而且涉及水、路、港、产、城等多个方面，是相互联系、相互影响的一个完整生态系统。由于流域生态的整体性、系统性、不可分割性，流域内的公共问题就突破了行政区划的界限，也超越了单个地方政府的治理功能范围。面对这一情况，需打破行政区、部门和行业界限，统筹考虑上游与下游、干流与支流、城市与乡村等关系，改变以行政区划为单位的治理方式，整合流域内资源，树立"共生共赢""协同合作"的理念推动流域的协调发展。

## 二　当前城市生活垃圾分类处理现状

长江经济带是我国人口多、产业规模大、城市体系非常完整的巨型流域经济带，产生了超量的各种废旧物品，对此如果不进行分类收集，集中处理再利用，将造成巨大的资源浪费，产生严重污染，必须统筹管理、协调发展。

目前城市生活垃圾分类处理包括四类：蓝色桶（可回收利用）、红色桶（有害垃圾）、绿色桶（厨余垃圾）和黑色桶（其他垃圾）。近年来，政府投入大量资金购置垃圾分类桶，并投放到各个街道、居民生活区。近几年来政府采用各种手段来加大垃圾分类宣传力度，但是由于居民的环保意识薄弱、分类丢弃没有任何约束或利益鼓励机制，在实际过程中，并没有达到垃圾分类丢弃回收利用的预期效果。

# 三　采用智能信息化激励手段
## 实施可利用废旧物品分类收集建议方案

对于目前城市生活垃圾分类方案实施效果的不理想，2020年九江市政协提出建议，采用信息化激励手段实施废旧物品分类收集处理方案试点。在九江市政府支持下，九江市某环保科技有限公司在试点地区撤除原来的蓝色的可回收物垃圾桶，投入智能信息化可回收利用分类垃圾柜对可回收物进行细分类，居民使用手机二维码扫描方式打开柜门，投放可回收利用的废旧物品的同时可以领取到一定的积分奖励，以此来鼓励居民进行垃圾分类丢弃。居民分类丢弃垃圾的同时通过手机扫描可以获得一定的实惠，有助于显著提高其垃圾分类的积极性，大大提高了废旧物品的利用率。但是由于初始投入大，政府补贴不足，该方案难以全面推广。

如果将上述采用信息化激励手段实施废旧物品分类收集处理项目作为示范工程，则需要加大政府补贴、协同环保公司运作，在长江经济带各城市进行推广，使其在长江经济带生态环境建设中作出重要贡献。

# 加快转型升级
# 推动高质量发展

Stepping Up Transformation and Upgrading to
Promote High-quality Development

# **B**.13
# 长江经济带绿色发展成效、
# 难点及路径研究

李秀香　饶如梦　胡彦涵*

**摘　要：**　党的十八大以来，从国家到沿江各地，始终坚持生态
优先、绿色发展的战略定位，促进经济社会发展全面
绿色转型，力度之大、规模之广、影响之深，前所未
有。长江经济带生态环境发生了转折性变化，经济社
会的绿色"蝶变"正在加速推进。但现阶段仍面临合
作机制不健全、生态补偿机制不完善、产业绿色转型
步伐较慢等难题。未来应继续坚持生态优先、绿色发

---

\* 李秀香，教授，博士生导师，江西省政府参事，江西财经大学贸易与环境研究中
心主任；饶如梦，江西财经大学研究助理；胡彦涵，江西财经大学研究助理。

展的战略定位，以区域协同为核心思维，走出一条绿色永续发展之路。

**关键词：** 长江经济带　生态保护　绿色发展

　　长江经济带覆盖 11 省市，横跨我国东中西三大板块，面积约 205.23 万平方公里，占全国的 21.4%。首先是人口规模大。第七次全国人口普查数据显示，长江经济带人口 60610 万人，占全国总人口的 42.93%。其次是经济总量大。《中华人民共和国 2021 年国民经济和社会发展统计公报》显示，长江经济带地区生产总值为 530228 亿元，增长 8.7%，占全国的 46.36%。在全国生产总值排名前十的城市中，有 7 个城市位于长江经济带，分别为上海、重庆、苏州、成都、杭州、武汉和南京。党的十八大以来，从国家到沿江各地始终坚持生态优先、绿色发展的战略定位，促进经济社会发展全面绿色转型，力度之大、规模之广、影响之深，前所未有。坚定不移地推动绿色发展方式是完善生态文明制度体系的发力点，也是实现"碳达峰、碳中和"目标的必经之路。2016 年 1 月，习近平总书记在重庆召开的推动长江经济带发展座谈会上强调，共抓大保护、不搞大开发，这为长江经济带发展定下了生态优先、绿色发展的总基调。近年来，长江经济带 11 省市深入学习贯彻习近平总书记重要讲话、重要指示批示精神，共同努力、扎实工作，生态优先、绿色发展成效明显，对全国经济发展的支撑引领作用进一步凸显。但现阶段仍面临合作机制不健全、生态补偿机制不完善、产业绿色转型步伐较慢等难题，需要引起有关方面的高度重视。

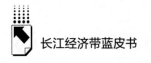

# 一 长江经济带绿色发展取得的成效

生态环境保护力度加强。一是打好污染防治攻坚战。根据中国政府网公布的数据，2018~2021 年，累计下达长江经济带各省份大气、水、土壤污染防治资金 504 亿元，用于支持重点区域打赢蓝天保卫战，改善流域水环境、水生态，开展土壤风险管控和修复等工作。此外，还将重庆、芜湖、九江等 21 个城市纳入城市黑臭水体治理示范政策支持范围，累计拨付资金 92 亿元。二是强化林草生态系统的保护。2018~2021 年，中央财政累计下达长江经济带省份林业、草原转移支付资金 1203 亿元，重点支持开展国土绿化、天然林资源保护和退耕还林还草，加强森林资源管护和湿地等生态保护工作。

生态保护取得明显成效。一是生态保护修复攻坚战取得明显成效。国家林草局公布的数据显示，2022 年，长江经济带 11 省市共完成造林 1546 万亩，石漠化土地面积与 2016 年同口径相比减少 4233 万亩，水土流失面积减少 7095 万亩，禁牧和草畜平衡面积达到 3.87 亿亩；建成 91 个国家森林城市，绿色成为长江经济带亮丽的风景。二是长江经济带水质显著提升。国家发改委公布的数据显示，2021 年前三季度，长江经济带优良水质比例为 90.6%，比 2016 年上升 23.6 个百分点；劣 V 类水质比例为 0.4%，比 2016 年下降 6 个百分点。

# 二 长江经济带绿色发展存在的难点

长江是我国第一大河，水系支流众多、生态系统独特，也是我国生物多样性最为典型的区域。习近平总书记两次视察长江经济带时指出，"长江病了，而且病得还不轻"，强调"长江生物完整性指数到了最差的'无鱼'等级",要求"把修复长江生态环境摆在压倒性位置,共抓大保护、不搞大开发"。

长江经济带合作机制不健全。一是长江经济带统一大市场还未建立。长江经济带是我国经济重心所在、活力所在,应该在建设全国统一大市场方面走在前列。长江经济带尤其是其中的三大城市群,肩负着我国未来创新发展的"增长极"的重任,已经并将继续成为我国人口流入的重要目的地,但目前劳动力和人才的空间流动与社会流动还存在一些障碍。例如我国的社会保障体制是按地区和人群多重分割的碎片化体制,这种体制不能适应长江经济带区域内劳动力的流动性要求。二是共抓大保护有效联动不足。尽管长江经济带各省市之间交往频繁,签订了《长江三角洲地区环境保护合作协议》《区域生态环境保护统筹协调备忘录》等许多跨区域生态环境保护方案,但由于长江大保护流域联动法治体系存在壁垒,整体推进、系统修复、源头治理难度较大,整个长江流域环境修复工作和生态工程建设无法取得应有的效果。

生态补偿机制建设还面临诸多挑战。一是尚缺少统一的补偿标准体系。近些年,沿江省市在标准体系上进行了一些探索,但囿于经济发展水平和生态环境情况的差异,成功的流域生态补偿案例仅见于行政区划关系简单的小流域或者大流域的支流,如新安江流域、赤水河流域等,对于跨省众多的长江流域,进展缓慢,基本上尚未启动,其主要原因是缺乏统一的补偿标准体系。二是各地生态补偿政策碎片化。长江流域内的环境治理通常以上下游邻近省市政府协商签订合作协议为主要形式,如安徽与浙江、福建与广东、广西与广东、江西与广东等省(区、市)政府分别签署了新安江流域、汀江—韩江流域、九洲江流域、东江流域上下游横向生态补偿协议。这类政策只涉及两个省份,便于实际操作,但会使长江流域各地的生态补偿绩效评价体系出现差异,势必会影响整个长江流域生态补偿市场秩序。

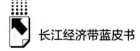

工业绿色发展升级面临难题。一是工业污染排放量大。2021年2月《长江经济带VOCs治理该从何处发力?》一文提出,长江经济带以21%的土地承载了全国30%的石化产业、40%的水泥产业,大气污染物排放量大,其中,挥发性有机物(VOCs)排放量跃居区域大气污染物首位。工业源、交通源VOCs排放量占区域排放总量的80%以上,长三角工业源VOCs排放量占比最高,约为66%,是长江经济带VOCs排放强度最高、减排任务最重的区域。① 二是产业布局不够合理。2021年12月《协同推动生态环境保护和经济发展——长江经济带绿色发展报告》一文指出,2020年长江经济带硫酸、纯碱、乙烯、水泥、平板玻璃、粗钢的产量分别占全国的62.4%、39.3%、32.5%、49.7%、38.3%、32.0%。尽管近年来新兴产业发展较快,但产业结构"偏重"的局面尚未发生根本性改变。产业结构"重化工"和能源结构"重煤炭"的特征一方面增加了资源的消耗,另一方面增加了污染物防治难度,2020年长江经济带一般工业固体废弃物产生量为10.2亿吨,比2015年增长10.6%,而综合利用率下降2.9个百分点。② 三是工业园区缺乏跨省联动。2022年两会政府工作报告针对"跨省通办"提出扩大覆盖范围、加快解决群众关切事项异地办理问题等要求。2022年《苏州工业园区关于加快推进政务服务"省内通办""跨省通办"的实施方案》出台,园区"跨省通办"事项清单中全程网办占比高达87.3%,特别推出"长三角""沪苏""合作园区"等专区板块,而长江经济带其他省市对工业园区"省内通办""跨省通办"的落实还不够到位。

农业绿色转型存在堵点。一是水土流失治理亟待加强。水利部2020年全国水土流失动态监测成果显示,长江经济带2020年度水土

---

① 《长江经济带VOCs治理该从何处发力?》,《中国环境报》2021年2月19日。
② 《协同推动生态环境保护和经济发展——长江经济带绿色发展报告》,《经济日报》2021年12月18日。

流失面积为 38.9 万平方公里，占全国水土流失总面积的 14.45%。此外，长江上游水土保持工作依然面临严峻形势，仍有 22 万平方公里水土流失面积亟待治理，仅金沙江下游、嘉陵江上游水土流失面积就达 4 万平方公里。二是农业面源污染治理有待加强。2021 年 4 月《加强农业面源污染防治　推进农业绿色发展》报道显示，我国种植业总氮和总磷排放均占全国水体污染总排放量的 24% 左右，以长江流域为例，农业面源污染占长江水体氮磷输入的 50% 以上，过去 30 年间我国长江流域可溶性无机氮磷含量增长 4~5 倍，分别贡献近海总氮、总磷排放的 60% 和 88%。① 三是农业技术水平有待提升。据农业农村部测算，2020 年我国水稻、小麦、玉米三大粮食作物化肥利用率 40.2%，农药利用率 40.6%，虽然较 2015 年有较大程度的提高，但与发达国家相比仍存在较大差距，节水装备、缓控释肥、精准施药等关键技术亟待突破。《2020 年全国农业机械化发展统计公报》显示，全国农作物耕种收综合机械化率达 71.25%。长江经济带 11 省市中，云南省农业机械、农产品加工等设施装备仍不能完全满足产业发展需求，主要农作物耕种收综合机械化率仅为 50%，低于全国平均水平 21 个百分点，而同为长江经济带的安徽省农作物耕种收综合机械化率达 81%，由此可见，长江经济带各省市农业技术水平存在较大差距。

## 三　长江经济带绿色发展的路径研究

长江经济带是我国经济最为活跃的地区，发展潜力巨大，坚持生态优先、绿色发展不仅是自身高质量发展的内在要求，而且对于推动我国经济转型而言具有重要意义。"十四五"时期，推动长江经济带

---

① 《加强农业面源污染防治　推进农业绿色发展》，《中国环境报》2021 年 4 月 1 日。

高质量发展，应认真贯彻落实《"十四五"长江经济带发展实施方案》等规划政策，坚持穿"新鞋"、走"绿道"，坚定不移地走生态优先、绿色发展的新路，使长江经济带成为我国生态优先绿色发展的主战场、畅通国内国际双循环的主动脉、引领经济高质量发展的主力军。

### （一）强化合作协调长效机制

一是推动建设长江经济带统一大市场。长江经济带可以从数字经济发展布局上推进区域内协同合作，在建设全国统一大市场上发挥重要作用。例如，在"东数西算"国家战略实施上带好头，长江流域东部地区数据资源丰富，应用场景规模巨大，中西部地区算力支撑条件好，可以紧密开展协同合作。此外，可以设立长江经济带算力网络枢纽建设专项基金，对相关基础设施建设给予必要的资金补贴。二是完善"共抓大保护"长效合作机制。长江经济带发展领导小组办公室应充分发挥统筹协调、督促落实的职能，会同有关部门、企业和上中下游地区协同推进《长江保护法》实施，积极构建社会各界参与长江大保护的新格局。此外，应从健全法律法规、完善补偿机制、强化联防联控、探索试点示范等方面发力，将长江经济带"共抓大保护"的长效机制建立起来，使其切实发挥作用。

### （二）创新流域生态补偿模式

一是探索省际横向生态保护补偿机制。借鉴云贵川三省就赤水河流域、浙皖两省就新安江流域签署横向生态补偿协议的经验，长江经济带各省市可以根据《支持长江全流域建立横向生态保护补偿机制的实施方案》，建立高层级工作机制，完善多元化生态保护补偿机制。2021年5月，云贵川三省人大常委会建立了三省赤水河共同立法秘书长协调机制，成立了共同立法起草专班，以"共同决定＋条例"的方式，出台了三省人大常委会关于加强赤水河流域共同保护的决定和三省的赤水河保护条例，并于7月1日同步实施。二是建立跨省生态补偿的激励与约束机制。长江经济带各省市相关部门应认真落实《关于全面推动长江经济带发展财税支持政策的方案》，加大财税支持力度。借鉴新安江跨省流域生态补偿采用的"正补"加"反补"的双向补偿方式，长江经济带各省市应合理确定流域跨界断面的水质、水量并以此作为补偿基准，强化流域水质目标考核行政和经济"双重"约束机制，建立水质超标"罚款赔偿"和水质达标"奖励补偿"机制，引导上下游共同保护流域水生态环境。

### （三）加快工业绿色转型发展

一是强化产业链与创新链"双链"协同，创新工业产业生态化体系建设。充分发挥上海、合肥综合性国家科学中心的撬动作用，大力推进创新型城市以及制造业联合创新中心建设，对于绿色发展的"卡脖子"重大科研任务和关键性技术，开展长期、稳定的联合攻关，着力实现工业产业生态化、高级化发展。二是打通要素流通边界，推进工业产业绿色转型发展。长江经济带各省市应以构建新发展格局、畅通区域产业循环和螺旋上升的"主动脉"及"毛细血管"为重点，严格落实《长江经济带发展负面清单指南（试行，2022年版）》的要求，持续推进绿色转型、新旧动能转换与产业转移。对《长江经济带创新驱动产业转型升级方案》《长江经济带产业转移指南》的落实情况进行阶段性评估，进一步发挥南京、武汉、重庆、成都、南昌等在承载电子信息、VR产业等重要产业布局中的重要作用，实现数字化引领绿色化产业发展。三是携手打造世界级先进制造业集群。现阶段，长江经济带各省市可重点围绕集成电路、人工智能、高端装备等优势产业（"5+10"重点产业集群），加强窗口指导与配套服务，培育更多高科技领军企业。可考虑在长三角、成渝双城

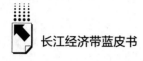

经济圈、中部地区等区域重点打造一批空间上高度集聚、上下游紧密协同、供应链高效集聚的产业集群，先在苏锡常、沪杭甬、G60科创走廊、南昌VR产业基地等毗邻地区建设绿色发展试验区、试点区等，待成熟之后再向全流域复制推广。

### （四）促进生态农业快速发展

一是优化长江经济带生态农业发展顶层设计。利用卫星遥感影像数据提取长江经济带各段的地形、土壤、水文水系等数据，在政府主导下科学开展基于种植业全产业链的生态发展顶层设计。此外，要充分利用好长江经济带农业发展联盟，加强长江经济带沿线涉农高校、科研机构的合作，着力解决长江经济带生态农业的关键技术攻关问题，为长江经济带生态农业高质量发展"献智献力""把脉支招"。二是着力打造现代农业示范区。抓好长江经济带的特色农业发展，以"互联网+实时监控+认领+溯源"打造"可视化农业"，将长江经济带打造成我国的优质水稻产业带、优质专用小麦产业带、优质棉花产业带、"双低"优质油菜产业带以及绿色畜产品产业带和绿色水产品产业带。

### （五）助力流域生态旅游业成长

在太湖、鄱阳湖、洞庭湖等湖泊开展生态产品价值实现路径探索，发展湖泊生态旅游，创建长江经济带生态旅游示范区，做强做优生态旅游、度假康养等特色优势产业，助力流域生态旅游业快速发展。

# B.14
# 创新驱动长江经济带产业结构升级路径分析

黄　寰　罗子欣*

**摘　要：** 创新驱动长江经济带产业结构升级对于促进新时期全国
经济稳定可持续发展具有重要作用。本文基于创新驱动
长江经济带产业结构升级的战略意义，结合长江经济带
产业发展现状，从数字经济引领、产业链创新链深度融
合等方面提出了有关路径策略，以期进一步发挥创新势
能推动长江经济带产业结构升级。

**关键词：** 长江经济带　创新驱动　产业升级

　　习近平总书记强调，坚定不移贯彻新发展理念，推动长江经济带
高质量发展。近年来，长江经济带在全国经济发展中的重要性不断凸
显，沿江 11 省市经济规模占全国的 45% 以上。加快推动长江经济带
产业结构优化升级，既是实现长江经济带高质量发展的现实需求，也
是影响全国发展大局的重要举措。

---

＊ 黄寰，四川省人民政府参事室特约研究员，成都理工大学商学院、数字胡焕庸线
研究院教授，中国人民大学长江经济带研究院研究员、博士生导师；罗子欣，四
川省社会科学院研究员。

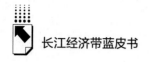

## 一　创新驱动长江经济带产业结构
## 优化升级的重要意义

创新驱动长江经济带产业结构优化升级，具有重要的理论意义和实践意义，具体可从产业结构合理化、高级化演进来进行阐述。首先，区域产业结构的初期演化发展主要依赖于地区资源禀赋和基本的产业要素环境，早期长江经济带产业结构的演变过程实际上是在工业化、城市化进程中产业层次与市场需求、资源要素等趋于自洽协调的过程。但在经济新常态的背景下，外加绿色发展、技术变革等，尤其是供需关系错位导致的结构性失衡问题的出现，使区域产业构成以及产业分工面临更高的要求。长江经济带是我国经济规模最大、产业链条最多的区域，推动产业结构升级是长江经济带在新时期新要求下优化产业形态和发展模式、实现产业结构合理化演变的必然路径。

其次，长江经济带产业结构升级的着力点主要是推动资源要素从落后产业部门向具有高价值、高能级特征的新兴产业部门转移，结合当前新一轮科技革命和产业变革趋势，以创新驱动长江经济带产业结构优化升级是实现产业增量化改革进而推动存量调整的唯一路径，以技术创新、制度创新、模式创新等提升区域产业质效，强化产业支撑，不断优化产业结构，化解过剩产能，以新的产业经济增长点推动产业结构高端化，不仅是改变产业构成比例，更是强调以提升自主创新能力为核心的产业结构升级，构建从要素驱动向创新驱动深层次转变的现代化产业体系。

## 二　长江经济带产业结构升级优化发展现状

近年来，长江经济带保持着稳定的经济增长态势，产业结构不断优化，产业发展对全国经济的支撑作用不断凸显，充分展现出长江经济带作为我国"黄金经济带"的发展活力和潜力。据有关数据统计，2019年长江经济带三次产业结构进一步调整为7.8∶38.8∶53.5，沿江11省市第三产业比重均持续提升，尤其是上海等发达地区的第三产业比重超过了70%，贵州、云南等长江上游省域该比重也达到了50%，长江经济带产业结构总体呈现"三二一"基本格局，服务型经济发展势头强劲。同时，从长江经济带沿线省市工业经济情况可以看出，各地区工业行业均发展较快，尤其是装备制造、电子信息制造等先进制造业，生物医药、新材料、新能源等战略性新兴产业保持了较快增速。总体来看，在科技创新发展和经济动能转换的大趋势下，长江经济带产业结构不断优化、发展质量不断提高。

但同时也要看到，长江经济带产业结构优化升级过程中仍存在一些问题，产业转型升级逐渐进入瓶颈期，落后产业逐步退出市场，但新的产业经济增长点还有待培育，并且无论是新兴产业还是传统产业的升级改造都需要资金、技术的强有力支撑，而长江经济带不同地区的发展形势各异，创新驱动产业结构升级在资源配置、跨区域分工合作等方面还存在不足。为此，创新驱动长江经济带产业结构升级路径策略如下。

## （一）加快发展数字经济引领产业结构持续优化升级

当前以高增长、高融合、高技术为特征的数字经济在长江经济带蓬勃发展并逐渐成为区域经济转型发展的重要驱动力。为此，应进一步促进数字经济赋能，引领长江经济带产业结构高端化、合理化。

### 1.积极培育数字经济活跃市场主体

培育数字经济市场主体是构建数字经济体系、优化行业主体结构的重要举措。可在上海、杭州、成都等长江经济带主要城市探索构建数字经济企业"森林"，从孵化器孵育企业到初创型数字企业、数字中小企业，再到上市公司、数字领军企业等，推动重点城市数字经济企业蓬勃发展。聚焦人工智能、产业互联网、医疗科技、前沿新材料等前沿科技领域，鼓励处于新赛道的数字经济企业发展壮大，制定个性化的数字经济新赛道"挖掘+培育"计划，支持国家级、省市重要产业园区开展数字经济企业筛选、编制榜单、出台扶持政策，鼓励园区提供企业培训、技术研发试验、应用场景赋能等针对数字经济市场主体的个性化服务。

### 2. 推进市场化配置发挥数据要素价值

随着数据要素作为基本生产要素的重要性不断提升，加快推进数据要素市场化配置在全社会生产领域中的现实需求愈发凸显。推进数字经济发展，离不开数据要素的运作支撑和价值挖掘，培育市场、激发数据要素新动能是加快长江经济带数字经济发展中不可或缺的关键环节。为此，应当持续完善长江经济带沿线省市数据要素跨区域流通的顶层设计，充分协调数据要素流动涉及的标准规范、安全治理、产权界定等问题，探索多省市协同试点，尽快建立长江经济带数据要素流通交易体系。同时应积极实施支撑性项目，把握国家大数据中心枢纽节点建设机遇，发挥长江中游、长三角、成渝地区城市群在数字经济发展和基础设施建设方面的优势，推动建设长江经济带东、中、西部数据枢纽和区域数据中心，形成覆盖全域的数据流通网络，加快打造区域性大数据交易中心、大数据区块链交易平台等平台载体，积极探索实体化市场主体组织方式。

### 3. 保障强化新型数字基础设施支撑

新型数字基础设施是数字经济发展的重要支撑，同时新型数字基础设施也体现出对新一代数字技术的高度依赖，为长江经济带数字经济诸多领域的融合应用提供了重要场景。首先应完善信息基础设施，推进长江经济带 5G 站点布局建设，实施 NB-IoT、eMTC（基于蜂窝通信物联网）等物联网设施商用部署和业务测试，加快信息枢纽、新型互联网交换中心、国际互联网数据专用通道等建设，推进千兆光纤宽带向机构单位、企业、园区等延伸覆盖。其次应建设融合基础设施，统筹部署长江经济带城市智能泛在感知设施，加强标准规范衔接，按照配套感知和连接设施的部署要求，预留新型设施部署位置和空间，重点推进智慧建筑、市政物联等应用场景的感知设施部署。最后应布局创新基础设施，在长江经济带重点产业集中发展区域推动建设云计算数据中心和边缘计算等算力基础设施，预留城市规划使用空间，做好技术设施支撑保障工作。进一步建设数字经济核心技术领域的重点实验室等重大基础研究和产业技术创新基础设施，构建面向数字经济全产业的新型基础设施保障支撑体系。

## （二）推动产业技术创新促进产业链创新链深度融合

推动创新链、产业链有机衔接、融合互动，充分把握创新的个性和共性特征，实现长江经济带创新与产业点对点、点对面地融合，尤其是当前正处于产业转型和创新升级不断深化的关键时期，推动产业技术创新是实现长江经济带产业链与创新链"双向融合"的重要基础。

### 1. 大力培育发展高技术现代化产业体系

构建高技术现代化产业体系，增强长江经济带科技创新内生动力。长江经济带应立足于创新的核心地位，促进科技和产业的紧密联系和深度融合，强化产业分工和协作发展，以产业集群为抓手，大力发展电子信息、新能源、汽车制造等高技术产业，保持强劲发展势头，打造多个万亿级产业集群，形成具有雄厚实力的高技术现代化产业体系，在重塑长江经济带经济地理的同时，进一步提高产业链创新的联系度和活跃度，形成"科技+产业"双重赶超的新发

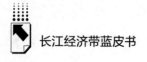

展姿态。

### 2. 积极探索"政产学研"协同创新

以产业链和创新链融合为核心，瞄准产业发展前沿，坚持问题导向，创新体制机制，有效聚集"政产学研"创新要素，以市场机制优化配置资源，探索创新创业新模式，梳理并攻克制约长江经济带产业发展的核心技术难题，突破重大关键技术，推动重大成果转化及产业化，孵化科技型企业，培育壮大新型产业，引领产业转型升级，推动产业集群崛起，形成科技支撑经济发展、经济反哺科技创新的良性循环，打造创新链和产业链链条完善、融通发展的创新创业良好生态。此外，长江经济带沿线省市还应当积极协调各方共同打造"政产学研"创新创业共同体，开展关键技术攻关和协同创新，聚焦产业创新发展瓶颈问题和"卡脖子"技术，明确年度重大技术攻关、储备科技成果转化、重大项目产业化、高新技术企业孵化等任务和指标，引入和培育国内外一流的创新资源要素，打造具有新型研发机构特质的综合性、开放性、高端化的产业技术创新体系。

### 3. 集聚高端创新资源构建高能级创新平台

进一步构建高能级创新平台，重点加强高新区与高校、科研院所等的合作，围绕优势领域建设专业化创新载体。加快推动长江经济带沿线省市布局高能级创新平台，支持与具有学科优势、人才优势、硬件优势且有意向的高校院所和领军企业联合布局国家实验室，积极推动现有国家实验室制度改革创新，完善管理体制、运行机制以及财政支持制度，创新人才引进程序，持续吸引创新要素集聚。积极推动区域产业链龙头企业平台化发展，协同上下游，组建企业创新联合体，以内部机制变革和外部创新模式探索为双向驱动，通过探索多类主体完善协同共享机制，持续提升长江经济带高水平创新平台的发展能级。

### （三）营造一流科技创新生态助力产业结构创新升级

良好的科技创新生态是实现创新驱动产业结构升级的重要保障。随着产业资本和金融资本的融合发展，科技金融不断发挥出成果转化和产业链整合的引导撬动作用，以及在生产经营和城市治理场景中孕育出更多的招商合作机会，为新时期长江经济带营造一流科技创新生态提供了方向。

1. 提升科技金融服务，加速科技创新发展

以长江经济带主要城市现有金融支持体系为基础进行设计，构建"一省、一市、一区"脉络下的科技金融体系，以及配套平台、机制和系统。探索以区域科技金融产业链为基础，建立能覆盖省域甚至跨地区的科技企业的动态数据库，形成支撑科创企业全生命周期的科技金融服务模式。促进长江经济带各省市研究制定关于天使投资人和创业投资机构的税收优惠政策，吸引和鼓励各类创业投资主体增加对种子期、初创期企业的直接融资。鼓励探索建立早期创投风险补偿机制，通过单个投资项目的一定比例、单个投资项目最高补偿额、单个机构最高补偿额等方式进行风险补偿。

2. 加大开放合作力度开发场景招商新模式

以未来视角推进开放合作，充分挖掘长江经济带城市发展和产业配套的场景需求与流量经济优势，系统梳理产业开发区、产业园区可提供的场景资源，研究掌握各地区基础设施、空间开发、智慧化建设等应用场景需求，梳理场景机会清单，出台配套支持政策，培育城市、产业场景招商的新模式、新政策。鼓励先行地区探索建立先行先试免责机制，向社会发布场景机会清单并配备必要资源，通过公开招募、企业对接、开放合作等方式，吸引一批创新型企业、"科技探路者"、投资人等多元主体，覆盖公共安全、公共交通、医疗健康等领域。鼓励园区具有行业资源和专业化运营能力的企业或机构牵头组建

场景生态联盟，通过股权合作、技术联合攻关、产业资源共享等方式，集聚服务于场景建设的科技型企业。探索"政府搭台、企业出题、企业答题"模式，围绕企业现实需求，推动国内外科技企业与本地企业紧密衔接，并加快在产业集聚区落地。建设场景路演平台，吸引各类创新主体集聚，建立其与产业升级、城市管理、社会服务等场景的对接机制，从"给优惠"向"给机会"转变。

# B.15
# 创新驱动节能减排
# 实现绿色高质量发展*

董昕灵　王　明**

**摘　要:** 近年来,长江经济带辖内的各级地方政府围绕绿色高质量
发展主动出击、积极作为,以技术创新、产业创新、金融
创新、制度创新等赋能绿色高质量发展,在节能降碳减排
方面均取得良好成效,但地区间的创新、节能、降碳与减
排水平仍然存在差异,体现为中游低、下游中、上游高的
错位梯度差。为此,本文提出下游的长江三角洲地区应加
强绿色技术创新与应用、中游的江西与湖北应加快绿色制
造体系构建、上游的贵州与四川应凝聚资源加速推进能源
和碳结构优化等政策建议。

**关键词:** 长江经济带　创新驱动　绿色发展

长江经济带覆盖 11 个省市、横跨东中西三大板块,2021 年区
域经济总值占全国的比重为 46.4%。习近平总书记先后三次召开座

---

* 本文数据来源为《中国统计年鉴》、长江经济带 11 省市统计年鉴、《中国能源统计
年鉴》、《中国城市统计年鉴》、北京大学开放研究数据平台、百度"省市+节能、绿
色"词条。

** 董昕灵,经济学博士,副教授,长江产业经济研究院特聘研究员,江苏开放大学
商学院讲师;王明,江苏开放大学商学院。

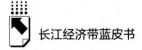
谈会，为长江经济带发展谋篇布局、把脉定向。他强调，坚定不移贯彻新发展理念，塑造创新驱动发展新优势，使长江经济带成为我国生态优先绿色发展主战场、引领经济高质量发展主力军。坚持走中国特色自主创新道路，敢于走别人没有走过的路，不断在攻坚克难中追求卓越。受全球新冠肺炎疫情影响，外加美国多轮贸易打压，国内企业的发展面临巨大挑战，但是更以前所未有的态势迫切要求中国企业加快创新。在这样的背景下，长江经济带辖内的各级地方政府围绕绿色高质量发展主动出击、积极作为，以技术创新、产业创新、金融创新、制度创新等赋能绿色高质量发展。

# 一　创新驱动成发展新优势

## （一）绿色技术成创新主引擎

在湖北武汉，位于东湖高新区的长飞公司已经发展成为全球唯一掌握三大主流预制棒制备技术并成功实现产业化的企业，企业已累计申请 800 多项国内外专利，专利申请量、授权量在光纤光缆行业遥遥领先。在湖南资兴，东江湖大数据中心里的 3000 多个机架上高速运转着 5 万多台服务器，每个机架一年节省电耗 1 万度，相当于电费 7000 元。在江苏常州，旭荣针织印染厂在生产线中的各个环节寻找"节能减排"的突破口，先后投入研发资金 3429 万元，实施高效节能水洗机、太阳能预热水装置及污水余热回收等节能环保改造项目。在江苏苏州，亨通光导新材料有限公司自主开发了适用于光棒制造的能源环境管理系统，实现制造进度、质量、能耗等生产全过程"一目了然"。在江西南昌，江西水电积极开展"下边坡零扰动的施工方法"等专利申请，为项目建设提质增效提供科技支撑，2022 年以来，江西水电接连中标多个十亿级新能源项目。

2021 年，长江经济带 11 省市获批国家级绿色工厂 662 家，占全国的 39%，绿色供应链管理企业 43 家，占全国的 40.2%，绿色设计产品 436 个，占全国的 44%，通过绿色制造示范企业创建、绿色设计产品开发，以点带面推进制造体系核心支撑单元的绿色创新。在被认定的国家绿色设计产品中，江苏、浙江、安徽与湖南四省份的产品占 78.4%，而湖北、重庆不足 10 个；从产品涉及的门类分析，浙江跨度最大，涵盖 46 个产品门类，安徽、江苏、湖南分别涵盖 44 个、34 个、24 个产品门类，其他省份产品涵盖不及 4 个产品门类，反映出长江经济带内部在绿色设计产品的总量、结构方面均存在较大差异。值得关注的是，工业强省广东有 316 个产品被认定，占全国的 32%，超过江苏、浙江、安徽三省之和，涵盖 30 个产品门类，其中在印制电路板这一产品类别中有 111 个产品被认定，说明广东的产业门类虽不及长三角地区齐全，但能在特定产业门类下精耕细作，这值得长三角地区学习。

## （二）绿色产业成升级新方向

绿色创新不仅涉及企业个体，还应全面审视整个产业链体系及企业间的协同关联。建立产业链循环共生网络，推动物质和能源在产业链间闭路循环流动，是实现制造业产业链低碳转型的关键。2021 年，长江经济带 11 省市获批国家级绿色园区 28 个，占全国的 53.8%，通过绿色产业园区培育，初步构建了绿色制造产业体系。

湖南汨罗循环经济产业园基于产业共生规律及特征，通过对产业链中静脉企业和动脉企业进行精准定位和匹配，充分发挥产业链协同创新效应，形成了完整的再生资源综合利用产业集群，园区再生资源循环利用率达到 90% 以上，生活垃圾和工业固体废物综合利用率达到 95% 以上。

位于无锡高新区的江苏首个零碳科技产业园培育了以博世、施耐德为代表的"灯塔工厂""绿色工厂"典范，打造了国内领先的光

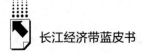

伏、动力电池、氢能源产业链条和节能环保、新能源产业集群。"十三五"期间，园区 GDP 增长 35%，单位 GDP 能耗下降 18%，万元 GDP 能耗及二氧化碳排放达到发达国家水平。

### （三）绿色金融成改革新领域

发展绿色金融是推动当前我国金融结构调整、实现经济和环境可持续发展的必然路径，是我国金融领域的一场创新与变革。

2021 年 10 月，《上海加快打造国际绿色金融枢纽服务碳达峰碳中和目标的实施意见》正式发布。围绕一个"碳"字，上海的金融机构在绿色信贷、绿色保险方面不断创新，在股权、期货、指数等金融基础设施方面积极支持绿色企业转型发展。2022 年 6 月 22 日，上海通过《上海市浦东新区绿色金融发展若干规定》，提出"绿色项目库"概念，通过开展科学论证将绿色企业、绿色项目、绿色技术等入库，以便更好地促进绿色产融对接，发挥绿色产融协同作用。

2021 年以来，湖北在碳金融领域推出多项具有首创性的碳金融产品，发放了全国首笔碳排放权质押贷款、可再生能源补贴确权贷款、新能源汽车积分收益权质押贷款等。湖北还积极做大多层次绿色金融市场规模，首创 5 只碳基金。2022 年 3 月，作为全国落地的首批"绿保贷"业务，发放绿色企业保证保险贷款 800 万元。截至 2021 年末，湖北省绿色贷款余额 7015.33 亿元，比年初增长 27.81%，总量居中部六省首位。

截至 2022 年 2 月，作为国家绿色金融改革创新试验区的江西赣江新区推出创新成果 22 项，其中 6 项为全国"首单首创"。依托产业现状、规划，新区研究制定具有新区地方特色的绿色金融标准体系，出台《赣江新区绿色企业评价认定标准》、《赣江新区绿色项目评价认定标准》和《赣江新区企业环境信息披露指引》等，发布全国首个绿色票据标准、创新首个绿色信托成果等专项标准。

## （四）绿色新政成增长新引擎

实施"绿色新政"，是以技术革命为核心的新一轮工业革命，目的是将发展绿色经济作为新的增长引擎，谋求确立一种长期稳定增长与资源消耗、环境保护"绿色"关系的新经济发展模式。

2021年6月，上海率先发布《上海市绿色制造体系建设实施方案（2021—2025年）》《上海市工业和通信业节能降碳"百一"行动计划》，明确"十四五"期间以"3+6"重点产业为引领，以绿色金融创新为支撑，以龙头企业供应链管理为推手，启动创建30家零碳示范工厂、5家零碳示范园区，形成跟跑效应。2022年4月，江苏发布《关于深入推进绿色认证促进绿色低碳循环发展的意见》，旨在以碳达峰碳中和目标为引领，增加绿色产品和服务供给，引导绿色生产和绿色消费，建立健全绿色低碳循环发展的经济体系，促进经济社会发展全面绿色转型。同月，江西率先出台关于碳达峰碳中和的实施意见、方案、决定文件各1项，此外重点行业领域专项方案即将印发实施，各个支撑保障措施加快制定，构建碳达峰碳中和"1+N"政策体系。2022年6月，湖南印发《湖南省制造业绿色低碳转型行动方案（2022—2025年）》，将工业清洁生产列为全省制造业高质量发展十大工程之一，增加和提升湖南省清洁生产技术的研发投入和成果产出效率。7月，重庆发布《以实现碳达峰碳中和目标为引领深入推进制造业高质量绿色发展行动计划（2022—2025年）》。

此外，为贯彻落实2021年2月发布的《国务院关于加快建立健全绿色低碳循环发展经济体系的指导意见》，2021年10月起重庆率先，云南、江苏紧随其后，相继发布了各自的加快建立健全绿色低碳循环发展经济体系行动计划、实施意见。2021年12月国家发布《"十四五"节能减排综合工作方案》，2022年7~8月安徽、四川、浙江相继发布相应的工作方案，浙江在方案中建立经济社会宏观以单位 GDP 能耗、中观以工业增加值能耗、微观以行业能效技术标准为重点的能效创新技术体系。

长江经济带多数省份不仅对国家政策积极、快速响应，而且能结合自身的发展重点制定具有地方特色的地域性政策，但仍有些地方政府在节能降碳减排的顶层设计、政策制定上稍显滞后，这反映了各级地方政府在执政效率上的差异。

## 二　各城市创新创业水平提升、
## 差距持续缩小

为深入考察长江经济带各地区的创新创业水平，下文从中国创新创业区域指数（城市）① 中提取长江经济带 108 个地级以上城市数据，利用 Arcgis10.2 进行比较分析。

2003~2020 年长江经济带各城市创新创业水平逐渐提升。具体来看，长江经济带各城市创新指数的时序变化如下：2003 年，长江经济带城市创新指数均值为 49.5，有 67 个城市未超过均值，主要集中在中上游地区，有 41 个城市超过均值，主要集中在下游地区、中上游地区的省会城市以及中上游地区的中型城市，如马鞍山、宜昌、岳阳、绵阳等；2009 年，城市创新指数均值提升到 61.9，有 62 个城市未超过均值，包括重庆与浙江的衢州、丽水，41 个城市未超过 2003 年的均值，全部集中在中上游地区；2014 年，长江经济带创新水平进一步提升，城市创新指数均值达到 79，所有城市均超过 2003 年的均值，有 57 个城市未超过 2014 年的均值，均值低于 60 的 8 个城市集中在四川、湖南、湖北和云南；到 2020 年，城市创新指数均值提

---

① 中国创新创业区域指数（城市）由北京大学国家发展研究院与龙信数据研究院联合开发，能够客观反映中国城市层面创新创业活动情况。

升到91，均值最低的为湖北随州。总体来看，观测区间内四个阶段的城市创新指数均值一直以超过15%的速度快速提升，地区间创新水平差距不断缩小，说明生态优先、绿色发展战略未影响长江经济带各城市的创新力提升。

根据Jenks自然断点法，将长江经济带108个地级以上城市的环境质量划分为5个等级，以呈现长江经济带城市创新水平变化的空间特征。可以看出，长江经济带108个地级以上城市的创新水平仍然存在一定的空间差异，2003~2020年，长江经济带创新水平较高的城市主要集中为下游和中上游地区的省会城市，而越往上游延伸，城市的创新水平相对越低。2003年，创新水平相对较高的城市主要集中为苏南、浙北及中上游地区的省会城市，苏中、苏北、浙南以及四川、湖北、湖南的个别城市为中等以上水平，滇南、川北等城市则创新水平较低；2009年，创新水平相对较高的城市扩散至苏中和浙南地区，中等以上水平的城市分布发生变化，其中长沙、昆明、重庆周边地区的创新水平相对降低，重庆创新水平相对提升，创新水平相对低的城市数量减少；2014年，创新水平相对较高的城市扩散至皖东、湖南南部地区，中游多数城市的创新水平为中等以上水平，皖北、川北及滇西、滇北地区的城市的创新水平仍较低；2020年，创新水平相对较高的城市继续向西扩散至江西、皖西、重庆以南地区，昆明周边城市的创新水平降低，水平较低。总体来看，观测区间内长江经济带具有较高创新能力的城市分布逐渐向中游地区扩散，同时上游部分城市的创新能力受到区域中心城市的虹吸效应影响。

# 三　节能降碳减污成效显著

创新水平的提升是地区节能减排的重要影响因素之一。国家针对节能减排提出能耗双控目标，其中能源消费强度通常是衡量节能减排

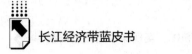

技术改造成效的重要指标。为同时考察地区减污降碳技术改造成效，下文增加对碳排放强度、污染排放强度等指标的分析。

## （一）能源消耗强度（省级）

计算长江经济带各地区 2010~2020 年的能源消耗强度（单位 GDP 能源消耗量）可以发现，各地区的能源消耗强度不断下降，上海、江苏、浙江绕过安徽，沿江西、湖南向西能源消耗强度持续下降，安徽、湖北的变化相对缓慢，上游从重庆、四川至云南、贵州相继进入能源消耗强度较低的范围。

根据 Jenks 自然断点法，将长江经济带能源消耗强度划分为 5 个等级，可以发现从 2010 年到 2020 年上海、江苏、重庆三地的能源消耗强度在区域内相对变好，而安徽、浙江、江西、湖北、四川、云南则在区域内相对变差，贵州在区域内一直处于最高水平，说明变好的地区在绿色技术改造方面力度更大，能源结构调控成效更为显著。

## （二）碳排放强度（省级）

计算长江经济带各地区 2010~2020 年的碳排放强度（单位 GDP 二氧化碳排放）可以发现，各地区的碳排放强度不断下降，其中安徽、湖南、云南、贵州、四川下降幅度更大，跨越两个绝对值分级。特别是 2017~2020 年，不仅是下游的上海、浙江，而且中游的湖南与上游的四川也进入碳排放强度最低的区间。

根据 Jenks 自然断点法，将长江经济带碳排放强度划分为 5 个等级，可以发现除上海、贵州、云南外，碳排放强度大体呈现翻转的分布特征，即从 2010 年的"下游低、上游高"转变为 2020 年的"下游高、上游低"。具体来看，上海一直处于强度低的等级，重庆、湖南陆续进入强度低的等级，下游的江苏、浙江的优势削弱，进入了强度中等序列；安徽与中游的江西、湖南的相对强度不断提高，与上游云南、贵州相当。这说明在早期碳排放强度绝对值的降低相对较易实现，但当各地区进入低强度相近水平时，继续降低的难度增加，这一时期碳排放强度降低不仅与地区工业规模有关，也与地区碳减排技术的应用开发有关。

## （三）污染排放强度（市级）

根据城市工业废水排放量、工业 $SO_2$ 排放量、工业烟（粉）尘排放量原始数据与城市 GDP 数据，运用熵值法测算长江经济带各城市污染排放强度指数。2003 年，长江经济带大多数城市的污染排放强度指数在 10 以上，部分城市甚至超过 20，污染排放强度相对较高；2009 年，长江经济带环境质量有所改善，仅有安顺市的污染排放强度指数超过 10，但仍有不少城市污染排放强度指数在 5 以上；2014 年，长江经济带环境质量进一步提升，绝大多数城市的污染排放强度指数下降到 5 以下，且仅有六盘水市的污染排放强度指数在 10 以上；到 2020 年，全部城市的污染排放强度指数均下降到 5 以下，说明"共抓大保护、不搞大开发"战略取得了很好的成效，长江经济带各城市明显变"绿"了。

根据 Jenks 自然断点法，将长江经济带污染排放强度指数划分为 5 个等级，可以看出，长江经济带城市的环境质量存在一定的空间差异。2003～2020 年，长江经济带相对环境污染水平整体呈现先升高再下降的变化特征，指数较高的城市主要集中为上游和中游地区的城市，下游城市的指数始终相对较低。与 2003 年相比，2009 年污染排放强度相对较高的城市向南部地区转移，主要集中为上游的四川和重庆、中游的江西、下游的安徽部分城市，上游和中游地区污染排放强度为中等以上水平的城市相对较多；2014 年，污染排放强度相对较高的城市比较显著地集中在沿江区域，特别是上游的六盘水、安顺、攀枝花、丽江等，中游的萍乡，下游的淮南、衢州等；相比 2014 年，2020 年中下游很多城市的污染排放强度降至较低水平，污染排放强度较高的城市主要集中为上游的六盘水、攀枝花、玉溪，中游的新余以及下游的马鞍山等。

# 四 结语与建议

近年来，在国家绿色新发展理念的指引下，长江经济带各地区从早期的采取治污防污、企业搬迁、产业转移等举措逐渐转变为在技术、产业、金融、制度等方面不断创新，取得了实质性进展，为长江流域的绿色可持续发展提供了长久动力。多渠道的创新行为也促进了地区能源消费结构不断优化，低碳环保的生产生活方式逐渐普及。但同时地区间创新水平、节能降碳减排水平仍然存在一定程度的差异，这种差异不再表现为原来的上游、中游、下游依次的显著梯度级差，而是表现为中游低、下游中、上游高的错位梯度级差，创新能力越强的地区，能源消费结构越优化，污染排放水平越低，但并不意味着碳排放结构控制得越好。

首先，在绿色技术创新领域，下游需要专注开发关键领域、重点领域，中游江西与湖北需加快绿色制造体系构建，追赶安徽、湖南。其次，在绿色产业创新领域，引导产业链主体企业在地域、空间上合理布局以形成产业协同，打造循环型产业集群，实现绿色创新在产业链间共生与扩散。再次，在绿色制度创新领域，鼓励各地方政府探索制定符合本地实际的针对性强的政策，加强地区间在政策制定与实施方面的交流。最后，在碳排放结构控制方面，面向主体企业构建碳预算管理体系，提高碳资产利用率和收益率；构建碳绩效评价指标体系，促进碳资产管理能力持续提升；完善碳资产信息披露制度，打造企业低碳形象。

## 参考文献

董昕灵、张月友：《中国碳强度变化因素再分解的理论与实证》，《软科学》2019 年第 9 期。

刘伟明、王明、吴志军、赖新峰：《长江经济带环境质量和经济增长的双向互动关系及空间分异》，《经济地理》2022 年第 4 期。

# B.16
# 绿色发展引领长江经济带
# 乡村振兴策略研究

黄寰　罗子欣*

**摘　要：**　推进绿色发展引领长江经济带乡村振兴，是践行习近平总书记提出的长江经济带"坚持走'生态优先、绿色发展'之路"的重要任务，是促进多层次全方位农业农村现代化发展的重要探索。本文基于绿色发展引领长江经济带乡村振兴的重要意义，从绿色生态产业、绿色生态治理等方面提出了绿色发展引领长江经济带乡村振兴的有关策略。

**关键词：**　长江经济带　绿色发展　乡村振兴

　　践行绿色发展理念，是顺应新时代发展需求、推动高质量发展的关键遵循。长江经济带肩负着建设长江生态屏障、维护国家生态安全的重要责任，同时也面临着新时期经济社会转型发展、新旧动能转换的巨大挑战。加快推动全面绿色转型与乡村振兴，是未来五年乃至更长时期长江经济带经济社会发展的必然选择和重要路径。2018年农业农村部出台的《关于支持长江经济带农业农村绿色发展的实施意

---

* 黄寰，四川省人民政府参事室特约研究员，成都理工大学商学院、数字胡焕庸线研究院教授，中国人民大学长江经济带研究院研究员、博士生导师；罗子欣，四川省社会科学院研究员。

见》明确提出了协同推进长江经济带绿色发展与乡村振兴的重要任务。加快推进绿色发展引领长江经济带乡村振兴，是践行绿色发展理念重塑农业农村发展新格局的根本路径，是新时代我国推进美丽中国建设的重要组成部分。

# 一 绿色发展引领长江经济带
## 乡村振兴的重要意义

首先，以绿色发展引领长江经济带乡村振兴是推动实现长江经济带高质量发展的内在要求。长江经济带是我国农村土地最为广阔、农业生产体系最为庞大的地区，承载着我国数以亿计农民群体的生活生产需求，以全国20%左右的土地产出了全国四成以上的农产品供应，为全国40%以上的人口提供生活物资保障。可以说，长江经济带农业农村发展关系着沿线11省市甚至是全国的经济社会发展。在坚持"共抓大保护、不搞大开发"的原则下，以绿色发展引领长江经济带乡村振兴是统筹实现农业农村农民全方位发展的根本路径，是在充分保障生态安全的基础上，化解生产方式、投入机制等多重矛盾的重要策略。长江经济带具有丰富的乡村经济社会基础，但同时也面临着产业落后、面源污染等现实问题，要重塑乡村振兴的战略导向和竞争优势，就必须坚持绿色发展的主基调。

其次，以绿色发展引领长江经济带乡村振兴是推动我国经济社会全面绿色转型的关键举措。当前我国绿色发展迈入新阶段，在习近平生态文明思想的指引下，充分凸显人与自然和谐共生的绿色发展道路逐渐向全领域、全过程发展深化，全面对接生态文明、美丽中国建设的战略体系。以绿色发展引领长江经济带乡村振兴，是推进绿色生态与现代化建设相互嵌合的生动实践，把握乡村振兴这个关键着力点，推动绿色发展理念融入农村生产生活，创新农业产业服务和供给，不断释放"绿色红利"，同步推进绿色经济化和经济绿色化，这不仅是长江经济带推动乡村振兴的重要动力，也是进一步推进我国经济社会全面绿色转型的创新实践。

## 二　长江经济带乡村振兴发展总体现状

长江经济带在我国农业农村发展中有着举足轻重的地位，随着乡村振兴战略的深入实施，长江经济带农业发展质效和农民生活水平不断提升。依托丰富的农业资源和自然条件，近年来长江经济带沿线省市粮食产量总体处于高位，农业经济保持持续增长的势头，2020年长江经济带农业总产值达到5.8万亿元，占全国农业总产值的42%，农村居民人均可支配收入高于全国平均水平13%。产业结构和农业机械化、水利化水平不断优化和提升，表明长江经济带农业发展现代化综合水平提升。同时，随着长江经济带生态环境修复治理的深入开展，农业农村多层次绿色发展也在逐步全面铺开，总体面源污染得到有效控制，长江经济带上、中、下游地区各自结合区域实际探索农业循环经济技术和模式，形成了一批可复制可推广的经验和模式。

但同时长江经济带推动乡村振兴具有复杂性和长期性，尤其是在绿色低碳转型方面还有待进一步突破，部分流域农业面源污染仍然较为严重，农村生态治理在认识和实践上仍需加强，并且农业绿色化转型的内生动力和市场支撑相对不足，亟待进一步释放绿色发展势能，形成对长江经济带全面乡村振兴的引领作用。

# 三　绿色发展引领长江经济带
# 乡村振兴策略分析

## （一）加快培育绿色生态产业推动农村产业融合发展

### 1. 推进构建生态循环的田园生产体系

构建绿色生态的田园生产体系是推动长江经济带产业绿色化和绿色产业化的重要路径。应鼓励和推动长江经济带沿线有条件的地区立足于环境容量和产业基础积极创建田园生态系统示范区，探索与现代农业相适应的田园生态系统保护与修复模式，科学配置农作物品种、种植制度、耕作方式，推动农林牧渔融合发展，大力发展生态农业，促进农业生态产品价值增值，促进田园生态系统内中间产品和废弃物的交换和连接，构建生态循环的田园生产体系。

尤其是长江经济带上游山区等经济相对落后地区应加速推动当地农业绿色转型，加速使区域农业发展与环境污染彻底脱钩，充分利用当地资源禀赋，打造具有核心竞争力的绿色产业，同时坚决抵制高污染、高耗能、低价值的落后农业环节，避免过度集中、恶性竞争、以个别利益影响地区整体生态发展的情况发生，保障参与生态产品经营开发的农民利益，推进当地农业绿色发展先行区建设，支持创建具有特色的国家、省、市农业现代化示范区，推动当地农业转型发展。

### 2. 加快培育现代乡村新产业新业态

深度挖掘长江经济带沿线省市的优质农业资源、现代乡村新价值新功能，按照整合资源、突出特色的发展思路，打造湖北恩施"世界硒都·中国硒谷"等，大力实施农业+旅游、庆典、互联网等行动，着力打造乡村经济发展新引擎，培育乡村振兴新产业新业态。

实施"农业+旅游"，开辟和打造一批精品农业旅游线路及产品，构建以品牌为支撑的全域乡村旅游产品体系，打造以竹、茶、酒等各种特色优势产业为载体的乡村旅游。比如利用长江经济带丰富的水利枢纽工程，探索发展湖滨经济，建设具有地区特色的"湖滨小镇"，推动沿湖乡村振兴。加强乡村慢生活交通、观光游览线路、绿植景观走廊建设，形成乡村生活的多样化空间。加强乡村生活服务业态策划，培育主题农家经营户，如乡村客栈经营户、乡村工坊经营户、乡村美食经营户、乡村休闲经营户等。

实施"农业+庆典"，长江经济带贯穿我国东、中、西部，地区文化氛围浓厚，文化特色鲜明且多元化，可推动沿江省市积极开展体现区域特色文化内涵的农业庆典活动，打造以竹、茶等特色产业为载体的乡村旅游活动、观光农业活动，既推动特色农业发展，也加大地区农业品牌宣传力度。

实施"农业+互联网"，产业数字化是大势所趋，应积极发挥互联网平台优势，顺应生态农产品需求大幅提升的趋势，创新农村电商模式，发展"新零售"等业态，推进农产品电商物流配送和综合服务网络建设，充分发挥区位交通优势，打造农产品流通信息流、物流、资金流相融合的数字化供应链体系。

## （二）强化绿色生态治理加快生态宜居美丽乡村建设

### 1. 推广农业清洁生产，着力推进乡村污染面源治理

大力推广长江经济带农业清洁生产。积极开展农村水污染防治，建立健全农业生产和农村生活中的水污染防治体制机制，实施总量控制。鼓励施用有机肥，推进化肥农药减量增效，构建农业施肥和病虫害防治的全过程、系统化绿色防控体系，实施好化肥农药减量化行动。实现用果菜茶有机肥替代化肥，研发符合绿色生产要求的高效肥料。实施农药减量和产地环境净化行动，推动施肥施药的精准化。积极开展绿色防控技术试点示范，推广农业生产绿色防控技术，既有效

遏制农业病虫危害，又充分保障农作物质量安全和农村生态环境改善。加快培育一批资源高效利用的"多抗型"农业绿色生产优良品种，深化农村环境综合整治，着力解决农村水环境治理中存在的突出问题，推进农村基础设施建设，加快推进乡镇在建项目施工进度，完善乡镇配套管网，加快农村污水处理站、环保公厕等基础设施建设，提高农村生活污水治理水平，实现乡镇生态治理提标升级。

此外，长江经济带生态涵养的主体区多覆盖当地农业农村发展区域，应进一步完善针对乡村振兴的生态补偿机制。尤其是分布在重点流域污染治理地区的农村，既担负着维护流域生态安全的重要使命，又要加快自身经济增长寻求发展出路，为此，应加大对重点农村地区的生态补偿力度，支持开展乡村振兴生态综合补偿试点，探索绿色GDP核算，降低乡村生态环境治理成本，进一步加大美丽乡村建设的政策支持力度。

### 2. 提升农村生产生活资源循环利用效率

加快推动长江经济带种养结合循环经济发展。鼓励使用节水、清粪、存储、利用一体化设施设备，提高农业生产废弃物综合利用率。推动水产生态健康养殖，打好长江禁渔持久战，健全十年禁捕长效机制。根据地区资源禀赋和生态条件，率先在鄱阳湖、洞庭湖等地区探索布局大水面生态渔业发展，稳步提高特色水产品比重。立足现有规模，积极支持稻田综合种养标准化建设，大力推广水产养殖繁养分离，开展"稻—虾—憨"等试点示范，开展成片现代化生态养殖工程，大力推进池塘养殖尾水治理，积极推动生态循环养殖产品和技术市场化，为进一步推动生态宜居美丽乡村建设提供动力。

加强生物质能特别是农村秸秆的资源化利用，科学规划建设乡村秸秆收储转运点。严控秸秆等生物质露天焚烧，推广秸秆新型环保利用模式。推进农膜废弃物资源化利用，加快应用推广可降解农膜，全面实施农膜、农药包装物回收行动，推进农资与再生资源"两网融

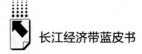

合"试点，鼓励再生资源回收企业和网点开展废农膜、废农药瓶回收等服务，进一步提高长江经济带农村生产生活资源循环利用效率。

### （三）探索农业碳汇交易，推动农业减排固碳价值转化

#### 1.探索构建农业碳汇交易市场机制

根据国内外碳汇市场建设的有关实践，在具备相对完善的市场交易机制和政策支持的条件下，碳排放权交易能有效促进区域绿色创新效率的提高。目前我国碳交易市场的基础架构已初步形成，企业减排意愿和科技创新水准提高，推动我国减排温室气体和促进绿色生态低碳转型的积极效果已初步显露。虽然我国农业领域碳汇交易起步较晚，但国家对农业固碳增汇发展十分重视。为此，应抓住当前农业碳汇交易发展机遇，加快构建完善的农业碳汇交易市场机制，率先探索制定长江经济带有关碳交易政策，推动农业碳汇交易平台发展，为同步实现长江经济带乡村振兴和农业农村碳达峰提供重要保障。

#### 2.完善农业碳汇交易市场配套制度体系

农业碳汇交易市场减排功能的发挥需要建立在全面、合理的制度设计基础上，包括统一交易规则、信息披露约束、合理配额设定、有效配额分配原则、适度配额抵消机制等，这是保证农业碳汇交易市场体系稳定运行并发挥减排效应的基础。应当推进长江经济带重点城市建立与碳汇市场相关的配套制度，一是在国家层面制定具有约束力量的规章制度，通过更高层次立法，在司法上进一步明确农业碳汇交易主管部门的职能，对所有市场参与者的权责加以明确。二是推动长江经济带沿线省市通过地方人大立法的方式明确与碳排放权交易相关的立法职能。针对违规行为应加强处罚力度，以促进政策法规切实起到更有效的制约作用。三是要建立健全相关机制，包括市场风险警示和防范机制等，为农业碳汇交易活动的正常开展提供更有力的机制保证。四是要继续贯彻"市场决定"与"政府调节"相结合的经济发

展方针，积极运用供需机制、价格机制等，推动长江经济带碳汇交易市场的高效运转。

### 3. 扩大农业碳汇交易领域覆盖范围

目前基于我国碳排放权交易试点政策采用的配额交易和 CCER 方式仅适用于部分行业，在农业碳汇交易领域则应用得更少。长江经济带地域广博，碳汇储备丰富，但当前农业碳汇交易多局限于林地、草地等碳汇种类，而较少涉及秸秆还田、草畜平衡、保护性耕作等绿色农业管理领域。碳汇交易活动越活跃，市场价格反映的信息越充分，工业碳汇市场运行就越高效。为有效推进长江经济带农业碳汇价值转化，实现农田碳源向碳汇转变的目标，可进一步探索农业碳汇交易种类，尤其是多种生态循环农业发展模式，既有效提升农业碳汇的直接经济效益，又提升乡村生态系统的增汇能力，从而加快传统农业的绿色低碳转型发展进程。

# B.17
# 加大协调创新力度
# 推进长三角地区现代农业农村一体化发展

李爱青*

**摘　要：** 近年来，长三角地区现代农业农村一体化发展取得积极进展，但还存在不同地方发展观念差异大、土地人才资金等要素尚未被充分激活、农产品深加工和品牌优势不足、长三角合作深度和广度不够、发展观念落后不适应长三角现代农业农村一体化发展要求等问题。为此，本文提出积极争取国家对长三角地区农业农村发展的扶持政策、推动长三角地区涉农政策一体化、加大改革创新力度、促进长三角地区协调发展、做大做强一批涉农企业集团、不断深化长三角地区要素对接机制等建议。

**关键词：** 长三角地区　农业农村　一体化发展　农产品

　　长三角是长江经济带的重要区域。当前，长三角一体化发展已上升为国家战略，落实长三角农业农村一体化高质量发展已成为我国发展的一个主旋律和"十四五"规划的重要目标，也是落实习近平总书记提出的关于长三角地区率先实现农业农村现代化的重要实践。长三角区域是我国传统的大菜园、大果盘、大粮仓。长三角地区内不同

---

* 李爱青，安徽省政府参事，安徽省农业农村厅研究员。

省市经济发展水平差异较大，尤其是在农业农村领域，近年来在国家推动和相关省市共同努力下，长三角现代农业农村一体化取得积极进展，但还存在一些亟待破解的突出问题。

# 一　存在的突出问题

## （一）一些地方发展观念落后，不适应长三角现代农业农村一体化发展要求

对于现代农业农村发展理念的理解仍有较大差异，如浙江等不少地方早已将乡村生态宜居建设作为发展乡村休闲旅游、民宿与农家旅社的基础条件来抓，而安徽和苏北等一些地方开展的美丽乡村、人居环境整治和道路等基础设施建设项目却较少考虑对接未来产业发展，未能让一些能够变现的建设项目产生经济效益；在一些落后地方还存在"农业企业无税收"的片面认识，这影响了农业企业的落地与发展；对于农业标准化，不少地方只简单地停留在传统农药残留、重金属等有害物质检测上，对生产标准、产品标准、管理标准的认识、实践、应用不到位，导致不同地区在技术规程、质量分级、包装材料、冷链运输、市场准入等方面的标准化水平差异较大。

## （二）各地产品档次差异较大，未形成农产品深加工和品牌优势

长三角区域内一些经济发达地区，对高附加值的精深加工农产品有着很强的消费需求和承受能力。目前，安徽等一些欠发达地区销往沪苏浙发达地区的大宗农产品仍以原粮、原料等传统初级产品为主，产业链短，高技术高附加值等精深加工产品较少，处于"货卖得多、钱挣得少"的尴尬境地。此外，欠发达地区农产品在长三角市场上

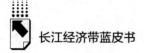

"品牌多、名牌少"的现象未得到根本性改变，导致产品竞争力不强，在长三角经济圈中影响力受限。如安徽詹氏食品股份有限公司主营的山核桃等林特产品，是安徽省同类产品中的佼佼者，但其在沪苏浙地区的知名度与自身品质不匹配。

### （三）合作深度不够，难发挥长三角地区一体化红利

从合作对象看，长三角地区内不同省市在农业领域的合作主要集中在上海、南京、杭州和合肥等一些大城市，中小城市参与较少；从合作领域看，主要集中为农产品交易，而人才交流、农产品深加工、田园综合体、休闲农业等领域的合作较少；从合作深度看，主要集中为订单生产、初级农产品流通、农产品初加工，多数合作所属层次较低，而在项目资金与政策引进、农业科技创新应用、先进管理模式运用等重要领域合作不足。虽然沪苏浙皖四地成立了长三角绿色农产品生产加工供应联盟，但长三角区域间仍缺少多层次合作的常态化磋商机制和联合协调推进落实机制，区内也缺少重大农业项目资金支撑。未能充分发挥长三角一体化对农业农村现代化的整体带动作用。

### （四）一些地区要素激活不足，影响所在地农民收入持续增长

目前长三角的安徽和苏北等一些欠发达地区的土地、人才、资金等要素尚未得到充分激活，导致社会资本和工商资本参与乡村经营不足，农村新产业新业态等发展滞后，影响农民增收。以安徽为例，2021年，安徽农村常住居民人均可支配收入为18368元，仅相当于同期浙江农村常住居民人均可支配收入35247元的52%，与其他长三角省市相比也有很大差距，这在一定程度上影响了长三角地区现代农业农村一体化步伐。

# 二　加快一体化发展对策建议

## （一）积极争取国家扶持政策

为了加快推进长三角地区现代农业农村一体化发展，并率先实现农业农村现代化，要积极争取国家对长三角地区实现乡村振兴和共同富裕的支持，特别应加大对安徽和苏北等欠发达地区产业用地、金融发展等的扶持力度；尽早将安徽等地纳入全国新增城乡融合试验区和列入地方优势特色农产品保险奖补先行试点范围，并努力扩大国家对粮食等大宗农作物的保险保额支付比重。

## （二）推动长三角地区政策一体化

应设立本地区统一的涉农政策制定与协调部门，统筹解决长三角农业区域布局、差异化发展、基地共建共享、人才科技交流、市场信息互通、标准体系互认和市场发展互融的统一市场体系等重大政策一体化问题；绿色农产品生产会提高农业的环保要求，必然会增加农业生产成本，对食物供应链进行全链追踪又会增加生产加工等费用，故要推动长三角绿色农产品消费地对区内绿色农产品供应地给予必要的补贴或奖励。

## （三）加大改革创新力度，促进长三角地区协调发展

一是积极推动"一岭六县"成为长三角一体化先行发展区。"一岭六县"涉及安徽的广德、郎溪，江苏的溧阳、宜兴，浙江的长兴和安吉，还有上海的白茅岭农场，区域空间临近、发展阶段有差异、产业结构能互补、公共服务能共享，具有打造长三角一体化绿色产业发展示范区的天时地利人和等优越条件，需要加快予以培育和推进。

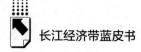

可规划建设"一地六县"长三角产业集中合作区，打造长三角践行"绿水青山就是金山银山"理念样板区、乡村产业集中发展区、生态型产城融合先行区、一体化合作发展体制机制试验区和文化旅游休闲康养基地等。

二是尽快落实沪苏浙一对一帮扶皖北举措。为贯彻落实《长三角一体化发展规划"十四五"实施方案》，国家发展改革委2021年印发了《沪苏浙城市结对合作帮扶皖北城市实施方案》。帮扶城市包括上海市闵行、松江和奉贤3个区，江苏省南京、苏州和徐州3个市，浙江省杭州和宁波2个市，分别一对一帮扶安徽省淮北市、亳州市、宿州市、蚌埠市、阜阳市、淮南市、滁州市、六安市共8个市。应加快在农业产业链供应链协同、共建省际产业合作园区、搭建资本与项目对接平台、发展文化旅游产业等方面开展合作，以尽快缩小皖北地区与沪苏浙地区在农业农村现代化进程中的差距。

三是进一步完善长三角人才双向挂职等交流制度。要加强沪苏浙皖日常性交流和合作，选派干部相互挂职锻炼，特别是选派沪苏浙发达地区一些优秀中青年干部及聘请具有实践经验即将退休的老干部、老同志到经济落后地区参与现代农业农村发展工作。

四是要改变一些地方"农业企业无税收"的片面认识，做好用地保障。目前，长三角各省市正在进行土地空间规划，一些欠发达地区一定要依据新修订的《土地管理法》等，为农村产业发展用地预留足够空间（不少于10%），推动乡村振兴。应将村庄整治、宅基地整理等节约的建设用地主要用于一县一业（特）和乡村产业发展。为降低企业用地成本，应允许直接使用一般集体建设用地用于乡村产业发展。

五是深化农业农村领域"放管服"改革。研究制定适合各地农村实际的产业项目审批和资金使用管理制度。要依法简化投资审批、土地和规划报批、施工许可、环境评价等手续，努力为工商等资本投向现代农业农村创造良好的条件。

### （四）做大做强一批涉农企业集团

一是发挥沪苏浙皖等地的一批知名农业加工企业的引领作用。利用安徽和苏北等地土地生态要素的相对优势和沪苏浙等发达地区资金、人才和技术等资源优势，制定更加互利共赢的优惠政策，吸引一批沪苏浙皖等地的知名农业加工企业，尤其是全产业链农业企业到这些有资源但经济相对落后地区建立领先的农产品加工联合体、农产品加工园区和各类合作基地，进一步打造长三角优质农产品加工聚集区。

二是培育做强一批本土农业产业化龙头企业。各地要进一步加大对现有农业产业化重点龙头企业的扶持力度，力争培育壮大一批本土大型农业企业集团，打造一批产值超100亿元的长三角优势农产品产业集群、形成一批产值超10亿元的农业产业强镇。高质量建设一批优质粮油、畜禽、果蔬、茶叶、水产、花卉、中药材、食用菌等绿色农产品外延供应基地，实施全产业链提升，全方位推动产业形态由"小特产"升级为"大产业"，并打造一批有影响的区域公用品牌、知名企业品牌和名特优农产品认证品牌。

### （五）不断深化长三角不同地区对接机制

一是深化产品对接。充分利用在沪苏浙皖地区举办的各类农产品展示展销会、对接会等，建立区域一体化农产品展销物流平台，鼓励和引导企业与大型电商合作，支持各长三角绿色农产品生产加工供应基地及主要企业与沪苏浙皖市场建立长期稳定、互惠互利的合作机制。依托龙头企业和农民专业合作社，建设一批适合农村和满足产地需求的冷链物流设施。在上海、杭州、南京和合肥等重点城市设立名

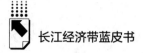

优农产品展示展销配送中心，以此为平台逐步建立直达商超、社区、宾馆、学校的销售网络。借助长三角3小时鲜活农产品物流圈，利用高铁等快速高效的物流优势，把各地鲜食农产品快速推向沪苏浙皖大型商超和消费群体，实现"当日采摘，当日上架"，并落实农产品带标带码上市，确保产品可追溯。

二是深化文旅消费对接。应尽快落实沪苏浙皖联合建立长三角文旅消费一体化联盟的目标任务，推出一系列在长三角地区有影响力的文旅消费政策与措施。要尽可能地将美丽乡村建设与产业发展紧密结合，实现投资商和运营商合二为一，打造一大批精品生态休闲和红色旅游线路，充分发挥长三角各地独特的人文与乡村旅游优势。

三是强化农业农村信息化智慧化对接。信息化智慧化是农业农村现代化的一个重要标志，美国、欧盟和日本等都将其作为现代农业农村发展的重要方面，党的十九届五中全会等也明确要求推进农业农村信息化智慧化。鉴于沪苏浙皖间信息化智慧化水平差距较大，要加强长三角地区统一领导，形成推动农业农村信息化、智慧化发展合力。要建立长三角地区农业农村数据信息资源平台，提供统一的数据共享和信息服务。利用物联网、大数据、人工智能，将农业生产经营和服务过程数据化，加快推进种植业、畜牧业、渔业、种业，以及动植物疫病防控、农产品质量安全、农产品加工业和农产品电子商务等领域的信息化智慧化应用，全面提升长三角农业农村生产智能化、经营网络化、管理高效化、服务便捷化和互联互通水平，提高乡村治理能力，促进长三角地区农业农村现代化。

# B.18
# 促进长三角中医药高质量发展
# 挑战和对策

陈红专*

**摘 要：** 本文关注长三角一体化下中医药高质量发展中的机遇与挑战，对三省一市中医药发展现状进行剖析，从普遍性和平衡性两方面提出存在的问题和亟待加强的工作；从加强中医药一体化高质量发展的顶层设计角度，提出为不断推动中医药高质量发展，应增加中医药健康服务和产品供给，创新发展模式和制度保障，真正形成高水平协调发展新格局。

**关键词：** 中医药 高质量发展 创新发展 长三角地区

为深入贯彻落实中共中央、国务院的《长江三角洲区域一体化发展规划纲要》《关于促进中医药传承创新发展的意见》，促进长三角中医药高质量发展是国家长三角一体化发展战略的题中应有之义。

## 一 长三角中医药高质量发展现状与发展机遇

长三角地区中医药历史悠久、底蕴深厚、名医辈出，在健康服

---

* 陈红专，上海市人民政府参事，上海中医药大学二级教授、博士生导师。

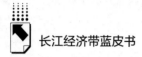

务、人才培养、科技创新、产业发展等方面具有良好的发展基础，特别是党的十八大以来，在医药卫生改革中进行了积极探索，具备更高起点上推动中医药一体化高质量发展的良好条件。

### （一）四地中医药工作各具比较优势

长三角中医药服务网络完善、优质资源集聚、科技创新优势明显、健康产业蓬勃发展、开放创新基础良好，整体而言，区域中医药发展在全国走在前列。与此同时，三省一市中医药工作也各具特色。

#### 1. 上海市

上海制度优势突出，中医药全面融入医疗卫生各个方面，家庭医生团队中医药服务覆盖率100%，在"三医联动"、公共卫生服务、传染病防控等方面切实发挥中医药作用。中西医协同紧密，承担7项国家重大疑难疾病中西医协同攻关试点，通过院际层面多中心临床研究、多学科联合门诊、中医师进入西医病房参与查房或成立联合病房等方式，创新中西医临床协作模式。科技资源丰富，拥有中国科学院、浦东张江等开展中医药研究的"国家队"，在国际标准研制、中药质量标准研究和技术推广方面拥有较强的机构和团队。对外开放度高，中医药服务贸易品牌特色突出。

#### 2. 江苏省

江苏中药产业规模化，中医药产业发展迅速，形成近20个年销售额过亿元和近10个年销售量超过5亿元的中药大品种，以及六神丸、王氏保赤丸、季德胜蛇药片等一批特色名优产品，拥有扬子江、康缘、苏中、济川等一大批明星企业。中药工业的技术装备水平不断提升，中药资源保护利用水平明显提高。一流高校及科研机构较多，为中医药科技创新、产学研成果转化应用创造了良好的发展条件。此外，江苏省还与多个国家合作建立了近10个中医药海外中心。

### 3.浙江省

浙江中药材资源丰富，是全国道地中药材主产区之一。浙江大力发展"浙八味"特色产业，并培育"新浙八味"，浙产中药品牌影响力不断提升，中药材保护力度大。民营中医医疗机构充分发展，全省民营中医医疗机构100多家，高级职称医师数超600人；在开展互联网医疗方面，浙江省独具特色。中医药文化建设成绩突出，编制全国首套中小学教学用书目录中的教材《中医药与健康》并已进入全省所有小学课堂；全省中医药文化养生旅游示范基地近80个；"浙派中医"成为中医药文化品牌。

### 4.安徽省

安徽中药材资源丰富，已查明中药材品种达3578种，居华东之首，常用大宗道地中药材有300余种，中药材种植面积超过200万亩。建成"十大皖药"产业示范基地，推进皖产道地中药材规范化、产业化、标准化。"全国中药材及饮片出口十强"中安徽占据一半席位，产、研、销一条龙产业服务体系逐步完善；生产的中药配方颗粒率先以药品身份进入欧盟市场。中医药健康旅游产业蓬勃发展，建有亳州国家中医药健康旅游示范区和霍山大别山药库等4个国家中医药健康旅游示范基地。此外，全省建有33个省级中医药健康旅游基地。

## （二）中医药一体化建设快速推进

长三角一体化发展战略实施以来，充分发挥长三角区域中医药集聚优势，协同推进长三角中医药一体化，促进中医药传承创新发展，成为沪苏浙皖四地中医药行政部门的重要任务。三省一市卫生行政部门及中医药管理部门积极推进卫生健康一体化：上海牵头成立了长三角医学教育联盟，建立了一流院校合作平台；签署了长三角卫生健康发展合作备忘录、公共卫生合作协议；依托区域医疗中心建设，建立

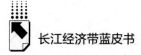

了长三角专病专科联盟协作体系；建成长三角生态绿色一体化发展示范区，在青浦建设长三角（上海）智慧互联网医院，在嘉善发展上海智慧健康驿站，建立中医医联体；在长三角一体化发展示范区内实现医保同城化。

三省一市分别出台贯彻落实《长江三角洲区域一体化发展规划纲要》的实施方案，加强合作，共建中医药传承创新一体化发展平台。相关卫生健康委、中医药管理部门共同发布《上海、江苏、浙江、安徽协同推进长三角中医药一体化高质量发展行动方案》，部署打造中医质控一体化管理平台、中医重点专科合作平台、中西医汇聚创新平台、中医人才培养共享平台、中医流派传承创新平台、中医药标准体系建设平台及中医药健康旅游集散平台等7项重点任务。2022年8月22日，长三角三省一市科技厅（委）共同制订《三省一市共建长三角科技创新共同体行动方案（2022—2025年）》，提出将长三角建设为具有全球影响力的科技创新高地的目标任务。长三角中医药一体化进入快速发展阶段。

### （三）区域中医药发展面临新机遇

当今世界面临百年未有之大变局，健康始终是全球共同关注的问题，在全球健康治理的大背景下，围绕健康的科技创新与我国健康产业优化升级交汇融合，中医药原创优势推动生命科学实现创新突破，受到世界关注，交流合作更加广泛深入，为长三角中医药一体化高质量发展提供了良好的外部环境。推进健康中国建设，探索中医药和西医药协调发展的中国特色卫生健康发展模式，为长三角率先实现中医药改革营造良好的环境；现代最新技术应用于维护全生命周期的健康服务，带来消费结构升级，满足人民群众日益增长的美好生活需要，为长三角中医药一体化高质量发展带来新机遇。

## 二 长三角中医药高质量发展存在的主要问题

长三角中医药积淀深厚、发展较为充分，但与新时期区域高质量发展及中医药传承创新发展的新要求相比，还存在一定的不足。长三角中医药工作一方面既面临中医药存在的普遍问题，如中医药健康服务的供给与人民群众多层次、多样化的需求还有差距，从关注疾病治疗向以预防为主的服务模式转变缓慢，融预防保健、疾病治疗和康复于一体的中医药服务体系尚不完善，人才队伍的结构、规模和能力与健康中国建设的要求还不相适应等；另一方面也面临区域内发展不平衡不充分的问题，如跨区域共建共享共保共治机制尚不健全，未充分利用长三角的科技创新优势，中医药科技成果转化机制缺乏，中医药治理体系和治理能力与国家战略发展要求、与推动中医药高质量发展要求还有差距，长三角中医药发展的整体性在一体化进程中还需增强。聚焦具体工作还有以下几个方面亟待关注。

一是工作机制有效联动。需围绕重点领域和重点区域进行突破，如在科技创新共同体和学科人才队伍建设、政策研究协同等方面还未能率先建立协同机制，以点带面加快一体化进程。

二是合作平台搭建推广。针对信息数据互联互通平台、科技成果转化平台、人才汇聚交流平台、产业融合发展平台、对外合作交流平台等应积极创造条件，整合各方资源，增强长三角中医药发展新动力。

三是建立健全标准体系。中医药相关的业务标准、技术标准、产品标准、评价标准、管理标准等尚不完善，还未能以标准化促进长三角地区中医药服务均等化、普惠化、便捷化。

此外，传统中医药产业发展面临困境，国家不断出台政策法规来推动中医药行业发展，地方政府也积极深化医药改革，限制中药注射

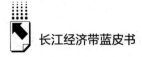

剂使用、重点监控合理用药药品目录等将对中医药产业发展产生深远影响，而中医药品质不稳、原材料价格上涨、创新研发能力不足等对中医药产业发展构成挑战。

## 三　促进长三角高质量发展的建议

实施长三角一体化发展战略，要紧扣"一体化"和"高质量"两个关键词，一体化的目的是实现高质量发展，而高质量的前提必须是一体化发展。中医药一体化高质量发展，必须加强组织领导、加强长三角地区的协调协同协作，促进政策规划、产业发展、标准制定的统一，要克服壁垒、打破屏障，加强中医药一体化高质量发展的顶层设计，设立长三角中医药一体化工作协调机构或组织，建立健全长三角中医药协调机制，完善政策，健全机制，不断提高创新管理的水平。建立健全中医药管理体制，强化中医药管理部门职能，为中医药管理一体化提供体制保障和法律保障。

### （一）打造中医药传承创新发展的示范区

长三角应进一步强化顶层设计，加强部门协调、增强政策协同、促进合作共赢，既要在挖掘和传承中医药精髓上下功夫，又要在创新中医药上有作为，围绕战略需求和中医药重大科学问题，建立多学科融合的科研平台和协作联盟，充分运用现代科学的理论、技术、材料等，深化中医药的基础理论、诊疗规律、作用机理的研究和阐释，鼓励多学科、多专业交融交叉，丰富诊断治疗的方法，提高科技含量，推动中医药创造性转化和创新性发展。

### （二）打造提升中医药服务能力的引领区

长三角要努力打造预防保健、疾病治疗、疾病康复"防治康"

一体的中医药服务体系和服务模式，提供覆盖全民和全生命周期的中医药服务。要发挥中医药在重大疾病防治中的作用，努力消除制约中医药发展的体制机制障碍。要积极争取国家支持，围绕重大疾病、医学前沿、平台专科来新建一批国家医学中心、国家区域医疗中心、省级区域医疗中心。要在医保支付改革、服务价格形成、中医药注册管理等方面推出一批创新举措，进一步强化长三角中医药人才互换交流、培训培养和诊疗合作，合理配置资源，有效促进要素流通、信息流通、资源共享。加快利用大数据，促进中医药数字化发展。充分利用互联网+中医药模式，提供远程医疗服务，破解中医药服务发展不平衡、不充分的难题。

### （三）打造中医药高地建设的样板区

以科技支撑中医药产业发展，形成长三角中药材种植和加工基地、中药规范化生产和经营产业链，以知名龙头企业带动整个中医药产业发展。长三角地区科技创新活跃，科教资源汇集，区域创新能力强，应加大力度开展中医药重大专项建设，加强中医药复合型、研究型、高层次人才培养，推进产学研一体化。力争在重大疾病防治、重大中药创制、重大技术攻关方面取得突破，不断完善联动机制，大力推进中药材资源的保护和发展，促进中药产业转型升级，共同打造中药产业集聚区和特色产业带，不断深化长三角中医药文化与健康旅游融合发展。加强中药材的质量控制，进一步建立健全中医药标准体系与中药材、中医药饮片质量追溯体系，加速建成中医药产业发展新高地。

### （四）打造中医药对外开放国际合作的先行区

要充分利用长三角的特殊资源和优势，进一步加快中医药对外开放，加强国际交流与合作，积极参与推动中医药国际标准制定，提升关于国际标准的话语权，推动中医药文化的海外发展。大力发展中医药服务贸易，支持中医药的海外中心、国际合作基地和服务出口基地建设。积极分享中医药参与疫情防控的经验和做法，发挥中医药在全球卫生治理中的作用，积极推动建立长三角中医药与海外国家现代医学体系共商共建交流与合作的开放平台，共享防病治病成果，为增进世界民众的健康福祉、推动构建人类卫生健康共同体做出应有的贡献。

### （五）打造中医药政策机制、管理体制的创新区

2021年12月，上海、浙江被确定为国家中医药综合改革示范区。长三角中医药一体化发展要充分依托国家综合改革示范区建设，坚持改革机制、健全制度、突出重点、示范突破，充分释放中医药多元价值。结合发展基础及比较优势，坚持取长补短、优势互补、点面结合、循序渐进，集中力量优先在标准体系建设、工作机制联动、合作平台搭建上下功夫；在群众获得感强的"防治康"一体化健康服务、行业发展亟须的人才队伍建设、区域经济发展要求的科技创新上谋求新突破。探索建立有利于推动中医药发展的体制机制，促进中医药特色发展，为推进中医药发展现代化积累经验、提供示范。

健康是促进人的全面发展的必然要求，是经济社会发展的基础条件。长三角中医药一体化高质量发展，是实施长江三角洲区域一体化发展战略、打造健康长三角的重要组成部分。探索一体化发展的协同机制和路径模式，有利于创新中医药现代发展方式，促成服务优质、创新驱动、环境友好的可持续发展态势；充分发挥沪苏浙皖中医药产业的比较优势，提升综合实力和服务水平，提升人民群众健康生活的获得感；形成长三角中医药一体化高质量发展格局，在中医药系统性改革中率先做出示范。

长三角中医药一体化高质量发展，将不断推动中医药产业统筹协调和高质量发展，增加中医药健康服务和产品供给，创新发展模式和制度保障，真正形成高水平的协调发展新格局，加快推进中医药现代化、产业化，形成推动中医药高质量发展的区域增长极，使一体化发展成果更多更公平地惠及全体人民。

# B.19
# 长江大保护背景下
# 江苏沿江城市发展模式、问题与对策

江苏参事室调研组 *

**摘　要：** 江苏沿江岸线和化工企业园区用地腾退，创新了化工园区更新为新城的"腾笼换鸟"、保持城市肌理的"有机更新"、自然与人文相融的"岸线整治开发"、文化遗产保护利用的"承史凝新"、科技引领的"白纸新图"等五种典型模式，实现了城市有机更新、岸线优化利用、绿化面积提升，促进了生态系统服务功能增加、人居环境改善、城市历史文化遗产彰显、旅游资源开发价值增殖，逐步实现了生态价值向经济社会价值转换。本文分析了现存问题，提出完善土地利用过程中资源环境诊断和预警机制、以资源环境约束确定化工产业规模、优化岸线空间格局、探索建立以生态环境价值实现为核心的收益共享机制、构建多元主体参与的筹资体系和政府奖补机制、探索建立生态产品价值核算体系等建议。

**关键词：** 长江　沿江城市　岸线整治开发　江苏

---

* 江苏参事室调研组成员：江苏省政府参事室原特聘研究员施国庆、陈爱蓓、潘宪生、叶南客，江苏省政府原参事包宗顺、丘仲辉、成长春。

江苏是长江流域的重要省份，岸线长、人口多、经济体量占比大，在长江大保护和长江经济带发展中地位重要、责任重大。针对长江大保护过程中江苏省沿江城市发展问题，基于调研组对南京市栖霞区、江北新区以及南通市等地的调研可知，江苏省沿江城市积累了不少好的发展经验，探索出了一批典型模式，但仍存在一些共性问题，为此调研组提出了相关对策建议。

# 一 典型模式

调研发现，江苏省沿江岸线和化工企业园区用地腾退后，置换为生态湿地、公园绿地、居住区、新兴产业集群和留白用地，实现了城市有机更新、岸线优化利用、绿化面积增加，促进了生态系统服务功能增加、人居环境改善、城市历史文化遗产彰显、旅游资源开发价值增殖，逐步实现生态价值向经济社会价值转换。具体可以概括为以下几种典型模式。

一是化工园区更新为新城的南京栖霞"腾笼换鸟"模式。大力推动产业转型升级，以"四个一批"淘汰落后产能，狠抓环境治理及生态修复，通过城市化修缮老城旧面，构建"2+2+2"新产业体系，导入新动能，促成沿江主城化工园区更新为新城。

二是保持城市肌理的南通"有机更新"模式。构建"城市更新政策体系"，着力考虑整体平衡，健全破旧片区城市更新安置房销售价格体系，通过制定住房置换实施方案、共有产权实施办法、物业补贴办法、危房解危实施细则、旧房产权证注销简易程序等城市更新配套政策，破解破旧片区更新难题。

三是自然与人文相融的南通"岸线整治开发"模式。将岸线整治与滨江开发有机结合，使自然景观与人文景观相融合，通过开展关停排污企业、清理未登记渔船、建设生态林区等专项行动，实现水质

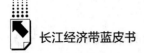

达标、岸线修复与生态体系升级；通过立法保护、总规报批、管理体系完善，建构沿江森林公园长效保护机制；通过生态旅游、开发张謇遗存及融入城市历史文化要素，打造南通滨江新名片。

四是文化遗产保护利用的江北新区"承史凝新"模式。严守历史文化遗产保护底线，对文化传承有破有立，提升民众文化自信，将历史文脉、自然山水、乡土韵味融入新区建设，通过九大城市客厅、六大历史文化景区建设，挖掘新区历史底蕴，延续江北千年文脉，打造滨江魅力人文江岸，"三区一平台""两城一中心"强势崛起，依托历史文化传承，助推城市新区建设开发。

五是科技引领的南通开发区"白纸新图"模式。引进国内外一流高校及科研院所，建设电子信息、新材料、精密机械、医药健康、装备制造等五大高新产业园；建设金融商务中心，集中优质金融机构资源，为区内高新技术企业提供完善的金融服务；突出建筑、纺织等地方特色产业优势，大力发展大数据及人工智能等新兴高科技产业；完善配套设施，建设商业消费广场、高端文化旅游场所、先进教育医疗机构等，提升区内生活体验，提高人才稳固率。

## 二 存在的问题

土地整治利用存在同质同化现象。部分沿江城市在土地整治和利用过程中存在"同质同化"问题，忽略本地要素资源禀赋特征和比较优势，机械地套用其他地区的经验和措施；部分城市缺少土地整治利用过程中的资源环境诊断和预警机制，导致地方政府无法对土地整治利用造成的资源环境影响作出准确判断，也难以在第一时间采取相关措施。

化工产业发展及园区整治任务依然繁重。化工企业数量庞大，截至目前仍有2100多家化工企业，与全省化工整治目标还有差距；化工企业入园率不高，截至 2020 年底全省化工企业入园率为 42.7%，其中无锡市和常州市入园率不到 20%；化工企业基数大、涉及面广，安全风险防控工作仍然任重道远。

部分地区岸线利用强度过大与利用方式不合理。岸线利用强度过大和利用方式不合理是当前最主要的问题。全省已利用长江干流及其他支流岸线 444 千米，占长江岸线总长的 37.9%；其中利用生产型岸线 358 千米，占已用岸线的 80.6%，岸滩资源利用与河势控导协调难度大，仍存在岸线被船舶企业和砂石及小散乱码头占用的情况。

上下游跨界污染的协同治理难题有待破解。生态环境、水利、自然资源、住建、农业农村、渔政、林业、公安、航运、海事等多部门"九龙治水"现象依然存在，多种污水汇入跨界河流，不同部门"各管一摊"。跨省跨市水污染治理责任仍待明确。

利益相关主体收益共享问题突出。沿江岸线园区企业关停并转拆迁损失与土地整理出让收益、长江休渔禁渔创造巨大生态效益与渔民等部分群体遭受经济损失并存，对于生态效益形成无形的生态资产增殖与部分群体有形的实物资产损失，如何通过补偿转换实现损益平衡亟待破题；对于化工整治下大幅减少的地方财政收入与绿色 GDP 生态环境效益，如何通过科学评估核算平衡宏观效益与微观财政收支失衡状况亟待破题。

财政资金短缺问题严重。岸线利用调整、化工整治紧缩了政府资金来源。岸线复绿、企业用地修复、水污染治理、新区基础设施建设等又需要大量投资。资金供需矛盾突出，不少城市资金缺口大，财政收支平衡压力大，尤其是承担具体企业征收补偿安置和建设任务的部分街道（乡镇）和区（县）政府。

生态环境价值实现难题亟待破解。生态环境价值实现面临优质生态环境的"绿水青山"产品形态多样、体验感受多元、服务价值社会认知不足、公认评价方法缺失、非竞争性产品市场定价机制失灵、

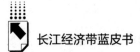

产品信息甄别困难、外部效益难以内部化等障碍。生态环境价值外部化严重和内部化困难，保护、利用、受益的多元利益相关群体之间利益失衡。

## 三　对策建议

完善土地利用过程中的资源环境诊断和预警机制。针对"同质同化"整治模式的供需错配问题，可围绕区域协调发展对土地整治的实际需求，强化土地整治基础调查，识别本区域土地整治的障碍性要素。结合自然资源资产产权制度改革需求，积极推进土地整治资源环境的效应评判与监测预警，为土地整治规划和模式优选提供基础依据。

以资源环境约束确定化工产业规模。对南京、无锡和苏州等不协调地区，控制化工企业规模，转移或关闭低附加值小型企业。明确化工企业"由沿江向沿海"转移方向，研究具有一定化工产业基础、具备交通运输比较优势、资源环境承载力较强的盐城、连云港等市作为化工企业主要承接地的可行性，通过补链和强链实现化工产业平稳转型。

优化岸线空间格局。基于长江岸线资源自然基础、开发利用现状、环境生态问题和岸线保护需要，研发集成模型，对岸线开发与保护进行综合评价与分级分区，划分岸线管控类型；建议国家管控宏观指标，各省市和市、县（区）依据岸线功能分类，制定自然岸线保有率中远期目标，科学优化岸线空间格局。

探索建立以生态环境价值实现为核心的收益共享机制。探索环境财税制度改革、生态系统服务付费、绿色有机产品市场建设等新途径。引入自然资源使用税，取消环境有害产品补贴，引入新产品税和使用者付费，调整其他税费等，拓宽生态环境保护地投资渠道，完善生态补偿机制，加强环境财税政策改革优化设计。

构建多元主体参与的筹资体系和政府奖补机制。构建以财政资金为主导、金融资本为中坚、企业和集体资金为补充的多元资金筹措体系。政府建立生态产品价值实现机制，拓宽财政收入来源，实现生态保护与财政增收良性互补，健全绿色发展财政奖补机制，根据生态产品质量和价值确定财政转移支付、生态补偿额度。鼓励金融机构积极开发更多优质金融产品，各类开发企业和集体经济组织加大自有资金投入。

探索建立生态产品价值核算体系。厘清生态资产产权，开展生态产品基础信息调查。按照"到企""到户"的原则，对各类自然资源的权属、位置、面积等进行清晰界定，开展相关确权颁证工作。建立生态权益资源库，构建分类合理、内容完善的自然资源资产产权体系。研究制定价值核算标准，形成统一的生态产品价值核算指标体系、具体算法、数据来源和统计口径等。推动价值核算结果应用，探索建立生态产品价值核算结果的市场应用机制，将核算结果作为市场交易、市场融资、生态补偿等的重要依据。

# B.20
# 以生态优先绿色发展为引领
# 重庆高质量发展迈出坚实步伐

欧阳林*

**摘　要：** 重庆坚持从全局谋划一域、以一域服务全局，积极探索生态优先、绿色发展新路子，通过守牢守好长江上游"生态关"、唱亮唱响经济发展"进行曲"、落准落实制度创新"关键子"，全力筑牢长江上游重要生态屏障，奋力谱写长江经济带绿色发展新篇章，迈出了山清水秀美丽之地建设的坚实步伐。

**关键词：** 长江上游　生态优先　绿色发展

重庆地处三峡库区腹地，是长江上游生态屏障的重要组成部分，生态环境保护修复责任十分重大。近年来，全市上下认真贯彻落实习近平总书记关于推动长江经济带发展的系列重要讲话精神，把修复长江生态环境摆在压倒性位置，积极探索生态优先、绿色发展新路子，全力筑牢长江上游重要生态屏障，把各项重点任务扛在肩上、抓在手上、落实在行动上，努力在推进长江经济带绿色发展中发挥示范作用，为建设山清水秀美丽之地迈出了坚实步伐。

---

* 欧阳林，重庆市政府参事，高级经济师，重庆市发展改革委原副主任。

# 一　理山水筑屏障，守牢守好
长江上游"生态关"

## （一）坚持标本兼治，着力实施生态环境污染治理"4+1"工程

扎实推动城镇污水垃圾处理、化工污染治理、农业面源污染治理、船舶污染治理和尾矿库污染治理，着力消除水环境污染隐患。截至 2022 年上半年，全市城镇污水收集管网长度达到 1.52 万公里，生活垃圾无害化处理率 100%。7 个建档立册化工园区均实现集中式污水处理设施全覆盖并达标排放，全市 275 家化工企业已入园 212 家。长江干流和主要支流沿线 1973 个规模化养殖场建成 1967 个粪污处理设施，农药化肥使用量连续五年呈负增长。187 个内河主要港口实现码头信息系统全覆盖，率先在内河开展船舶拆除或封存重油设施行动，建成投用长江中上游首座 LNG 加注站。长江经济带 28 个尾矿库已全面开展污染防治工作，其中已闭库 18 个。

## （二）坚持十年禁渔，着力加强水生生物多样性保护

重庆 754 条重点河流全面实行十年禁捕，国家核定的 5342 艘渔船、10489 名渔民退捕任务于 2020 年 11 月提前完成。持续做好退捕渔民生计保障"后半篇文章"，动态实现"转、保、训、兜"4 个 100% 目标。颁布《关于促进和保障长江流域禁捕工作的决定》，出台全流域首个省级休闲垂钓管理办法、禁用渔具渔法名录，构建禁捕网格化管理体系，省际交界水域执法合作实现全覆盖。开展重要栖息地调查和生境修复，完成长江、嘉陵江、乌江干流 135 个产卵场调查，在市内 14 条重要河流布设站点 41 个。加大珍贵、濒危物种保护

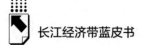

力度，规范实施增殖放流，修订市级保护水生野生动植物名录，建成保护鱼类收容救护中心和水生生物保护教育基地，2021年以来重庆长江流域监测到103种鱼类，水生生物资源量较禁捕前明显增加。

### （三）坚持靶向施策，着力深化重点流域污染防治

加强大宁河等良好水体保护，实施临江河、濑溪河等流域综合整治，在49条重点河流增设1706个加密监测断面定期"体检监测"，推进靶向精准治污。强化入河排污口排查整治，在全国率先开展长江入河排污口排查整治试点，全面完成试点区域整治任务和长江、嘉陵江、乌江"三江"干流4220个排污口分类、命名编码和溯源监测。深化总磷污染防治，持续开展"三磷"专项排查整治"回头看"，巩固3个磷化工、3个含磷农药企业、3个磷石膏库整治成效。常态化推进"三江"流域生态环境问题暗查暗访，连续三年制作生态环境警示片，每季度在市政府常务会议、每年度在全市性大会上播放，警示警醒效果明显。推进长江流域生态修复，2018年以来累计完成全市矿山修复面积3827公顷，山水林田湖草生态保护修复试点工程入选自然资源部生态修复典型案例。重庆已从"酸雨雾都"实现了"蓝天常驻"，绝大多数昔日"臭水沟"成为群众喜爱的"幸福河"。

### （四）坚持源头管控，着力推进河湖水域岸线治理

全面完成非法码头整治任务，推进老旧、散小码头整合升级，关停非法码头173座，生态复绿2000余亩。加强岸线资源集约利用，收回岸线22公里，全市生产性港口岸线长度较2016年下降32%。严格河道采砂管理，积极推行政府主导国有企业统一开采管理模式，从源头上挤压非法采砂空间，成立河道采砂管理合作机制协调组，开创"河长+警长""河长+检察长"模式，合力打击非法采砂行为，长江干流重庆段规模性非法采砂基本绝迹。整治河道乱象，积极落实市级

总河长令，清理整治长江干流岸线违法违规利用项目461个，累计腾退岸线长度16.96公里，规范整改占用岸线长度34.47公里，河道管理范围内复绿19.51万平方米。

### （五）坚持应急联动，着力提升水安全保障能力

强化环境应急联动，与川鄂湘黔4省建立跨省流域上下游突发水污染事件联防联控机制，建立市级部门突发环境事件应急联动机制。加强企业风险防控，万州、涪陵、长寿等重点化工园区全面建成片区、区域、流域三级风险防控体系。强化饮水安全保障，全市1502个集中式饮用水水源地全部划定水源保护区，依法编制备案集中式饮用水水源地突发环境事件应急预案，持续开展城市、乡镇饮用水水源地环境保护专项行动，完成153个县级以上城市水源地、301个"万人千吨"水源地问题整治，城市集中式饮用水水源水质达标率保持100%，全面完成187个乡镇集中式饮用水水源地规范化建设。

### （六）坚持修复为先，着力打造长江流域生态廊道

实施重点生态环境修复工程，2021年以来累计完成国土绿化营造林任务862.2万亩，在长江干流及重要支流完成"两岸青山·千里林带"建设66.3万亩，落地国家储备林项目130万亩。2021年以来完成石漠化治理126万亩，三峡库区森林覆盖率达55.9%。编制三峡库区消落区植被生态修复技术规程，探索推广乔灌草相结合的多个消落区植被修复组合模式，筛选落羽杉、水桦等消落区适生植物20余个，选育林木良种4个，累计修复退化湿地1万余亩、自然恢复湿地35万亩。有序推进自然保护地人类活动问题整改，制定完善"1+5"涉林问题整改方案，全市3029个自然保护地人类活动问题已完成整改2976个。

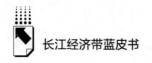

## 二 提质效促转型，唱亮唱响 经济发展"进行曲"

### （一）做好制度安排，促进减污降碳绿色发展

构建完善碳达峰碳中和"1+2+6+N"政策体系，即 1 个碳达峰碳中和工作实施意见，2 个碳达峰工作总体方案，能源、工业、交通运输、城乡建设、农业农村、新基建 6 个重点领域实施方案，科技创新、统计核算、财税金融、生态碳汇、法规标准、宣传教育等 N 个支撑保障方案。建立市区（县）分级用能预算管理机制，严格"以能定产"，2021 年全市单位 GDP 能耗同比下降 3.5%，能耗"双控"进度总体符合国家"十四五"目标要求。建立碳市场制度体系，作为西部唯一省市参与全国碳市场联建联维，累计实现碳排放权成交量 3868 万吨、成交金额 7.84 亿元，其中 2021 年交易量和交易金额在 7 个试点省市中名列前茅。上线全国首个覆盖碳履约、碳中和、碳普惠功能的"碳惠通"生态产品价值实现平台，累计实现交易量 284 万吨、交易金额 6222 万元，有效激活了地方碳市场活力。

### （二）推动基础设施互联互通，开创交通强市建设新局面

"米"字型高铁网加快形成，郑万高铁建成通车，渝宜高铁、成渝中线高铁、渝西高铁、成达万高铁、渝万高铁加快推进，境内铁路运营里程近 2570 公里。"三环十八射"高速公路网加快成型，高速公路通车里程 3839 公里、在建 1346 公里，川渝省际高速公路出口达到 16 个，与毗邻地区的互联互通水平大力提升。成渝世界级机场群加速构建，巫山、武隆机场建成投用，江北机场 T3B 航站楼及第四跑道工程加快实施，重庆新机场场址审查顺利完成，龙兴、大安通用

机场投入运行，以江北国际机场、重庆新机场为核心，万州、黔江、巫山、武隆支线机场为支撑，部分通用机场为补充的多层次机场体系基本形成。轨道上的都市区建设稳步推进，成为全国唯一采用地铁、跨坐式单轨、云巴等多种轨道制式的城市，轨道交通通车里程达到450 公里，市郊铁路有序推进。

## （三）促进"一区两群"协调发展，创新驱动产业转型

构建"一区两群"协调发展新格局，印发推进工业园区特色发展的指导意见，根据各地资源禀赋，推进区域差异化绿色发展。主城都市区持续强化高端制造功能和创新引领作用，突出发展智能终端、新能源及智能网联汽车、生物医药、高端装备、新材料等特色产业。渝东北三峡库区城镇群、渝东南武陵山区城镇群持续强化绿色制造功能和特色引领作用，突出发展农副食品、中医药、绿色建材及汽摩、电子、装备配套加工等特色产业。深入实施以大数据智能化为引领的创新驱动发展战略，累计实施 4800 余个智能化改造项目，建设 730 余个数字化车间和 120 余个智能工厂，示范项目生产效率提升近60%。加快打造绿色制造体系，累计创建市级绿色工厂 171 家、市级绿色园区 15 个，国家绿色工厂 52 家、国家绿色园区 5 个、绿色设计产品 48 种、绿色供应链 5 条，积极推动钢铁、化工、有色金属、建材等产业绿色化发展。

## （四）聚焦薄弱环节，加快农业农村现代化建设

推进城乡基础设施一体化，水、电、路、讯基础设施网络实现城乡全覆盖，2021 年行政村公路通畅率达到 100%，农村卫生厕所普及率达到 82.3%，行政村垃圾有效治理率达到 99.7%。紧扣"大城市、大农村、大山区、大库区"基本市情，突出人多地少、山地山水的鲜明特征，大力发展现代山地特色高效农业。建成全国最大的柑橘容

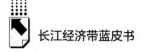

器苗生产基地，涪陵榨菜多年保持全国农产品区域公共品牌价值第一的位置，奉节脐橙、巫山脆李品牌价值分别列全国橙类、李类品牌第一，全国优势特色产业集群数量列长江经济带11个省市首位。聚力优化产业绿色发展空间，低海拔平坦区域主要发展粮猪菜等重要保供农产品，山腰半坡主要发展柑橘、脆李等特色产业，高山地区主要发展中药材等经济作物，"山上森林覆盖，山腰经果缠带，山下粮油蔬菜，坝上巴渝名宅，林下畜禽满寨"的现代山地特色高效农业画卷徐徐展开。

### （五）推动城乡融合，大力实施新型城镇化战略

建立健全市城镇化工作暨城乡融合发展工作联席会议制度，统筹协调城镇化和城乡融合发展工作，协调解决城乡融合发展改革试验中存在的重大问题。印发建立健全城乡融合发展体制机制和政策体系的实施意见、国家城乡融合发展试验区重庆西部片区实施方案，在南岸、长寿、綦江—万盛、垫江、忠县、武隆、秀山开展市级城乡融合发展先行示范区建设，推动改革有机联动。全面放开城市落户条件，持续推进农业转移人口市民化，推动城乡人口有序流动，推进"互联网+"户政服务，川渝黔三省市户口迁移"跨省通办"逐步推进，2021年办理跨省市户口迁移8.8万人次，其中迁入重庆6.4万人次，全市常住人口城镇化率达到70.3%。2021年全市城乡居民收入比缩小至2.4∶1，工农互促、城乡互补、协调发展、共同繁荣的新型工农城乡关系加快构建，城乡发展差距逐步缩小。

### （六）发挥"联结点"优势，加快建设内陆开放高地

开放型经济稳健运行，2021年实现货物进出口8000亿元人民币，在西部12个省市中居第2位，与215个国家和地区实现了贸

易往来。对外开放通道更加畅通，获批建设空港型国家物流枢纽，成为全国首个同时拥有港口型、陆港型和空港型国家物流枢纽的城市，重庆西部陆海新通道通达107个国家（地区）315个港口，江北机场国际航线增至106条，重庆航空国际（地区）货邮吞吐量突破20万吨，中欧班列（成渝）开行量和货值、货量均居全国首位。开放平台能级不断提升，获批建设万州综合保税区和永川综合保税区，成为西部首个可办理化学药品首次药品进口备案的口岸城市。优质资源加快流动集聚，智博会、西洽会、中新金融峰会等平台影响力持续增强，在渝世界500强企业达到312家，国际友好城市增至52对。改革开放不断释放新动能，获批率先培育建设国际消费中心城市，成为中西部唯一开展服务业扩大开放综合试点的省市。

## 三　建机制固根本，落准落实制度创新"关键子"

### （一）强化统筹协调，严格落实省负总责机制

成立重庆市深入推动长江经济带发展加快建设山清水秀美丽之地领导小组，由市委书记、市政府市长担任双组长，学深悟透习近平总书记关于推动长江经济带发展的重要论述，科学精准研究部署重点工作。成立重庆市推动长江经济带发展领导小组，定期研究落实具体工作。充分发挥市长江办、市建设山清水秀美丽之地办统筹协调、督促指导职能优势，滚动制定推动长江经济带发展年度工作计划，有力有序推动重点工作任务落实。建立以点带面、举一反三的问题发现处置机制，以钉钉子精神狠抓长江经济带生态环境突出问题整改，2018~2020年披露的29个问题已全部完成整改，2021

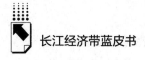
年披露的 8 个问题已完成整改 1 个，其余 7 个序时推进并已取得阶段性成果。

### （二）强化联防联治，建立生态保护补偿机制

以流域区县交界处断面水质为依据，探索上下游区县间以改善水环境质量为导向的流域横向补偿制度，实行"月核算、年清缴"补偿资金，助推受偿区县水污染防治和生态建设。全市流域面积 500 平方公里以上且流经 2 个区县及以上的 19 条河流实现了补偿机制全覆盖。积极推动补偿机制向省际拓展，与湖南省签署酉水河跨省补偿协议，建立了全市首个跨省流域横向补偿机制；与四川省采取共建基金的模式签署长江、濑溪河流域横向补偿协议，成为全国首个在长江干流建立横向补偿制度的案例。在全国首创横向生态补偿提高森林覆盖率机制，引导生态受益地区和生态保护地区通过协商等方式进行生态效益补偿，2018 年以来累计签约 10 单生态补偿协议、交易森林面积指标 39.62 万亩、成交金额 9.9 亿元，实现生态服务受益地区与重点生态功能地区的"双赢"。

### （三）强化依法治江，健全法制保障体系

坚持"立改废"并举，不断完善长江保护制度体系，出台《重庆市生活垃圾管理条例》《重庆市城市供水节水条例》等法规规章，开展长江保护法执法检查。健全生态环境损害赔偿制度，印发《重庆市生态环境损害赔偿制度改革实施方案》，着力破解"企业污染、群众受害、政府买单"困局，"重庆市南川区某公司赤泥浆输送管道泄漏污染凤咀江生态环境损害赔偿案"入选生态环境部第二批生态环境损害赔偿磋商十大典型案例。完善行政执法与刑事司法、公益诉讼检察衔接机制，推动构建长江流域一体化生态环境保护格局。加强法治宣传，将长江保护法宣传纳入"八五"普法规划，依托《人民

日报》《重庆日报》等主流媒体大力宣传生动实践案例，推出"看效果·大江奔流""一江碧水谱新篇"系列专题报道，集中展示守护长江母亲河的经验做法和突出成效。

### （四）强化准入限制，完善综合管控机制

实施生态环境分区管控，在全国率先完成"三线一单"成果发布，划分确定 785 个环境管控单元，其中优先保护单元 479 个、重点管控单元 188 个、一般管控单元 118 个，按照不同单元区域确定开发目标、功能定位、具体环境管控或准入要求。严格项目准入，认真执行长江经济带发展负面清单指南，严格落实岸线"1 公里""3 公里"管控政策，按照成渝地区双城经济圈规划纲要"一张负面清单管川渝两地"的要求，与四川省共同制定长江经济带发展负面清单实施细则（试行，2022 年版），加大对不予准入、限制准入类产业投资的管控力度。建立川渝跨界集中式饮用水水源地风险联合防控体系，协同推进铜钵河、琼江、大清流河等川渝跨界流域"一体化"治理，2021 年 25 个川渝跨界国控断面水质全部达标。

### （五）强化要素保障，构建多元化投融资机制

大力争取中央资金支持，5 年来共获批下达长江经济带绿色发展中央预算内资金 32.55 亿元，在推进有关区县生态环境突出问题整改、生态环境系统治理、生态产品价值实现、湿地保护修复、尾矿库治理等方面发挥了重要作用，较好地弥补了生态环境基础设施建设的资金缺口。与三峡集团成立共抓长江大保护合作领导小组，建立重大事项工作协调机制，已落地 12 个合作项目、总投资 228 亿元。探索绿色金融改革创新，积极创建绿色金融改革创新试验区，鼓励探索绿色产业适用的绿色融资方式，积极引导政策性、开发性金融机构加大绿色信贷投放力度，支持符合条件的企业发行绿色债券。

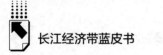 

　　"功成不必在我，功成必定有我"。我们将进一步深学笃用习近平生态文明思想，坚持"共抓大保护、不搞大开发"战略导向和"生态优先、绿色发展"战略定位，以咬定青山、守望青山、不负青山的执着，加快建设山清水秀美丽之地，奋力谱写建设山清水秀美丽之地、推进长江经济带绿色发展新篇章。

# B.21
# 贯彻新发展理念
# 推动云南旅游高质量发展

杨 杰*

**摘　要：** 云南地处长江上游，生态建设与保护责任重大。贯彻落实好"共抓大保护、不搞大开发"要求，必须切实转变发展方式，调整产业结构，走绿色可持续发展路子。加快旅游产业发展，有利于长江生态环境保护，走出一条绿色发展之路。良好的生态环境是云南旅游的鲜明底色，多姿多彩的民族文化是云南旅游的深厚底蕴，独特的区位优势是云南旅游的后发优势。实现云南旅游高质量发展，必须深入贯彻新发展理念，加快构建"绿色、创新、开放"的现代旅游业体系，通过实施一批重大项目，推动旅游业的转型升级和跨越式发展。

**关键词：** 云南　生态保护　旅游

## 一　加快构建"绿色、创新、开放"
## 的现代旅游业体系

现代旅游业是传统旅游业的继承和创新，加快构建云南现代旅游

---

* 杨杰，云南省政府参事，云南省政府原秘书长，云南省政府办公厅原党组书记。

业体系，必须贯彻新发展理念，坚持绿色可持续发展原则、坚持科技赋能和创新发展、坚持文化引领和融合发展、坚持深化改革和扩大开放，走旅游高质量发展之路。

## （一）走绿色发展之路

云南生态环境良好，自然保护地数量众多，亟须探索绿色、低碳、生态的旅游发展之路，让旅游业成为云南绿色发展的新动能，创造更多的绿色财富。一是不断推进旅游业绿色低碳转型。旅游业绿色低碳转型，是推动绿色高质量发展和实现碳达峰碳中和目标的重要内容，能够充分彰显云南自然山水型生态旅游资源优势。坚持科学保护、合理开发的原则，走资源节约型旅游发展之路，探索生态保护和旅游发展内在统一与相辅相成的规律，既让旅游资源能够充分发挥其应有价值，又让绿水青山得以永续长存。探索建立生态旅游地"轻资产""软开发""小规模""高端化""深体验"利用模式，培育资源节约型和环境友好型旅游业。总结推广云南生态旅游示范区、绿色旅游景区、绿色饭店等创建经验，适时引入以《绿色环球21可持续旅游标准体系》为代表的可持续旅游认证体系。结合全国碳达峰碳中和示范区打造，认证一批低碳旅游示范景区，推广碳中和旅游新模式。二是大力推进生态和旅游融合发展。生态是旅游的底色。云南拥有独一无二的气候资源、自然生态资源和民族文化资源，生活舒适悠闲，宜居宜游宜业，应大力发展全域生态旅游，走生态和旅游融合发展之路。依托云南已获批的国家生态文明建设示范市县、"两山"理论实践创新基地，探索推进"绿水青山"成为"金山银山"的生态旅游转化之路。通过合理规划一批自驾旅游精品路线、加快完善自驾车服务体系、积极开发"租赁车+住宿+景点"的自由行产品，大力发展自驾车旅游和汽车营地旅游，将云南建设成为独具特色的"中国自驾旅游省"。通过传承民族文化、构建生态文化，营造独具特色的生态旅居休闲文化，大力发展民族文化生态旅游，以让人放松身体、放松心情、放松生活的"生态旅游地"为建设目标，推进生态和旅游融合发展。

## （二）走创新发展之路

旅游业是创新活跃型、创意密集型产业，对理念、业态、产品、制度、市场等方面创新的依赖度较高。在加快构建现代旅游业体系中，要坚持文化创意、科技创造、制度创新三轮驱动，加快推动旅游供给侧结构性改革。一是文化创意。文化是旅游的灵魂。文化创意与旅游业的互动本质是文化和创意对旅游业价值链的渗透、辐射和延伸，促使产业价值链增值，是推动旅游高质量发展的重要动力。要推动"文化+旅游产业"，形成文旅产业业态丰富、主题特色鲜明、品牌效应显著的发展格局。充分挖掘云南民族文化、历史故事、脱贫精神、红色文化等优秀传统文化，通过文化创意手段，以国家公园、特色小镇、传统村落、历史街区、民宿酒店乃至节庆、演艺等为载体，融入更多文化遗产、文化资源、文化要素，形成独具"风格、风情、风貌、风尚"、深受旅游者喜爱的产品和服务。二是科技创新。科技创新有助于实现旅游服务便利化、旅游管理智慧化和旅游业态多元化，是旅游业高质量发展的重要动能。积极推进互联网、大数据、云计算、人工智能、区块链等信息技术与旅游产业融合发展，推动传统旅游产业内容生产、传播方式、表现手段等方面的创新，促进传统旅游产业转型升级，培育基于新技术的现代旅游业体系，发展在线旅游、智慧酒店、智慧景区、智能出行、旅游装备制造业等新兴产业和商业模式。加快建设云南旅游大数据中心，推动文旅、应急、交通、城管、市场监管等数字化信息互联互通，营造更加方便、安全、高效的旅游发展环境。提升各类旅游重点区域 5G 网络覆盖水平，引导云旅游、云演艺、云娱乐、云直播、云展览等新业态发展，不断用科技创新提升旅游品质，改善旅游体验，增强游客的满足感、幸福感。三是管理体制机制创新。创新旅游管理体制机制是构建现代旅游业体系的必要条件，是推动云南旅游高质量发展的重要抓手。加强公共服务与管理职能，实现宏观调控与专业运作的微观监管有效结合，以旅游业规划、旅游要素配置、生态环境保护、监督管理和市场促进为重点，稳步提升旅游经济宏观管理。以旅游"十四五"规划为基础，高标准编制云南旅游发展专项规划，并与城市总体规划、风景名胜区规划、村镇规划、土地利用规划等统筹兼顾，形成科学完备的旅游规划体系。创新旅游市场监管，建立以游客满意度为标准的综合监管体系，建立健全旅游企业诚信评价、失信惩戒和违规退出等机制。

### （三）走开放发展之路

旅游业开放程度高，需要游客、资金、信息、技术等要素的跨区域流动。发挥云南独特的区位优势，立足国内国际"双循环"发展格局，服务"面向南亚东南亚辐射中心"的定位，建设连接西南地区与中南半岛和环印度洋地区的国际旅游大通道，推动旅游实现高质量对外开放。一是做好对内与对外开放。更好融入国内国际"双循环"发展格局，对内要积极融入全国旅游业发展大格局，不断深化滇沪旅游合作机制、泛珠三角区域旅游大联盟、长江上游四省市旅游合作联盟，以及滇闽、滇桂、滇琼文化旅游区域合作，积极融入中国大香格里拉旅游环线建设和G219旅游推广联盟。对外要依托中越（中老、中缅）铁路公路、国际航线和面向环印度洋地区的国际大通道，不断深化中南半岛旅游合作、孟中印缅旅游合作。要加强与"一带一路"沿线国家的旅游交流与合作发展，将云南打造成为面向南亚东南亚和环印度洋地区的旅游集散中心。积极推进西双版纳边境旅游试验区和云南—老北跨境旅游合作区建设，推动澜湄旅游城市联盟总部落地昆明。二是进一步提升旅游国际化水平。树立全球视野，对标国际标准，引进世界一流的旅游策划、规划、运营、管理全产业链团队，用国际化的语言讲述、包装、营销云南旅游。打造一批世界级的旅游名城、旅游景区和度假区，吸引全球游客游览云南、认知云南、喜爱云南。通过新开辟入滇国际航线、探索设立医疗康养旅游签证等方式提高入境游客的"可进入性"，提高云南国际游客的比例，努力提升旅游国际化水平。

# 二　实施一批重大项目，推动云南旅游业高质量发展

## （一）加快建设大滇西旅游环线

大滇西旅游环线汇聚了云南最好的旅游资源、最丰富的旅游产品、最完善的旅游基础设施，环线将滇西丰富的高山峡谷、雪山草甸、江河湖泊、火山热海、古城韵味、民族文化等多个风光带和独特旅游资源串联起来。以生态保护为前提，以交通互联互通为基础，聚焦"文、游、医、养、体、学、智"全产业链，推进交旅融合、路景一体。加快实施《大滇西旅游环线区域综合交通规划》，尽快形成"环线进出便捷"对外运输主骨架、"环内通行顺畅"对内运输循环网和"旅游移步换景"交通旅游产品。

## （二）加快建设滇南国际康养旅游胜地

云南滇南西双版纳、普洱、临沧三州市具有独特的生态环境、优良的气候优势、丰富的自然风光以及深厚的文化底蕴，正在建设一批集休闲、度假、健康养生于一体的康养旅游设施。围绕"运动康养、生态颐养、老年文养"主题，重点发展森林康养、气候康养、田园

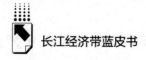

康养、温泉康养等业态，打造"宜旅、宜居、宜业、康养"的"滇南国际康养旅游胜地"。通过努力，打造西双版纳世界康养旅游名城、打响"养在普洱"品牌和培育临沧健康生活目的地。

### （三）加快建设一批世界级旅游景区和度假区

加快西双版纳世界旅游名城、大理国际旅游名城、丽江世界文化旅游名城、怒江世界级高山峡谷旅游胜地、迪庆"世界的香格里拉"建设。推进石林、崇圣寺三塔、玉龙雪山、丽江古城、普达措、腾冲火山热海、丘北普者黑、中国科学院热带植物园等 5A 级景区扩容提质增效，提升智慧化、创意化、体验化水平。加快推进元阳哈尼梯田、宁蒗泸沽湖、景洪野象谷、勐腊望天树、丽江老君山、剑川沙溪—石宝山、建水古城、腾冲和顺古镇、宾川鸡足山、云南民族村等一批老牌知名景区创建 5A 级景区。启动澜沧景迈山、禄丰恐龙谷、贡山独龙江、德钦梅里雪山、元谋土林、澄江帽天山—抚仙湖、昆明红土地—轿子雪山等世界级景区建设行动计划。

### （四）加快建设一批高品质酒店

加快半山酒店、星级民宿、精品酒店建设，持续引进国际知名酒店品牌，推动高品质、多元化住宿业态的发展。按照品牌化、网络化、线路化、连锁化经营导向，加大国际知名酒店品牌管理公司引进力度，高标准建设一批"藏在山间、隐没林中、外观古朴、内部高端、设施现代、服务一流"的半山酒店。因地制宜建设一批"隐于乡村田野、体现山居意境、蕴含传统文化"的精品民宿。新建一批"地理位置优越、设计风格独特、运营专业现代"的精品酒店。

### （五）加快建设一批国际医疗健康城

借鉴海南博鳌乐城国际医疗旅游先行区的经验，打造一批辐射南亚东南亚、具有国际知名度的医疗健康城。充分发挥云南立体气候、森林资源、温泉地热、绿色食品、中药材、少数民族医药等优势，积极引进三甲医院、医疗研究所、体检中心、康养服务品牌落地，吸引国内外高端医疗技术和人才来滇。

### （六）打造一批国际旅游消费城市

加快建设城市消费集聚区，打造国际时尚消费新地标。进一步巩固昆明、丽江、大理、保山、普洱、西双版纳国家文化和旅游消费示范（试点）城市建设成果，努力建设昆明、丽江、大理、西双版纳等国际旅游消费城市。加大优质教育资源引进力度，打造教育对外开放平台，面向周边国家叫响"留学云南"品牌，吸引国际游学消费。

### （七）打造一批世界遗产和国家公园

将澄江化石地世界自然遗产打造为世界一流的古生物化石科考科普基地，将三江并流世界自然遗产地打造为大滇西旅游环线上的"璀璨明珠"，将丽江古城世界文化遗产地打造为"活的文化名城"，将红河哈尼梯田世界文化遗产打造为世界梯田保护治理示范工程，将石林世界自然遗产地打造为喀斯特地貌世界自然遗产的国际知名旅游目的地。推进香格里拉普达措、西双版纳雨林、亚洲象、高黎贡山国家公园建设。

### （八）打造一批最美乡愁地

重点依托传统村落集聚区、农业文化遗产地、复合型田园综合体，培育"生产、生活、生态"融合、地域特色浓郁的乡愁产业体系，打造一批"暖暖远人村，依依墟里烟"的最美乡愁地。适时建设省乡愁学院，定期举办中国乡愁文化论坛，打造环洱海中国最美乡愁文化带。坚持以"绿水青山为形，以乡愁乡韵为魂"，聚焦"探寻

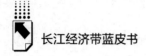

边地中原文化、体验滇南田园风光、品味康养烟火味"，规划建设"滇南最美乡愁文化带"。

### （九）打造一批具有国际知名度的文旅 IP

全面梳理各州（市）的特色文旅资源，通过自下而上与自上而下相结合的文旅 IP 策划活动，统筹策划能够支撑旅游新形象的 IP 体系。依托明星物种（昆明红嘴鸥、禄丰恐龙、抚仙湖虫、勐腊望天树、迪庆滇金丝猴等）、知名人物（如玉溪聂耳、石林阿诗玛、楚雄咪依噜、德宏孔雀公主、澜沧"茶妈妈"等）、名优物产（如普洱茶、紫陶、白族扎染、兰花等）、地标景观（如红土地、油菜花、哈尼梯田、樱花谷等）、文化符号（如西南联大、滇越铁路、牛虎铜案、朱提银、马帮等），打造一批具有国际知名度的文旅 IP。

### （十）打造一批影响力大的夜间经济示范窗口

借鉴上海、西安、重庆等地夜间经济发展模式，强化文化创意设计与现代科技运用，打造一批夜间经济示范窗口。加快昆明、楚雄、大理、丽江、香格里拉、蒙自、建水、玉溪、普洱、澜沧、沧源、腾冲、芒市等夜间经济试点城市建设，将景洪打造成为全国夜间旅游消费的标杆。加快推进昆明老街（含翠湖片区）、建水古城、束河古镇创建国家级夜间文化和旅游消费集聚区。

### （十一）打造一批民族文化集中展示基地

充分挖掘和发挥云南特有少数民族文化在旅游业融合发展中的独特作用，打造一批民族文化集中展示中心。充分挖掘大理白族"三月三"、傣族泼水节、丽江纳西族三多节、彝族火把节、傈僳族阔时节、摩梭人转山节、佤族摸你黑狂欢节、景颇族目瑙纵歌等节日文化和习俗，积极探索民族节庆活动与目的地良好互动的发展模式。规划建设一批民族文化展示中心和民族博物馆，打造为旅游的新亮点和民族文化的传承创新基地。

### （十二）打造特色鲜明的边境风情旅游带

云南与越南、老挝、缅甸三国接壤，4060 公里边境线上分布着16 个跨境少数民族，孕育了特色鲜明的边地风光、边疆风情、边民文化。边疆风情旅游带重点突出景颇族傈僳族跨境民族文化、傣族佤族拉祜族跨境民族文化、苗族壮族瑶族跨境民族文化。推进滇越铁路、丝绸之路南亚廊道的保护利用。把景洪、瑞丽、河口、腾冲、磨憨打造成为旅游集散地，积极融入中南半岛旅游圈和孟中印缅旅游区，在更高层次和更高起点上实现旅游对外开放。

# 强化制度保障
# 增强工作合力

Strengthening Institutional Guarantee
to Enhance the Synergy of Work

# **B**.22
# 创新体制机制
# 增强高质量发展合力

李　琳　田彩红*

**摘　要：** 推动长江经济带高质量发展，创新体制机制是关键。一是
构建长江经济带多维协调发展机制，包括加强重点区域合
作、健全产业协作机制、完善市场一体化推进机制、创新
飞地合作机制；二是完善长江经济带协同共治生态补偿机
制，包括拓展生态补偿融资渠道、健全生态产品价值实现
机制、完善生态补偿监测评估机制；三是构建长江经济带
绿色金融协同发展机制，包括健全绿色金融联动机制、优

---

* 李琳，湖南省政府参事，湖南大学经济与贸易学院教授、博士生导师，民建经贸
研究院院长；田彩红，博士，湖南大学经济与贸易学院。

化绿色金融资源配置、完善绿色金融服务；四是健全长江经济带高质量发展法制保障机制，包括构建跨域司法协作机制、完善现代公共法律服务体系、创新组织监督方式。

**关键词：**　长江经济带　体制机制　高质量发展

# 一　构建长江经济带多维协调发展机制

## （一）完善重点区域合作机制，引领推进长江经济带协调发展

一是强化城市群引领带动作用。充分发挥上海、武汉、重庆、成都等国家中心城市的引擎作用，加强与周边城市的协同联动，缩小大中小城市间的发展差距，提升城市协同发展能力。以城市群协同发展为抓手，强化长三角城市群、长江中游城市群、成渝城市群的支柱作用和示范效应，鼓励长三角城市群牵头搭建长江经济带跨区域合作平台，加强与长江中游城市群、成渝城市群的联动合作，强化对长江经济带的辐射带动作用；推进长江中游城市群协同发展，打造连接长三角城市群与成渝城市群的桥梁，形成全国重要的增长极；加快成渝地区双城经济圈建设，引导成渝城市群主动与长江中游城市群、长三角城市群建立更广泛的合作关系，以城市群协调联动引领推进长江经济带协调发展。

二是推进省际毗邻地区协调发展。支持长江经济带以省际毗邻地区协调发展为突破口，鼓励沿线省际毗邻地区探索多元化合作机制，加快推进苏皖合作示范区、湘赣边区域合作示范区、万达开川渝统筹发展示范区等省际毗邻发展示范区在交通基础、产业协作、开放创

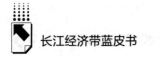

新、公共服务等方面的一体化进程，打造跨区域协调发展新样板，带动长江经济带高质量协调发展。

### （二）健全产业协作机制，夯实长江经济带协调发展产业基础

一是推进产业有序转移发展。建议推动长江经济带发展领导小组牵头打造"一张图"式长江经济带产业转移协作治理平台，统筹规划、集中管理、实时分析长江经济带产业转移协作状况，高质量推进长江经济带产业转移。支持重庆沿江、四川广安、湖北荆州、湖南湘南湘西、江西赣南、安徽皖江城市带等承接产业转移示范区聚焦电子信息、高端装备、汽车、家电、纺织服装等重点发展产业，明确承接产业转移主攻方向，探索承接产业链条整体转移和关联产业协同转移新路径、新模式，引领长江经济带构建高质量产业转移发展格局。

二是深化长江经济带产业链分工协作。支持长江经济带市场主体依托援建、托管、股份合作等模式，联合打造跨区域产业发展协作平台与产业联盟，优化资源要素跨域配置。支持长三角城市群聚焦电子信息、装备制造、钢铁、纺织服装等产业及金融、商贸、物流、文创等现代服务业，长江中游城市群围绕轨道交通装备、工程机械、航空航天、汽车等重点产业，成渝城市群着眼装备制造、汽车、电子信息、生物医药等产业合力打造 G60 科创走廊、京广高铁沿线先进制造业集聚带、沪昆高铁沿线先进制造业集聚带、成渝发展主轴等具有国际竞争力的跨区域产业集群，以推动产业集群的"链长合作""链主合作"为抓手，促进长江经济带上下游产业分工协作和主导产业集群互嵌衔接。

三是以创新链厚植产业链分工协作。以上海、合肥综合性国家科学中心为引领，高水平推进长三角科技创新共同体建设，提升长三角协同创新策源能力。发挥长三角的创新引领作用，支持长三角与长江

中上游地区联合打造共享科技服务平台、科技交流合作平台等创新合作平台，组建长江经济带技术创新联盟，强化长江经济带沿线在科研院所合作、关键核心技术联合攻关、科技成果转化、产业集群建设等方面的分工协作，切实推动长江经济带创新链和产业链有机融合，以创新链分工带动产业链协作。

### （三）完善市场一体化发展机制，激发长江经济带协调发展活力

一是推进城市群一体化进程。支持长三角一体化示范区在人口自由流动、基础设施共建共享、公共服务均等化、土地资源配置、产业分工协作、飞地合作模式创新与利益共享等领域先行先试，清理区域性和行业性的各类行政政策，逐步消除阻碍长三角一体化的行政壁垒，打造具有标杆示范效应的城市群一体化示范区，引领推进长江中游城市群、成渝城市群的一体化进程。推动长三角城市群、长江中游城市群、成渝城市群跨域开放合作，逐步形成长江经济带统一大市场，为长江经济带协调发展奠定基础。

二是推动多元主体协同发力。充分发挥商会、贸促会、产业联盟等社会组织在政企沟通、服务产业对接等方面的作用，支持长江经济带沿线相关社会组织联合建立长江经济带商会联盟联席会议制度，打造多种形式跨区域对话交流平台，统筹协商跨区域合作重大问题，引导企业、行业组织、商会等形成推进市场一体化发展合力，协同推动长江经济带产品、要素、产业和市场融合。

三是加强交通设施互联互通。鼓励长江经济带以交通互联互通为抓手，全面提升综合交通网络通达能力，强化统一大市场建设的基础设施保障。支持长江经济带依托长江黄金水道，大力发展航空、铁路、高速公路，加快形成"三横六纵三网多点"的综合交通网络化结构。鼓励长江经济带聚焦城市群，推进干线铁路网、城际铁路网、

市域（郊）铁路网、城市轨道交通网"四网融合"，推广"一票式"联程和"一卡通"服务，全面提升城市群交通一体化发展水平。推动长江经济带加快构建铁水联运、江海联运等多式联运，以中欧班列和西部陆海新通道建设为抓手，推动长江经济带深度融入共建"一带一路"互联互通，构建高质量对外开放运输体系。

### （四）创新飞地合作机制，强化长江经济带协调发展载体支撑

一是探索多样化飞地合作模式。支持"嘉善—庆元—九寨沟"飞地产业园在东西部扶贫协作、山海协作等方面先行先试，为长江经济带大范围开展东西联动合作提供示范效应。鼓励长江中上游欠发达地区立足主体功能分区和产业基础，差异化开展承接产业转移型、异地开发型、旅游飞地型、科创飞地型和资源集约利用型等飞地合作模式，补齐欠发达地区发展短板。支持欠发达地区依托优势产业中的龙头企业牵头在发达地区建设逆向飞地园区，充分调动欠发达地区参与"飞地园区"建设的主动性，多路径推动长江经济带跨域合作。

二是完善飞地合作利益分享机制。支持长江经济带飞地合作的飞入地和飞出地基于"一事一议"原则通过双方协商明确"飞地项目"落地建成投产后各方按照投资比例分成园区 GDP、工业产值、增值税等，健全"飞地园区"发展成果共享机制，探索互利共赢的区域经济发展新模式。

三是优化飞地园区发展环境。建议推动长江经济带发展领导小组牵头统筹制定长江经济带"飞地园区"专项帮扶计划，明确对"飞地园区"在土地供给、人才柔性引进与共享等多方面的政策倾斜，推动跨域"飞地园区"加快形成规模。优化"飞地园区"融资环境，将"飞地园区"纳入"园保贷"范围，鼓励"飞地园区"引进设立

各类金融机构的分支机构，推广"产业+基金"模式、PPP模式等，拓展"飞地园区"融资渠道。

## 二　完善长江经济带协同共治生态补偿机制

### （一）拓展生态补偿融资渠道，夯实长江经济带生态补偿资金基础

一是构建生态补偿资金体系。争取中央财政加大对长江经济带生态协同治理的支持力度，落实完善长江流域生态补偿横向财政转移支付机制，加速实现生态补偿资金和生态保护成本相挂钩，提高财政生态补偿资金配置效率。鼓励长江经济带沿线省市探索通过发行企业生态债券、建立异地开发补偿模式、建设旅游合作示范区等多种途径拓宽生态补偿资金渠道，着力构建"以横向财政转移支付为主，纵向转移支付为辅，其他资金为补充"的生态补偿资金体系。

二是推动生态补偿与绿色金融衔接。充分发挥绿色金融在生态补偿市场化建设中的"催化剂"作用，支持长江经济带探索基于水权、排污权、碳排放权等各类资源环境权益的融资工具，建立绿色股票指数。推动长江经济带充分挖掘绿色生态产品价值，探索通过"生态资产权益抵押+项目贷"等模式盘活生态资产，为绿色生态产业发展提供资金来源。鼓励金融机构扩大绿色信贷服务、绿色债券、绿色保险等绿色金融产品规模，实现传统生态补偿与绿色金融有机衔接。

### （二）健全多元化生态补偿，推进长江经济带生态补偿市场化进程

一是构建系统性生态补偿运作体系。加大对长江经济带欠发达地区、重点生态功能区、水源保护地和自然保护区等地区的财政纵向补

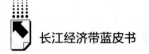

偿力度，鼓励新安江—千岛湖生态保护补偿试点区、赤水河流域横向生态保护补偿区、酉水河流域省际横向生态保护补偿区等跨界生态补偿区在跨界损失评估方法、补偿基金筹措、补偿监督管理等领域先行先试，为完善长江经济带上下游跨界生态补偿机制奠定基础和积累经验，推动长江经济带打造横向生态补偿与纵向生态补偿相结合的运作体系。

二是健全生态产品价值实现机制。鼓励长江经济带沿线欠发达地区、重点生态功能区、水源保护地和自然保护区等重点地区引进生态产品市场经营开发的专业运营团队，探索推广以"生态+旅游""生态+农业""生态+工业"等复合业态模式推动生态产业化和产业生态化，加强培育竞争力强的生态产品区域公共品牌，实现生态产品溢价，延伸生态产品产业链和价值链。支持长江经济带沿线省市联合打造生态产品交易中心，推动生态产品线上云交易、云招商，健全区域间生态产品交易市场，实现生态产品供需精准对接。

## （三）完善生态补偿监测评估，优化长江经济带生态补偿服务环境

一是完善生态补偿的监督考核机制。由推动长江经济带发展领导小组牵头，联动长江经济带沿线各省市、各部门建立长江经济带生态补偿大数据平台，推动长江经济带跨区域、跨层级、跨行业生态补偿信息共享，实现长江经济带生态补偿科学化、网络化、自动化、可视化管理。打造统一共享的生态环境监测网络，支持长江经济带以全面落实《长江流域水生态监测方案（试行）》为抓手，推动各领域生态环境监测网络全覆盖，完善长江经济带生态环境状况定期监测与评估机制。

二是搭建多元主体参与渠道和平台。健全长江经济带多元主体全过程参与生态环境协同共治的机制，形成"政府主导搭台、市场资

源调配、生态环保企业专业治污、公众媒体监督"的协作模式，实现全民参与山水林田湖草生命共同体保护修复。加大生态补偿政策、生态补偿活动的宣传和推广力度，引导企业、民间组织、公众等多元化社会主体共同参与和自觉行动，发挥社会主体对生态补偿的监督作用，形成政府监督与社会监督合力，增强开展生态补偿工作的可行性、适用性。

# 三　构建长江经济带绿色金融协同发展机制

## （一）健全绿色金融联动机制，助力长江经济带绿色金融协同发展

一是强化绿色金融政策协调联动。以上海打造国际绿色金融枢纽为契机，推行长三角城市群统一绿色金融产品和项目评估、认定、分类标准，强化绿色金融协同合作。由长三角城市群牵头，联动长江经济带沿线其余省市组建绿色金融发展咨询委员会，搭建常态化、专业化的沟通协作平台，实现长江经济带沿线各项绿色金融政策文件协调联动，提升绿色金融政策的协同能力和执行效率。

二是组建长江经济带绿色金融发展联盟。支持由长江经济带沿线省市政府牵头，联合银行、保险、证券、基金等各类金融机构组建长江经济带绿色金融发展联盟，建立健全联席会议等磋商机制，统筹协商长江经济带绿色金融协同发展问题，积极组织开展绿色金融发展研讨、绿色金融人才培育、投融资供需双方对接等活动，推动长江经济带绿色金融协同发展。

三是推进绿色金融改革创新试验区建设。支持长江经济带的浙江、江西、贵州、重庆绿色金融改革创新试验区强化示范引领效应，营造良好的绿色金融发展理念和氛围，创新绿色金融产品和服务，探

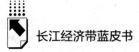

索绿色金融发展新路径，引领长江经济带绿色金融发展。同时，鼓励长江经济带适当扩大绿色金融改革创新试验区范围，拓展长江经济带绿色金融创新发展深度和广度。

### （二）优化绿色金融资源配置，提升长江经济带绿色金融发展效率

一是促进绿色金融资源跨域优化配置。支持长江经济带以浙江、江西、贵州、重庆绿色金融改革创新试验区为中心，联合其余省市引进和培育绿色银行、环境保险公司、环境信托公司等专业化绿色金融机构，完善长江经济带绿色金融专业机构体系。支持发达地区金融机构到长江经济带欠发达地区设立分支机构，加强对欠发达地区绿色信贷、风险评估等领域的专业化指导，推动绿色金融资源在长江经济带的跨域优化配置。

二是推动绿色金融向绿色产业集聚。在加大国家绿色发展基金对长江经济带沿线省市支持力度的基础上，充分吸引社会资本投向长江经济带节能环保领域，推动长江经济带绿色低碳发展。鼓励金融机构创新发展绿色股票、绿色基金、绿色债券等绿色金融产品，探索发展各类以环境权益为抵质押物的绿色信贷产品，引导绿色金融资源向中小微企业、绿色产业和重大绿色带动性项目集聚。

### （三）完善绿色金融服务，优化长江经济带绿色金融协同发展生态

一是加强绿色金融人才支持。支持长江经济带充分利用知名高校、一流研究中心等资源优势，探索推广产学研一体化的绿色金融交流与合作模式，联合培育绿色金融领域的复合型人才。推动长江经济带探索通过岗位特聘、放宽人才签证、加大海外领军人才引进力度等措施，多渠道、多途径吸纳人才集聚长江经济带绿色金融领域，实现

绿色金融人才互联互通。

二是完善绿色金融服务平台。以上海环境能源交易所为龙头，联合长江经济带现有环境权益类交易机构共建长江经济带环境权益类交易信息共享平台，提升交易机构在推进绿色发展上的行动效率和协同能力。鼓励长江经济带构建绿色金融信息共享平台，推动金融机构、绿色企业和绿色项目有效对接，提高绿色金融服务产业发展效率；完善长江经济带绿色金融风险联防联控机制，注重绿色金融预警和风险防范，推动长江经济带绿色金融有序、安全发展。

# 四　健全长江经济带高质量发展法制保障机制

## （一）构建跨域司法协作机制，编织长江经济带高质量发展法网

一是探索区域协同立法机制。支持长三角城市群、长江中游城市群、成渝城市群聚焦城市群重大战略、重要项目、重点工程等率先探索开展区域协同立法，建立健全包括联席会议机制、立法规划计划协同机制、沟通协调机制、征求意见机制、重大立法项目联合攻关机制等在内的区域协同立法机制，形成一批可推广、可复制的区域协同立法经验。鼓励长江经济带建设党政机关法治智库，完善法律顾问工作机制，建立健全重大行政决策专家咨询、风险评估、过程记录和责任倒查机制，提升地方性法规质量，营造良好的法治环境。

二是完善跨域执法协作机制。推动长江经济带沿线省市建立网上立案、跨域立案协作机制，建立健全跨域诉讼服务体系；总结推广浙江"共享法庭"的典型做法，鼓励长江经济带探索建立以"共享法庭"为支点的跨域司法协作机制，推动矛盾纠纷跨域实质性化解；

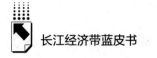

支持长江经济带共享智慧法院建设成果，建立长江经济带共享数据库，推动"智慧服务"共建共享。

### （二）完善现代公共法律服务体系，提高长江经济带法律服务效率

一是构建公共法律服务网络。以建立健全长江经济带公共法律服务实体平台为抓手，完善革命老区、民族地区等特殊类型地区的公共法律服务，优化城乡法律服务资源配置，加快完善纵向到底、横向到边的公共法律服务网络。鼓励长江经济带沿线省市搭建法律服务线上平台，推动公共法律服务实体平台、网络平台、热线平台"三台"融合发展，整合法律服务资源和信息，提供"主题式、套餐式"服务，实现公共法律服务"抬头能见、举手能及、扫码能得"。

二是增强法律服务企业发展能力。以举办长江经济带高质量发展法律实践高峰论坛为契机，建立健全"万所连万企"长效合作机制，推动长江经济带沿线省市组建法律服务团，开展专项法律服务，推动"法治体检"常态化。支持长江经济带推进民营企业律师试点建设，协助民营企业健全规章制度，基于源头做到防范法律风险和维护合法权益，营造良好的法治营商环境，形成一批可复制、可推广的经验。

### （三）创新组织监督方式，切实筑牢长江经济带高质量发展堡垒

一是强化组织保障。长江经济带上下要牢固树立"一盘棋"思想，形成立体化、强联动的保障体系。充分发挥推动长江经济带发展领导小组作用，统筹协调跨区域、跨部门重大事项。各省市推动长江经济带发展领导小组要立足职能、主动担责，确保各项政策全面落实。各级党委、政府要准确定位，分解下达并积极对接各项任务。各市县要建立完善相应的工作机制，结合各自实际，制定具体实施方

案，确保各项工作责任落实、任务落地。

二是加强考评监督力度。将推进长江经济带高质量发展重点任务分工落实情况纳入省政府目标责任制年度考核内容，形成对重点任务的压力传导机制，强化监督考核，加大督查问责力度，落实领导责任制。在推进长江经济带高质量发展的政策框架下，推动各地、各部门建立试错容错机制，对在改革创新过程中符合国家确定改革方向、工作程序合法合规、未恶意损害公共利益而出现工作失误的有关单位和个人不作负面评价，免于追究相关责任。

# B.23
# 长江经济带绿色发展协调机制
# 及政策体系演进研究

成长春　臧乃康*

**摘　要：** 习近平总书记在南京召开的全面推动长江经济带发展座谈
会上提出了新发展阶段长江经济带的新战略使命，要谱写
生态优先绿色发展新篇章。当下，推动长江经济带绿色发
展面临的困境：地域广阔和发展差异巨大、政策权威和协
调平台缺失、组织架构和治理体系复杂、区域市场受制于
行政壁垒、流域产业链条的关联性不足。推动长江经济带
绿色发展的整体进程，从机制而言，必须建立健全长江经
济带绿色发展统筹机制、建立健全长江经济带绿色发展联
动机制；从政策而言，需要协同实施《长江保护法》和
其他法律法规、发挥政策在绿色发展中的协调作用、构建
长江经济带绿色发展公共政策体系。

**关键词：** 长江经济带　协调机制　绿色发展

　　推动长江经济带发展是关系国家发展全局的重大战略。习近平总
书记站在历史和全局的高度，为长江经济带发展掌舵领航、举旗定

---

* 成长春，江苏省政府原参事，南通大学原党委书记，江苏省重点高端智库江苏长
江经济带研究院院长兼首席专家，教授，博士生导师；臧乃康，南通大学经济与
管理学院教授，江苏长江经济带研究院区域政策与法律研究所所长。

向、谋篇布局，要"使长江经济带成为我国生态优先绿色发展主战场、畅通国内国际双循环主动脉、引领经济高质量发展主力军"，[①]长江经济带要实现高质量发展就要坚持走绿色发展的道路。长江经济带有 11 个省市，要推动长江经济带绿色发展的整体进程，就要构建长江经济带绿色发展协调机制和政策体系。

# 一 推动长江经济带绿色发展的协调困境

新时代以来，长江经济带全面推进绿色低碳发展取得了历史性成就。但是，绿色低碳转型是经济社会的系统性变革，长江经济带作为典型的流域经济形态，历经多年发展并没有完全形成一体化大格局，碎片化、非均衡特征明显，这对于长江经济带绿色发展形成了障碍。上、中、下游三大区域经济发展水平、生态环境、绿色发展基础设施存在较大差异。长江经济带作为一个整体，如果不协调推进绿色发展和污染治理，就会存在污染转移、生态破坏等问题。目前，长江经济带协调绿色发展存在诸多问题，还未真正形成统筹管理的协同格局。

## （一）地域广阔和发展差异巨大

长江经济带上、中、下游地区经济发展不均衡，上游地区与下游地区之间发展差距较大。上游地区多为生态敏感区和高山地区，开发成本高、难度大，下游地区平原较多，有利于对外开放。上、下游地区生产力水平和资源禀赋差异巨大，使长江经济带绿色发展政策的统一制定和规范实施面临较多的障碍。[②] 长江经济带下游地区已经完成了工业化使命进入现代化发展阶段，绿色发展的基础厚实；而上游地

---

① 《习近平谈治国理政》（第四卷），外文出版社，2022，第 357 页。
② 彭劲松：《长江经济带区域协调发展的体制机制》，《改革》2014 年第 6 期，第 36~38 页。

区的云贵等地工业发展水平较低，绿色发展的资金和技术比较欠缺。上、下游地区生产力水平和绿色发展条件差异巨大，要整体推进长江经济带绿色发展就需要构建相应的协调机制。

### （二）政策权威和协调平台缺失

长江经济带仍沿用单一部门、单一要素管理方式，条块分割和职能交叉问题比较严重，区域与部门间尚未建立起有效的协调机制，在生态环境保护与流域自主发展之间的综合性事务矛盾突出。在长江经济带涉水管理方面，纵向管理部门职能交叉和重叠，部门之间缺乏协调，导致标准、程序、规划等不统一，形成诸如项目审批效率低等问题，加剧流域治理困境。虽然长江经济带上、中、下游地方政府之间有合作基础、对话协商平台，但是大部分的区域合作意向尚难以落实，相关协议亦缺乏约束力，仅仅是以文件的形式存在。

### （三）组织架构和治理体系复杂

长江经济带绿色发展涉及沿江上百个城市，在产业招商、市场建设、基础设施建设方面存在互设藩篱、恶性竞争。同时，长江作为我国最大内河和重要的淡水资源库，国家还专门为其发展设立了水利、交通、能源、环保等数十个副部级行政办事（派出）机构。沿江地区投资绿色发展大型项目，需要由多个办事机构审批，长江经济带绿色发展空间的掣肘重重。作为长江流域最具影响的管理机构——水利部长江水利委员会却没有综合管理的法律地位。而其他相关部门在长江流域设置的分支机构延续着单一要素管理的思路，一旦涉及流域具体事务协调，机构之间职能重叠与职能盲区就会交叉迭现。

## （四）区域市场受制于行政壁垒

地方政府处在本地域立场来寻求利益最大化，因此长江经济带绿色发展难免会缺乏大局定势。并且，区域管理主体复杂多元、协调难度大，长江经济带绿色发展进程迟滞。在以经济增长为主的绩效考核制度下，长江经济带城市之间、省市之间非合作博弈，绿色发展受阻于行政壁垒，地区间市场化水平差异较大，阻碍了绿色发展中的要素市场一体化。长江经济带上、中、下游城市间还未能建立起完善的价值链，不同城市间竞相压低地价、争夺国际产业转移的现象非常突出。中、上游地区之间经济发展水平接近，产业同质强化了地区间的行政壁垒，难以对区域整体的绿色发展形成有效的支撑。

## （五）流域产业链条的关联性不足

长江经济带各省市行政分割导致产业有序分工不足，产业协调合作不充分，阻碍产业链的自然延伸，直接影响流域经济体的整体性、关联性，严重制约沿江地域的绿色发展。区域经济体的无序发展导致恶性竞争，下游工业向经济腹地的转移，有的只是产业的单向转移，缺乏产业分工和产业结构升级。目前，长江沿岸分布着40余万家化工企业、五大钢铁基地、七大炼油厂，以及上海、南京等大型石油化工基地，长江经济带环境承载力接近上限。不少地区为了抢占发展资源，缺乏协作、以邻为壑，严重破坏了绿色产业链条的连接和延伸。

# 二 优化长江经济带绿色发展的协调机制

2020年11月14日，习近平总书记在南京召开的全面推动长江经济带发展座谈会上，提出了新发展阶段长江经济带的新战略使命，要谱写生态优先绿色发展新篇章。[①] 要从系统工程和全局角度寻求新的治理之道，不能再是头痛医头、脚痛医脚、各管一摊、相互掣肘，而必须统筹兼顾、整体施策、多措并举，全方位、全地域、全过程开展生态文明建设。[②]

## （一）建立健全经济带绿色发展的统筹机制

近年来，长江经济带上升为国家战略，各地区之间频繁尝试开展协调合作；长江经济带特别是长三角地区市场一体化出现较好的发展趋势与制度氛围；公众参与意识增强，国家通过完善相关法律法规保障公众参与的权利，公众在立法、规划、环保等工作中的参与度明显提升。要从顶层设计的视角建立长江经济带绿色发展统筹机制，形成统筹协调和管理执行的强大合力。最重要的是，建立统一的组织机构，根据各省市绿色发展的基础、特点、优势，制定合适的政策，为每一个省市的绿色发展制定合适的标准，统筹协调长江经济带内各省市的绿色发展。

建立"长江经济带绿色发展协调小组"（以下简称"协调小组"），积极做好长江经济带绿色发展"一盘棋"这篇大文章，形成推动长江经济带高质量发展的整体合力。加快流域统筹协同，完善省际协商合作机制，实现与上下游、左右岸相邻省市错位发展、协调发展、有机融合，实现人与自然的和谐共生。因此，协调小组要根据各省市生态环境现状，统筹长江经济带各省市的生态环境保护工作，划定生态红线，保护各省市的生态环境。欧洲对莱茵河的治理经验是参与国家在充分协商的基础上达成共识、通力合作开展环境治理。在此基础上，设立权威执行机构，保障政策落实到位；设立专门工作组，

① 《习近平谈治国理政》（第四卷），外文出版社，2022，第357页。
② 《习近平谈治国理政》（第三卷），外文出版社，2020，第263页。

处理实际问题。协调小组可以借鉴莱茵河治理经验，统筹协调长江经济带绿色发展，而其他相关监测职能部门要配合协调小组的工作。突出协调小组在协调长江经济带绿色发展中的主导地位，明确权责划分，避免多个部门推诿和扯皮，对责任主体进行有效监督。统筹管理机制的建立能够更好地确保长江经济带的发展定位，能够有效打破各省市间的行政壁垒，集长江经济带之力整体推动绿色发展，站在长江经济带的顶层高度设计和制定政策，更好地推进经济带绿色发展。显然，要整体推动长江经济带绿色发展，就需要建立健全长江经济带绿色发展的统筹管理机制。

## （二）建立健全经济带绿色发展的联动机制

破除长江经济带发展中的行政区划障碍，促进上、中、下游地区协作发展，推动绿色发展要素自由流动，是实现长江经济带绿色协调发展必须要攻克的难题。欧洲国家在莱茵河治理中高度重视联动机制的作用，如树立一体化系统生态修复理念、建立流域多国间高效合作机制、编制实施流域治理规划、建立完善的监测预警体系、建立流域信息互通平台等。

要促进绿色发展要素自由流动，就需要建立健全长江经济带上、中、下游协调联动机制。长江经济带下游地区在人才、市场、资金、技术等绿色发展要素方面有着绝对的优势，要协调长江经济带上、中、下游的绿色发展，最重要的就是要发挥下游地区在绿色发展中的人才、技术和资金优势，带动上、中游地区的绿色发展。一是资金联动。拓宽长江经济带融资渠道，对绿色发展资金不足的中、上游地区提供支持。二是技术联动。以下游地区绿色发展的科技创新能力带动中、上游地区的绿色技术发展。建立一批高新科技产业基地，为绿色发展提供技术支撑和创新动力。三是人才联动。加强上中下游高校、企业和科研院所之间的人才交流与合作，建设鼓励绿色发展相关人才自由流动的机制，为长江经济带全域的绿色发展提供人才支持。四是市场联动。拓展中、上游绿色发展的市场空间，实现绿色发展要素市场统一，驱动产业升级、淘汰高污染高耗能企业，形成绿色产业集群和低碳产业带。五是设施联动。长江经济带要在提高绿色基本公共服务水平的基础上，实现绿色发展基础设施均等化，只有实现了绿色发展基础设施全覆盖，才能更好地促进绿色发展要素自由流动，建立健全上、中、下游地区的协调联动机制。

建立健全长江经济带绿色发展区域联动机制，通过长江这条主"线"和流域这个重点"面"，坚持"共抓大保护，不搞大开发"的根本原则，以流域整体的生态环境保护为前提，加强地区间产业分工与联系，实现各流域、多领域的互联互通、市场一体、产业协调、开放合作、生态文明、公共服务等的共建共享，培育生态兼容的绿色发展新动能。

## 三　完善长江经济带绿色发展的政策推动

"要把保护修复长江生态环境摆在突出位置"，[1] 构建完善的政策体系是推动绿色发展的制度保障。目前中国绿色发展政策体系基本覆盖所有绿色发展领域，并形成了相对完整的政策体系。绿色发展的政策体系既需要尽可能覆盖生态环境相关领域，又需要充分发挥各类管理政策工具的积极作用。

### （一）协同推进《长江保护法》和其他法律法规体系

习近平总书记强调，用最严格制度最严密法治保护生态环境，[2]

---

① 《习近平谈治国理政》（第四卷），外文出版社，2022，第189页。
② 《习近平谈治国理政》（第三卷），外文出版社，2020，第363页。

长江经济带绿色发展协调机制的构建离不开制度的保障。随着《中华人民共和国长江保护法》（简称《长江保护法》）的正式实施，长江经济带绿色发展战略第一次以法律形式予以贯彻落实，从根本上夯实了长江大保护的制度基础。

在《长江保护法》基础上延伸相关领域立法，修改、完善现有法律法规体系，细化下位法的规章体系，形成各级区域多层次、融合生态环境保护和经济社会发展有机统一的制度体系。当然，在完善长江经济带绿色发展法律法规的同时，要注意处理好其与其他法律法规的关系，弥补现行法律法规的不足或缺陷。一是要严格执行长江经济带绿色发展和生态环境保护的标准，制定一部专门针对长江经济带绿色发展和生态环境面临的特殊问题的更加严格的法律。二是要就长江经济带绿色发展和生态环境、保护区域协调发展以及沿江产业布局提出要求，用法律手段明确长江经济带绿色发展的规范和要求。

## （二）发挥政府在绿色发展中的政策协调作用

政府作为政策的制定者，首先要制定绿色发展政策，确定绿色发展的目标和思路。政府的引导作用通过政策引导体现出来，地方政府要制定符合自身实际的绿色发展政策，通过政策明确市场主体、社会组织及民众在绿色发展中的功能和职责。

政府在绿色发展政策协调中要发挥组织者的作用，协调好城市和农村、企业和民众在绿色发展中的关系。积极推进跨区域协同的综合治理和主体联动的体制机制创新，通过构建多层次、多方对话机制，健全跨域规划职能和实现机制，加强大数据平台建设和对接工作，推动形成长江经济带从单点修复向面上治理、从线性管理向综合整治转变的生态治理新格局，完善跨部门、跨群体、跨区域的长江上中下游整体联动机制。加快完善长江经济带省际生态补偿机制和跨域利益共享机制，通过建立全方位、多渠道的生态补偿长效投入和治理绩效评估机制，切实保障长江流域沿线各省市之间的发展权。

### （三）构建经济带绿色发展的公共政策体系

一是落实绿色投融资政策。经济高增长必然伴随环境的高投入。[①] 加快长江经济带绿色金融发展，对于加快产业结构转型升级而言意义重大。应加快建设绿色金融大数据综合服务系统，整合分散在多个政府部门的数据，建立区县两级绿色项目库，便于机构开展绿色金融业务，提高绿色金融的效率；尝试鼓励构建跨区域、覆盖产业链各环节的绿色金融信息平台，为上、中、下游共建绿色产业链创造良好的信息环境，并为绿色信贷、绿色保险、绿色债券、绿色基金等多种金融形态提供政策支撑。

二是聚焦碳达峰碳中和政策。生态产品价值化是绿色发展市场机制建设的基础，随着碳达峰、碳中和目标的提出，碳交易市场发展迅速，碳定价和交易机制逐渐形成，要创新生态补偿模式。"十四五"时期，应以能源结构转型为重点，大力优化新能源政策，加快新能源体制改革，加快分布式能源系统建设，实施可再生能源替代行动，全面构建清洁低碳安全高效的能源体系；牢牢把握"实现减污降碳协同效应"的总体要求，深入打好污染防治攻坚战，积极出台相关政策，强化土壤污染源头防控和土壤修复，强化黑臭水体治理，守牢生态环境安全底线，推进长江经济带早日实现碳达峰碳中和。

三是强化现代科技支持政策。作为流域经济带的长江经济带，涉及水、路、港、岸、产、城和生物、湿地、环境等多个领域和多重要素，无论是生态保护和生态治理还是沿线产业转型升级与绿色产业发

---

① 常纪文、杨朝霞：《环境法的新发展》，中国社会科学出版社，2008，第199页。

展，都迫切需要科技的支撑。应从政策层面引导依靠科技创新，破解长江经济带区域间发展不平衡、自主创新能力不强、中低端产业占比较大等难题。建立健全绿色技术创新体系，强化企业创新的主体地位，加大先进的绿色技术推广力度。以重大科技项目和重点实验室为平台载体，充分发挥各类创新示范区的示范引领作用，支持园区系统创新和模式创新。加大科技成果转化力度，推动创新发展，在深化长江经济带区域合作中形成协同创新格局。

# B.24
# 关于健全生态补偿机制推动长江经济带
# 高质量发展的建议

黄强　李萍　杜兆辉*

**摘　要：** 本文以促进长江经济带上下游生态价值与经济价值互相转化为出发点，梳理了重庆生态地票、森林覆盖率横向补偿、流域生态补偿、"林票"等生态补偿制度探索，指出缺乏法律保障、市场化配置生态产品不足、多元化补偿路径不畅通等是约束生态补偿机制的关键，并从推动生态补偿立法、培育生态产品市场、拓宽生态补偿资金渠道等方面提出了问题破解路径，以期为生态补偿机制建立健全和长江经济带高质量发展提供决策参考。

**关键词：** 生态补偿　高质量发展　地票

　　长江经济带覆盖上海、江苏、浙江、安徽、江西、湖北、湖南、重庆、四川、云南、贵州 11 省市，横跨中国东、中、西三大区域，各地区地理条件、自然资源、生态本底、经济社会发展水平不同，产业结构存在很大差异。下游地区已完成了产业转型，但上游地区依然处于相对粗放型发展阶段，区域间对生态保护和经济发展的不同诉

---

* 黄强，重庆市政府参事，重庆市规划和自然资源局一级巡视员；李萍，重庆市规划和自然资源局国土空间生态修复处处长；杜兆辉，重庆高新区纪工委监察室干部。

求，成为长江经济带整体实现高质量发展的主要瓶颈。通过生态补偿机制建设，促进生态价值转化为经济价值，成为有效的解决之道，重庆市在这方面进行的探索具有一定的借鉴意义。

# 一 重庆市对生态补偿制度的探索

## （一）拓展地票生态功能制度改革

2008 年重庆探索开展了地票①改革试验，根据原有的制度设计，只有将农村的建设用地复垦为耕地才能形成地票，因此部分生态保护区域的宅基地不能纳入复垦范围，同时一些符合条件的地区生态脆弱，复垦为耕地后群众的耕作活动又造成了水土流失等问题。为有效解决该问题，2018 年重庆市印发了《关于拓展地票生态功能　促进生态修复的意见》，明确按照"生态优先、实事求是、农户自愿、宜耕则耕、宜林则林、宜草则草"的原则实施复垦，将位于生态环境敏感区和脆弱区、生态保护红线范围内的闲置、低效农村建设用地，主要复垦为林地，产生"生态地票"②，并视为普通地票进行交易，先期确定巫溪等 6 个贫困县开展试点。2019 年在前期试点的基础上，又出台了《关于拓展地票生态功能的补充通知》，对复垦为林地的建设用地所在区域、复垦验收标准等进行了调整和完善，并将

---

① 地票：将农村闲置、废弃的建设用地复垦为耕地，将腾出的建设用地指标进行公开交易，所得收益扣除成本后全部归农民和集体经济组织所有（比例 85：15），购买地票者就取得了相应面积的在城市建设规划范围内进行土地开发的权利，实现了将农村闲置、低效占用的建设用地，经由农村复垦、城区落地，"移动"到地价较高的位置使用，实现了土地价值变现。

② "生态地票"：与普通地票是由农村建设用地复垦为耕地不同，此类地票由农村建设用地复垦为林地，增加了生态空间，提升了生态价值，拓展了地票的生态功能。

该项试点范围扩大至全市。深化地票生态功能制度改革，探索以市场化方式建立农村建设用地退出的生态补偿机制，实现了生态保护和经济增收双赢，截至目前重庆市已交易生态地票6570亩、12.68亿元。

### （二）探索森林覆盖率横向补偿机制

重庆市国土绿化提升行动规定了2022年全市森林覆盖率要达到55%，为确保这一目标顺利实现，重庆市政府2018年印发了《实施横向生态补偿提高森林覆盖率工作方案（试行）》，建立了政府横向转移支付生态补偿机制。基于全市的总目标，按照区县的主体功能定位，将各区县到2022年的森林覆盖率考核目标划为三档：6个产粮产油大区（县）不低于45%，9个产粮或产油大区（县）不低于50%，其他23个区（县）不低于55%。对达到目标值确有实际困难的区县，允许在市域内向森林覆盖率较高的区县购买森林面积指标，计入本区县森林覆盖率。同时规定了出售方扣除出售的森林面积指标后的森林覆盖率不得低于60%。购买和出售森林面积指标的区县综合考虑森林所在位置、质量、造林及管护成本等因素，协商确认森林面积指标价格，原则上不低于1000元/亩，另外购买方还需要从购买之时起支付不少于15年的森林管护经费，原则上不低于100元/（亩·年）。交易双方对购买指标的面积、位置、价格、管护及支付进度等达成一致后，签订购买协议。交易的森林面积指标仅用于各区县森林覆盖率目标值计算，不与林地、林木所有权等权利挂钩，也不与各级造林任务、资金补助挂钩。为保证协议规范履行，重庆市林业局配套制定了检查验收、年度考核等规定，对协议的履行情况进行监管。截至2021年底，重庆市签订购买森林面积指标36.23万亩，成交金额9.06亿元，激发了国土绿化造林的积极性，建立了以森林覆盖率为管控目标的生态保护激励机制和补偿机制。

## （三）探索以水质为标准的流域上下游生态补偿机制

2018 年重庆市出台了《重庆市建立流域横向生态保护补偿机制实施方案（试行）》，为推进全市流域横向生态补偿机制建设制定了"路线图"。方案要求流域上下游区县建立以经济补偿为主的横向补偿机制，同时鼓励区县积极探索对口协作等其他补偿方式。以商定的断面水质为标准，对水质达到要求并较上年度类别有提升的，下游区县补偿上游区县；水质超标或较上年度类别下降的，上游区县补偿下游区县，如果补偿断面水质达标，并且和上年类别相同，上下游之间相互不补偿。补偿标准以每月 100 万元为基数（最低标准），同时在水质超标情况下设置以总磷、氨氮等主要污染因子浓度为参考的补偿金核算公式，并取两者中较大值作为补偿的金额，补偿金采取月核算、月通报、年清缴。鼓励区县在具备条件的流域探索以水质水量为测算依据的补偿基准。根据补偿协议签订时间长短、机制建立情况对区县进行奖励或在安排转移支付时倾斜，对机制建设滞后的，扣减考核基金，建立了有效的激励约束机制。重庆市域内流域面积 500 平方公里以上且流经 2 个以上区县的 19 条次级河流，涉及的 33 个区县已全部签订生态补偿协议。截至 2021 年底，市财政和相关区县流域横向补偿（受偿）资金达 5.4 亿元，涉及的河流水质逐年提升或保持稳定，总体向好，对全面改善长江干流重庆段水环境质量、筑牢长江上游重要生态屏障起到了重要的促进作用。

## （四）创新"林票"制度

借鉴地票改革的经验，重庆市探索开展"林票"制度设计，即要求凡征用、占用林地的经营性项目[①]，必须通过市场化购买或自主

---

① 经营性项目是指工业、商业、旅游、娱乐、商品住宅等项目。

营造等量的林地林木生态价值量①补偿所使用的林地林木生态价值量，实现林地林木生态价值量的占补平衡。为便于核算和交易，将林地林木的生态价值量票证化，这种票证简称"林票"，可通过交易平台进行市场化交易。为确保下一步"林票"制度顺利实施，重庆市开展了四方面工作：一是根据林业行业规范，组织制定了生态价值量核算体系，为制定基准价找到了依据；二是对可以形成"林票"的林地林木生长时间、郁闭度②作了规定，并要求林业部门严格审查验收，保证了实施的规范性；三是对收益作了约定，扣除成本后的净收益按 70∶15∶15 的比例分配给出让人、所有权人和承包权人，让保护生态的主体受益；四是在涪陵林交所建立统一的交易平台，实现公开化、市场化交易。"林票"制度的实施将进一步促进林地的集约节约使用，拓展多形式参与森林资源保护和发展的渠道，促进森林资源有效增值、合理利用，同时让保护生态者得到经济补偿，提高其生态保护的积极性。

# 二 存在的问题

## （一）生态补偿制度缺乏法律和政策保障

目前，生态补偿工作推进主要靠政策文件的引导和各地的自觉行动，法律层面尚未明确国家实行生态补偿制度，对各责任主体的约束力不够。一方面，由于各地区经济发展水平、自然生态状况等存在很大差异，对生态保护工作的重视程度和开展生态补偿工作的意愿不

---

① 林地林木生态价值量是指林地林木涵养水源、保育土壤、固碳释氧、积累营养物质、净化大气环境、生物多样性维护等多种生态服务功能的价值。

② 郁闭度：林地中乔木树冠在阳光直射下在地面的总投影面积与林地的总面积比，用于反映林分的密度。

一，加之无法律上的强制约束，跨区域的横向生态补偿工作推进困难。另一方面，在实践中生态补偿的原则、方法、内容、标准等均由补偿双方自行商定，缺乏政策依据、规范标准，补偿者与受偿者在生态补偿工作过程中还存在很多矛盾，难以保障生态保护者利益、调动生态保护者的积极性。

## （二）各地完成生态环境保护目标主要通过行政性、计划性管理手段，缺乏通过市场化配置生态产品的方式

鉴于各地生态区位、环境质量和资源禀赋差别很大，客观上各地生态环境保护目标不可能完全一致，现行的生态环境保护目标确定，多是根据地方实际，制定数个约束性指标。但在当前生态变现还存在实际困难的情况下，对因保护生态而付出经济发展机会成本的地区实质上是不公平的。同时，若确定的目标过高，也会限制具有经济发展优势地区释放潜力。这种方式要求各地区完全靠自身力量完成目标任务，无法创造生态产品需求，具有经济发展优势地区和具有生态优势地区难以实现互补。

## （三）补偿资金投入少，多元化的补偿方式还未形成

生态补偿资金主要来源于各级财政，在财政过紧日子的形势下，难以有充足的资金投入生态补偿，同时，这依然是一种输血式的补偿方式，难以持续，导致补偿标准低，难以调动生态保护者的积极性。以重庆市流域上下游生态补偿为例，2019 年重庆市永川区朱沱镇得到补偿金 118 万元，但为保障水质稳定实施的清漂、清淤、"清四乱"等治理工程投入远大于补偿资金收入。目前，各地各行业都对市场化生态补偿进行了一定探索，但都未大范围推广，重庆市的"生态地票"市场化交易还局限在市域内，碳汇、排污权、水权等其他市场化补偿方式还处于探索阶段。

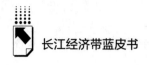

# 三 几点建议

## （一）推进生态补偿立法，健全配套政策体系

一是尽快推动《生态保护补偿条例》（以下简称《条例》）出台。目前国家发改委正在起草《条例》，从征求意见稿来看，《条例》明确了国家实行生态保护补偿制度，规定了生态保护补偿的定义、范围、基本原则、部门和地方职责，提出了国家财政补助、地方政府合作、社会主体交易、监督管理等各项机制，使各方开展相关工作有了依据和遵循。二是同步开展配套政策制度研究。开展生态补偿的模式、标准、市场化交易规则、平台建设等相关研究工作，待《条例》出台后，能够尽快衔接实施。

## （二）培育生态产品市场，推广各地的成功模式开展市场化交易

一是创造生态产品市场需求。下达各地的生态环境保护目标分为总目标和尽责目标。尽责目标是各地区要实实在在地完成目标，体现底线约束；除尽责目标之外，允许通过购买指标的方式来完成总目标，体现发展权的公平。尽责目标之外的部分就能够创造一个生态产品（指标）市场，进而推动市场化生态补偿机制的建立。二是将地方探索实践中取得成功的模式推向全国。通过近年来的探索，重庆市地票改革试验、森林覆盖率横向补偿等的运行模式比较成熟，保障制度较为完备，具备进一步推广的条件。建议可在重庆市与长三角地区之间探索开展地票、"生态地票"、森林面积指标交易试点，充分发挥长三角地区的经济优势和重庆市的生态优势。

## （三）拓宽生态补偿的资金渠道，提高补偿额度

整合政府生态环节保护相关财政资金，对生态保护成效显著的地区增加转移支付预算安排。设立综合性生态补偿基金，资金来源可以是自然资源开发利用相关税收、出让收入等，基金重点向经济欠发达、生态保护责任重的地区倾斜；或者设立考核基金，由各地区财政年初统一预缴，年终对生态保护成效进行考核，根据考核结果进行财政强制清算。推进生态资源抵押融资，积极发展绿色信贷、绿色证券等，使生态资源变为生态资产，最终变为生态保护地区发展的资本。在有条件的区域试点发行政府专项债券，用于生态保护修复，如天津市宁河区采用发行政府专项债券的方式，募集资金15亿元投入七里海湿地生态保护修复工程，使用碳排放权交易和湿地保护区范围内复耕产生的建设用地指标等收益偿还债务。

# B.25

# 关于完善长江经济带流域生态保护补偿制度立法的建议

侯东德　方丽丹*

**摘　要：**《长江保护法》的施行为长江流域生态保护补偿制度改革的法制化提供了基本的法律遵循，有利于推进长江经济带各利益主体协同共治，但尚存在立法相对滞后实践探索、分散立法抑制整合治理优势、区域立法缺位不利于整体治理等问题，可考虑及时推进流域生态保护补偿的专门性立法，明确滥用水权应当承担的民事、行政和刑事责任，以跨区域立法推进和加强流域内省际合作等方式完善流域生态保护补偿法律体系。

**关键词：**长江经济带　生态保护补偿　立法

生态补偿制度是在综合考虑生态保护成本、发展机会成本和生态服务价值的基础上，明确界定处于不同地理区位却具有共同环境利益的主体的权利、义务、责任，通过财政转移支付或市场交易等方式进行利益调整和分配，对生态利益让渡者和生态环境保护者给予合理补偿，实现特定生态系统中保护者和受益者间的利益平衡，实现生态保

---

* 侯东德，重庆市政府参事室特约研究员，西南政法大学高等研究院院长、教授、博士生导师；方丽丹，贵州省人民检察院四级高级检察官助理。

护经济外部性内部化的公共制度安排。2021 年 9 月 12 日出台的《关于深化生态保护补偿制度改革的意见》已明确将生态保护补偿制度定位为生态文明建设的重要组成部分，深入推进该项改革势在必行。流域生态补偿是生态保护补偿的重要内容，是推行"成本共担、效益共享、合作共治"的流域保护和治理长效机制的有效举措，在国家顶层设计的指导推动下，已成为各省市推行生态补偿保护制度先行先试的重要场域。

长江流域是我国重要的生态保护区和建设区，习近平总书记指出，要把修复长江生态环境摆在压倒性位置，共抓大保护，不搞大开发，探索出一条生态优先、绿色发展新路子。近年来，长江经济带的发展有目共睹，长江流域生态环境保护也取得了积极成效。同时应当看到的是，长江流域生态修复是一个系统而复杂的工程，仅由长江干流、支流和湖泊形成的集水区域就涉及青海、四川、西藏、云南、重庆、湖北、湖南、江西、安徽、江苏、上海等沿江 11 省份，并涉及甘肃、陕西、河南、贵州、广西、广东、浙江、福建等省份的县级行政区域，不同主体对水资源的保护利用水平和能力有强弱之分，不同的生态质量、生态容量也决定了流域保护和修复的难易程度差异很大，发展权和生态环境利益需要协调和平衡，因而，长江流域生态协同治理机制及流域生态保护补偿机制的构建和完善显得极为重要。当前，流域生态补偿制度的立法尚不健全已成为落实长江经济带生态优先战略的瓶颈，具体表现如下。

一是立法相对滞后于生态保护需要。2008 年，我国《水污染防治法》（修订）首次以法律的形式确定了水环境生态保护补偿机制，2010 年《水土保持法》（修订）将水土保持生态效益补偿纳入国家生态效益补偿制度。2014 年，生态保护补偿内容被正式写入《环境保护法》，随着上述原则性、基础性法律条款的确立，《关于加快推进生态文明建设的意见》《生态文明体制改革总体方案》等国家重大顶层设计文件也提出加快实施生态补偿制度的步伐。2016 年《关于加快建立流域上下游横向生态保护补偿机制的指导意见》（财建〔2016〕928 号）首次明确了流域上下游横向生态补偿的指导思想、基本原则和工作目标，2018 年出台 6 号文件启动了长江经济带生态修复奖励政策。2020 年 12 月 26 日，《中华人民共和国长江保护法》正式颁布。它是我国首部流域保护法，为在长江流域开展生态环境保护和修复，以及生产生活、开发建设活动的"统筹协调、科学规划、创新驱动、系统治理"提供了基本法律遵循，首次在法律层面明确国家要建立长江流域生态保护补偿制度，并提出加大财政转移支付力度、对水源地和上游的水源涵养地等生态功能重要区域要予以补偿、开展政府间横向生态保护补偿、建立生态保护补偿基金、自愿协商等。但对于如何补偿，尚需财政部等相关部门出台具体办法，也鼓励各地积极探索。目前，长江经济带 11 省市均已出台流域生态补偿政策，江苏、浙江等少数省市实现了行政区内全域生态补偿，但地方立法探索多局限于其空间效应而无法承担起保障省际流域生态保护补偿的功能，尚未满足建立系统性流域保护补偿体系的实践需求，跨流域的省际同保共治局面尚未形成。

二是分散立法模式不利于整合治理优势。目前我国对流域生态保护补偿尚未建立统一的立法，生态保护补偿相关条款散见于林业、水资源、水土保持等专项立法中，流域的整体性保护不仅要消除行政区划的壁垒，还要突破不同执法部门的职能划分，立法的碎片化给法律的具体适用带来困难，执法部门之间的职责分工不清阻碍了治理的协同化、系统化。同时，建立和完善流域生态补偿机制是一项专业性、技术性极强的工作，不仅要在观念上突破狭隘的地方保护主义思想，还要在制度运行上提供必要的法律保障，而现行专项立法对生态保护补偿的规定都较为原则，缺少流域生态保护补偿的主体、客体、内容、救济程序、协调机制等具体内容，现有规范条文凸显的是法律的宣示和指引意义，在实际执行中缺乏可行性，立法供给不足更多地体现在具有可操作性的实体法数量仍十分有限，这是当前推进长江经济带流域生态保护补偿中面临的主要制度困境。

三是跨区域立法缺位影响整体治理效能。从实践来看，长江经济带部分省市已开展跨省生态补偿探索，但各地生态环境情况、发展阶段水平存在差异，难以对省际生态补偿达成一致的共识和诉求。长江经济带流域生态保护关键还是要实现优势互补和利益整合，这就需要深化区域间合作，并以区域立法的方式确立利益表达、利益集成、利益协调和纷争处理的规则制度，供区域成员共同遵守，使区域内各项重大改革有法可依，但目前尚未形成关于长江经济带全流域生态保护的区域性立法。针对上述现状和不足，提出如下建议。

# 一　及时推进流域生态保护补偿的专门性立法

流域生态保护补偿的范围较广，涉及多个行政部门的职能交叉，完全采用专项立法模式，用一部法律对生态保护补偿制度进行全面系统的规定实际操作难度较大，建议采用生态保护补偿基本法与专项行政法规并举模式。

一方面，在根本法和基本法层面，修改现行宪法和《环境保护法》。现行宪法已将生态文明建设提升到根本法的地位，从生态文明建设法制化的角度出发，有必要在此基础上将生态保护补偿上升为宪法规范，明确宪法对区域、流域生态环境统筹治理问题的基本立场，使生态补偿立法体系在微观治理事项的规范上有上位法可依。同时，作为基本法的《环境保护法》有必要将生态保护和修复确立为其立法目的之一，上升到与环境污染防治同等的地位，并将生态补偿的条款具体化、明晰化，对补偿的主体、补偿标准、补偿程序及纠纷解决途径和责任承担等作出原则性和指导性规定，完善生态补偿立法体系在基本法这一链条上的法律指引。另一方面，应尽快推进流域生态保护补偿专门条例的出台。2020 年 11 月，发改委就《生态保护补偿条例（公开征求意见稿）》向社会公开征求意见，现该条例还处在立法审查阶段。在此期间，部分省（市）已相继颁布了各自的生态保护补偿条例，在立法的层级上多是地方性法规。当前，国家层面出台了专门的行政法规，地方针对生态保护补偿条例已经具备了一定的立法和执法经验，以我国生态保护补偿实践为基础，统一对生态保护补偿的目的、原则及主体、对象、范围等基本问题作出规定，按照保护对象将生态保护补偿作类型化划分，开辟专章对流域生态保护补偿进行规定，重点解答流域生态保护的程序、途径、标准、法律责任等具体问题，以此区分于《水法》《水土保持法》等专项法律，可以有效明确行政职责，避免各行政职能部门之间互相掣肘。

## 二　进一步明确滥用水权应当承担的民事、行政和刑事责任

《长江保护法》明确规定了长江流域生态保护补偿机制，相关的补偿方式也多属于鼓励和自发性质，法律的强制性和刚性不足，且流域生态保护补偿行为未被纳入法律责任体系，条文的落地缺乏进一步的激励引导。因此，有必要将长江流域干流及重要支流源头和上游水源涵养地等生态功能重要区域的财政补偿列为地方政府的法定职责，将保证水资源在流经本辖区后质量不发生重大变化规定为当地政府的基本义务，以各省区市在辖区内不同区域所处的地理位置为标准，对于上下游关系较为简单的行政区，应当强制签订横向生态补偿协议，对于地理位置特殊，上下游关系较为复杂，利益角色复合的相关行政主体，也应明确公平补偿、受益者补偿、补偿保护者等基本原则，在此基础上鼓励采取协商等方式签订横向生态补偿协议。同时，

现阶段，流域上级对下级基于直接行政隶属关系的纵向补偿没有太大争议，而对于具有自发性、市场导向的横向补偿协议仍有很多问题没有厘清，但仍可以列举的方式在法律上明确横向生态补偿协议的主要内容，为协议各方提供基本的法律样本，如上中下游地区各自的权利义务、纠纷解决的方式等。可在《长江保护法》中增加规定违反流域生态保护补偿的行为应承担的法律责任，增强制度执行的刚性和实效性。

考虑到流域具有资源和生态的双重属性，在法律上明确流域自然资源的归属，并设定资源利用的法定边界，实现权责利相统一十分必要。2019 年出台的《自然资源统一确权登记暂行办法》从制度上解决了水权权属不清问题。根据该办法可以对长江经济带流域按流经省市进行确权登记，从而划定沿江各省市代理行使长江流域段资源所有权并承担附带的保护责任。建议在此基础上进一步修订《水法》，从法律上明确水权在区域间的分配，肯定水权的公共属性和取水权的物权属性，通过配置水权交易制度来实现权利和附带义务在不同主体之间的流动，实现《水法》和相关民商事法律制度的对接，最大限度整合流域资源的经济价值与生态环境价值。

在行政责任和刑事责任方面，可将跨区域的行政多边协议纳入行政诉讼范围，探索建立涉水权行政案件的集中管辖和异地管辖制度，对乱作为、不作为造成流域资源严重损害或浪费的行政主体或负责人要严肃追责。同时，《刑法》中破坏环境资源保护罪应对生态损害作出必要的回应，将生态保护补偿实践中的失范及违法行为纳入《刑法》的调整范畴，将生态修复等因素作为定罪量刑的参酌因素。

## 三　以跨区域立法推进和加强流域内省际合作

区域行政立法是伴随着我国区域经济一体化发展而演化出来的

"第三种立法权"，是指特定区域内省际立法机关，在管理区域社会事务、提供区域公共服务或谋求区域共同利益等方面自愿进行立法活动的总称。我国《立法法》并未规定区域立法权，因此，地方立法机关在跨区域立法上缺乏直接法律依据，跨区域的法律治理通常采用区域行政协议、区域性组织、区域行政规划和区域行政指导等形式，长远来看，这些形式显然无法为省际合作提供稳定的预期结果。这在长江经济带流域的区域治理中表现得尤为典型，同质化竞争迫使地方政府更愿意通过地方立法等短平快方式获得经济增长，这对区域协同发展提出了挑战。为此，长江流域各行政区域基于共同的环境利益，借助区域立法的方式突破原有的各自为政的治理格局，建立统一的生态保护补偿法律制度，实行统一规划、统一监测、统一环评、统一补偿标准、统一执法，可以有效回应流域生态系统性、整体性和行政分割管理之间的矛盾，如在现行《立法法》未明确区域立法权的情况下，建议可在长江流域采取自上而下的方式开展区域立法试点，由全国人大常委会授权，以长江流域作为一个经济发展单元，由国务院制定包含实体和程序在内的行政法规，推进流域圈和行政圈的融合，可考虑将省级政府之间因签订横向补偿协议发生纠纷的裁决权明确为国务院享有，由国务院具体职能部门对争议进行处置。试点还可以由流域内某几个省、市为主导，国务院授权试点省、市针对区域内的疑难治理事项予以重点立法，加强优势资源的集中转换和输出，避免产业同质化和地方保护主义造成恶性竞争，打造区域合作的立法样本，再视试点成效在全流域推广。

应当看到的是，流域生态补偿的法制化是一个"边探索、边试点、边总结、边完善"的过程，在完善立法的同时，还可综合运用行政手段，增加地方政府执政质效中环境压力和环境绩效的占比，正向激励和反向约束有机结合，改变单一的补偿方式，通过对口协作、产业转移、共建园区等方式，让生态保护补偿机制转换为更多更好的生态环境产品，让社会群体感受到流域生态保护补偿带来的红利，激发流域治理的内生动力，让更多的社会资金积极投身参与流域治理，构建多元主体参与、多元方式补偿的生态补偿格局，从根本上增强绿色发展的持续动力。

# B.26
# 在长江大保护中进一步完善
# 跨省生态补偿机制

涂永红　多玉琴　张　畅*

**摘　要：** 长江流域跨省生态补偿试点已经取得显著成效，但也存在一些问题：生态补偿机制建设思路、路径还待完善；生态补偿力度和资金不足且方式单一；生态补偿标准体系仍不完善；生态补偿机制实施保障不健全。为此，应建立健全多元化、市场化生态补偿机制，推动补偿方式从以"输血型"补偿为主向以"造血型"补偿为主转变；强化科技支撑，完善生态补偿标准体系，并使之制度化、规范化、常态化；完善生态补偿配套制度，提高生态补偿管理效能，为生态补偿立法提供充足保障；搭建公众参与生态补偿建设的渠道和平台，鼓励全社会积极参与。

**关键词：** 长江经济带　生态补偿　标准体系

　　长江流域是我国重要的经济带之一，是人口和经济高度集聚的区域，流经九个省和两个直辖市，流域面积覆盖我国面积的近20%，水

---

* 涂永红，中国人民大学长江经济带研究院院长，教授；多玉琴，中国人民大学长江经济带研究院助理研究员；张畅，中国人民大学长江经济带研究院助理研究员。

流量约占全国的 35%，是我国重要的生态保护和建设区。2022 年 6 月 8 日习近平总书记在四川省宜宾市考察时，站在长江、岷江、金沙江交汇的三江口，详细了解长江流域生态修复保护情况，再次强调贯彻共抓大保护、不搞大开发的方针，要求牢固树立上游意识，筑牢长江上游生态屏障，守护好这一江清水。实施生态优先大保护战略，从流域生态系统的整体性出发，统筹流域上下游各方的经济和生态关系，缩小落后的上游与发达的下游的绿色发展差距，建立一种有效均衡的利益机制是关键。生态补偿机制是解决流域上下游发展权不平等、生态经济利益不平衡、生态资产配置不合理等问题的重要手段。在借鉴全国跨省生态补偿机制优秀实践经验的基础上，加快完善长江流域省际生态补偿机制是落实"绿色发展、生态优先"战略的重要途径。

## 一 借鉴新安江跨省生态补偿机制的实践经验

新安江横跨浙皖两省，是千岛湖最大的入库水源，也是我国第一个跨省生态补偿机制试点，经过十年的探索和创新，可为长江流域上下游跨省生态补偿提供范式和经验借鉴。新安江跨流域生态补偿试点项目共分为三个阶段逐步改进资金标准和考核标准。第一轮试点为 2012~2014 年。中央每年出资 3 亿元、两省每年各出资 1 亿元，建立共 5 亿元的补偿资金。以两省交界街口断面的高锰酸盐指数及氨氮、总磷、总氮的前三年平均值作为基准，以 0.85 作为稳定系数测算试点年份的补偿指数 P 值。若 P 小于等于 1，即水质达到考核标准，由浙江拨付安徽 1 亿元，否则反拨；中央层面不论水质是否达标，都拨付安徽 3 亿元。第二轮试点期间，中央三年的补助金额分别为 4 亿元、3 亿元、2 亿元，两省每年各出资 2 亿元。P 值计算方法不变，但是基准限值和稳定系数均上调。补偿资金实行分档补助，若 P 小于等于 1，由浙江补偿安徽 1 亿元；若 P 小于等于 0.95，浙江再补偿

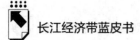

1亿元。第三轮试点期间，两省根据上游来水中的总磷、总氮指标上升的问题调整了P值权重。具体来说，高锰酸盐指数及氨氮、总磷和总氮四项指标的权重由原来的各25%调整为22%、22%、28%和28%。这三轮试点工作取得了显著成效，新安江流域上下游横向生态补偿机制"长效版""拓展版""推广版"基本建立，初步实现森林、湿地、水流、耕地、空气等重要区域生态补偿全覆盖。

新安江建立跨流域生态补偿机制的实践为其他跨流域保护工作的开展提供了宝贵的经验。其一，发挥敢为人先的精神。新安江模式创新构建补偿指数P值，使得补偿有据可依，是我国生态文明制度的重大创新。同时，颁布《河湖长制规定》等法规法条，以法律保障制度创新。其二，建立有效的激励机制，充分发挥考核"指挥棒"的作用，制定流域县（区）断面水质的奖惩机制，并将考核结果用于综合考核评价和干部奖惩任免，有力保障各项环保工作落到实处。其三，善于调度各类资金。黄山市与国开行、国开证券共同发起全国首个跨省流域生态补偿绿色发展基金，利用4亿元的补偿试点资金撬动16亿元的社会资金，形成社会化、多元化的保护和发展模式。其四，创新设立生态美超市。截至目前，黄山市已建立345家生态美超市，回收居民日常收集的烟头、塑料瓶和废电池等垃圾，并回馈食盐、纸巾和肥皂等生活物资，充分提高沿岸居民保护河域环境的积极性，很大程度上节约了政府环境开支。

## 二　建立跨省生态补偿机制存在的问题和挑战

目前，长江流域部分省市已开展跨省生态补偿探索，然而由于各地生态环境情况不同、发展阶段水平不同，对省际生态补偿的理解、认识和诉求也存在较大差异。建设长江流域省际生态补偿机制面临一些亟待解决的问题。

### （一）生态补偿机制建设思路、路径还待完善

由于上下游省份之间经济差距大，生态环境保护需求和目标不同，对补偿标准设计的认知不同，对于跨省流域生态补偿机制如何建、标准如何定、资金怎么来、补偿模式怎么推等问题，各地区之间还未建立起有效的协调机制。同时补偿机制尚未落实到个人层面。实施生态大保护，上游省市沿岸的企业和居民都做了大量努力，但是补偿资金主要停留在政府层面。

### （二）生态补偿力度和资金不足且方式单一

生态的修复、维护与建设，需要资金、人员、技术等多个方面的投入，当下的生态补偿政策以及投入的补偿资金存在明显的不足，比如生态环境部规划院的评估数据显示，新安江上游水质提升为下游带来的系统服务价值总计 246.48 亿元，其中水生态服务价值共 64.48 亿元，而浙江每年对安徽补偿的 2 亿元与安徽创造的价值不匹配。从补偿方式来看，现有补偿仅局限于拨款这种输血式补偿，尚未拓展到对口协作、产业转移、人才培训和共建园区等造血式补偿。

### （三）生态补偿标准体系仍不完善

现有补偿机制在补偿范围、补偿对象、补偿标准等方面缺乏科学的依据、论证与设计，造成考核标准错位且达标难度大。从地方开展的横向生态补偿实践来看，补偿标准的制定缺乏量化标准，大部分是依据协商按照补助系数测算，与各地生态功能区面积、生态保护任务、因生态保护损失的发展机会等缺乏直接的联系。

### （四）生态补偿机制实施保障不健全

现阶段，法律法规、体制机制仍不完善，管理体系条块分割问题

比较严重，围绕生态建设和补偿无法形成明确的协调机制、责任机制、激励机制。同时尚未构建长江流域省际水环境资源产权制度，产权关系不够明晰，生态环境权益交易流转体系不建立，难以充分发挥市场力量去调动流域上下游相关方的积极性。完善长江流域省际生态补偿机制还亟待有效的监管体系，目前监管能力与之不相匹配，生态补偿机制实施基础不牢固。

# 三 长江流域进一步完善跨省生态补偿机制的政策建议

## （一）建立健全多元化、市场化生态补偿机制，推动补偿方式从以"输血型"补偿为主向以"造血型"补偿为主转变

一是持续稳定加大中央财政资金投入，强化"输血功能"，进一步增强财政资金在生态补偿中的撬动效应，建立流域生态补偿专项资金和使用制度；推动设立国家绿色发展基金，指导地方设立区域性或地方性基金，加大对上游地区因生态环境保护而带来的财政减收增支的财力补偿力度。二是健全资源开发补偿、污染物减排补偿、碳排放权抵消补偿等制度，合理界定和配置生态环境权利，完善重点企业能耗数据第三方核查机制，健全自然资源交易平台。三是建立健全生态保护补偿融资市场，创新绿色证券、绿色国债等绿色金融产品，探索排污权、碳排放权、水权、碳汇和购买服务协议抵押等担保贷款业务，探索环境污染责任保险、森林保险等生态险种，强化政府和社会资本合作（PPP）模式的运用，探索创新筹融资模式，增强"造血功能"。四是探索利益性生态补偿。鼓励流域下游受益省市政府从征收的水电费中，安排一定比例的资金通过转移支付的方式专项用于对上游为保护水源安全而牺牲省市或个人利益的生态补偿，从而达到平

衡发展。五是保护者和受益者要坚持"一盘棋"思想，促进上游地区和下游地区资源双向流动，探索"资金—技术—人才—产业—交流"相结合的补偿模式，推动建立流域生态补偿的市场化、多元化格局。

## （二）强化科技支撑，完善生态补偿标准体系，并使之制度化、规范化、常态化

一是研究制定生态补偿技术指南，制定开展生态补偿的工作程序、技术要求和方法，引导规范地方生态补偿实践。二是在充分考虑流域环境生态服务价值的基础上，结合流域的污染程度、经济发展水平、财政支付能力，以及现行的污染物排放标准、污染物处理成本、污染物排放造成的损失成本等因素，推动建立统一的、科学规范的生态价值核算方法，不断完善湿地、流域、海洋、矿产资源等各领域的生态服务价值评估标准，明确补偿标准测算依据。三是强化科技支撑，建立统一共享的生态环境监测网络，完善监测手段，建立监督和协作联动机制。国家有关部门和地方共同制定生态环境监测方案，统一布局规划生态环境监测网络，基本实现环境质量、生态状况等内容全覆盖；建立长江流域水质监测预警系统，逐步实现流域水质变化趋势分析预测和风险预警；加强长江流域生态环境状况定期监测与评估，定期公布长江流域各监测点的监测数据，实现监测数据的透明公开。

## （三）完善生态补偿配套制度，提高长江流域生态补偿管理成效，为生态补偿立法提供充足保障

生态补偿机制是一项久久为功的生态保护大计，需要更高层面的政府部门予以协调推进。一是加强生态补偿制度的顶层设计，尽快研究制定长江流域生态保护补偿法，明确中央、各地方、各部门的生态

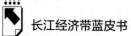

环境保护事权划分，明确生态补偿的内涵、依据、范围、标准和方式等，不断完善绿色信贷、绿色税收、绿色保险、生态移民、林农粮补等政策；同时引导生态保护补偿由单一性要素补偿向基于区域主体功能定位的综合性补偿转变，确保被补偿区域生态产品产出能力持续增强。二是完善自然资源资产产权制度，推进自然资源统一确权登记；完善自然资源资产产权体系，发挥市场在资源配置中的决定性作用，通过市场交易或自愿协商实现自然资源资产的最优配置，形成归属清晰的自然资源资产产权制度。三是建立生态补偿考核机制。明确各项任务责任部门，实施年度考核，将生态补偿政策制定、措施落实、管理与评估等工作纳入各部门政绩考核内容，完善跨省域生态补偿的激励约束机制。

### （四）搭建公众参与生态补偿建设的渠道和平台，推进全社会积极参与

一是要向民众、社区、企业加强生态补偿政策、价值、意义的宣传和推广，既要让公众正确理解生态补偿，也要激发公众参与生态补偿的主动性和积极性，避免出现公众误认为生态补偿费用征收是政府乱收费。二是推动环保信息公开，严格要求各级环境保护部门公开各种环境信息，接受社会监督；对于重大决策和项目，要通过公开听证、网络征集等方式，充分听取公众的意见。三是建立公众参与生态补偿建设的多种渠道和平台，健全举报制度，发挥公众对生态补偿和建设的监督作用，既要让公众对生态补偿的意见、建议、投诉有渠道可讲，又要让公众对生态补偿的"付出"有平台可用。

# B.27
# 新安江生态补偿机制对策研究

王可侠*

**摘　要：** 新安江流域水环境生态补偿是全国首个跨省流域横向生态补偿试点，现已形成了生态文明体制改革的"新安江模式"。科学合理地评价政策实施效果是生态补偿机制优化和管理的重要环节。未来流域地区应在发挥优质生态作用的基础上，加强经济价值创造，为促进生态效益的进一步提升获得源源不断的资金投入，并使综合效益得到更大增加。为此，针对新安江生态补偿机制建议如下：新安江流域生态补偿政策应进一步调整和优化方向，设立全流域绿色产业发展基金。

**关键词：** 新安江　生态补偿机制　水环境

## 一　新安江流域生态补偿概述

新安江发源于黄山市休宁县六股尖，是安徽境内仅次于长江、淮河的第三大水系，也是浙江省最大的入境河流；从安徽段流出水量占千岛湖年均入库水量的60%以上，是下游地区重要的战略水源地。新安江流域水环境生态补偿是全国首个跨省流域横向生态补偿试点，

---

* 王可侠，安徽省政府参事，安徽省社会科学院经济研究所所长，研究员。

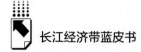

科学合理地评价政策实施效果是生态补偿机制优化和管理的重要环节。

水生态补偿机制作为调节水资源保护者（破坏者）和受益者（损害者）之间利益关系的一种制度安排，是一种卡尔多—希克斯改进，可以达到整个流域生态环境质量改善的目的。建立生态补偿机制尤其是区际生态补偿机制有利于促进欠发达水源地打破"生态脆弱—环境恶化—贫困"的恶性循环，实现建立在环境因子上的区域非均衡增长和协调发展的时空和谐。从中央到地方政府都对生态保护补偿机制高度重视，并出台了一系列政策文件，如《关于健全生态保护补偿机制的意见》（国办发〔2016〕31号）、《关于加快建立流域上下游横向生态保护补偿机制的指导意见》（财建〔2016〕928号）、《建立市场化、多元化生态保护补偿机制行动计划》（发改西部〔2018〕1960号）、《生态综合补偿试点方案》（发改振兴〔2019〕1793号）等。

在实践层面，在中央的推动下，新安江流域生态补偿作为全国首个跨省流域横向生态补偿试点，自2012年起正式启动，经过近三轮的试点，新安江上游总体水质持续为优，形成了生态文明体制改革的"新安江模式"。在试点的基础上，安徽省正在谋划建设新安江—千岛湖生态补偿试验区。如何科学合理地评价流域生态补偿政策是否取得了预期的效果，特别是跨界流域生态补偿对水源地的影响，是目前学界和决策部门关注的焦点。

## 二　生态补偿机制综合评价

生态补偿政策实施效果评价是生态补偿管理中的一个重要环节。构建流域生态补偿综合评价指标体系，科学、系统、全面地分析生态补偿政策给水源地带来的综合效益，以及生态、经济和社会效益的相互影响，具有重要的理论价值，对流域生态补偿政策优化和长效机制的构建，以及全流域高质量发展具有重要的现实意义。因此，生态补偿政策评估是近年来国内学界关注的热点。

自 2012 年启动以来，新安江流域生态补偿已完成每轮为期 3 年的两轮试点，第三轮从 2018 年开始。截至 2020 年 8 月，中央和皖浙两省累计拨付试点资金 41.6 亿元，水源地黄山市在此基础上，多渠道筹集资金，完成生态补偿项目投资 177.6 亿元。随着试点政策的推行，水源地各方面的效益逐步显现。从空间范围看，新安江在黄山市辖内的面积占流域总面积的 51.1%，占省内流域面积的 86.9%，获得生态补偿试点资金占总资金的 90%。

根据《安徽省新安江流域生态环境补偿资金管理（暂行）办法》，补偿资金专项用于新安江流域水环境保护和水污染治理。结合每年黄山市财政局公布的补助资金项目安排表，2011～2019 年新安江流域生态补偿试点资金的建设内容主要有以下五方面：①农村面源污染，主要包括农村保洁、河面打捞水草、村庄等环境整治、网箱退养、全市增殖放流、规模养殖场污染整治、农药集中配送、生态美超市等项目；②截污工程，主要包括城区垃圾处理、污水处理设施及配套管网建设、沿江排污整治、农村污水治理、农村生活垃圾治理 PPP 项目等；③工业点源污染治理，主要包括企业关停并转、工业园区污水处理设施及配套管网建设、生态保护及产业发展基金等；④生态修复工程，主要包括上游水环境综合治理、河道综合治理等项目；⑤能力建设，主要包括水质监测体系建设、水环境管理系统建设、规划编制、科普宣传等。但每轮政策的侧重点不同。黄山市在新安江流域生态补偿政策试点过程中，采取了一些创新做法，如实施农村污水治理和农村生活垃圾治理 PPP 项目、开展农药集中配送、创办生态美超市、发展生态产业、制定村规民约等。

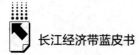

实证分析表明，一是治理过程中的地区协调机制趋于优化。从耦合协调度指数看，2011年处于轻度失调等级；其后数值逐年上升，从勉强协调、初级协调、中级协调、良好协调，直到2018年的优质协调。协调度不断升级，说明该生态补偿机制正在走上良性化轨道。二是治理过程中的生态综合效益明显提升。黄山市的居民幸福指数一直列安徽前三名，加上当时新安江水环境生态补偿试点政策还未正式实施，地区的社会系统发展情况优于经济系统和生态系统。2018年后，上游地区的生态效益、社会效益、经济效益和综合效益分别是2012年的5.6倍、3.1倍、2倍和3.3倍。从各效益的动态演进过程看，生态、经济和社会效益之间是相互作用、相互关联的有机统一。因此，未来流域地区应在发挥优质生态作用的基础上，加强经济价值创造，为促进生态效益的进一步提升获得源源不断的资金投入，并使综合效益得到更大增加。

# 三　政策建议

## （一）未来新安江流域生态补偿政策进一步调整和优化方向

生态补偿政策的实施给水源地带来了生态、经济和社会效益的增加。随着流域生态补偿政策的实施，水源地综合效益不断提升。新安江流域上下游横向生态补偿试点是习近平生态文明思想在安徽的积极探索和有效实践，生态效益、经济效益和社会效益基本呈现逐年增长态势，但近年来，各效益的增长速度放缓。从各效益的平均增速看，经济、社会效益低于生态效益；从各效益的平均值看，经济效益的平均水平最低，说明在生态补偿政策的实施过程中，水源地做出了较大的经济牺牲。

1. 综合并充分考虑水源地生态保护成本、发展机会成本及水资源生态服务价值，提高生态补偿资金标准，对水源地生态保护给予更多补偿

随着水环境质量的提升，生态效益的增长速度放缓，边际效益的治理成本增加，资金供需缺口较大。一味地依靠水源地牺牲经济、生态修复成本远大于收益的模式，不利于长效机制的构建，以及全流域的和谐与可持续发展。应积极采取市场化、多元化补偿方式，充分合理保障生态保护者的利益，如加强技术、人才、数据等要素资源的交流，产业园区共建共享等。构建流域生态环境协同治理体系、高质量协同发展机制，实现生态保护地区和受益地区的良性互动。

2. 经过近三轮试点，流域水环境质量保持稳定后，应更加关注流域绿色发展能力

以习近平总书记"坚定走可持续发展之路，在保护好生态前提下，积极发展多种经营，把生态效益更好转化为经济效益、社会效益"的生态文明理念为指引，积极探索水源地生态产品价值实现机制，推进生态产业化和产业生态化。充分挖掘水源地绿色发展新动能，形成生态治理与经济发展的良性循环。

3. 增强企业、公众的绿色环保理念，大力推进资源高效利用、循环低碳技术应用和绿色生活消费方式，提高上游生态保护的积极性、自觉性

着力提高社会参与度，推动生态环保由政府主导向政府、市场和社会协同治理转型。激发内生动力，凝聚社会合力，促进绿水青山向金山银山的转化，实现生态保护和高质量发展的统一。

## （二）设立全流域绿色产业发展基金

在第四轮新安江生态补偿机制试点中可以看到原有模式的局限性，新安江保护与水质提升需要新起点，要尽快建立全流域绿色产业

发展基金。在创建基金的过程中，两省通过共建绿色产业基地统筹优势资源，从而为新安江的生态保护源源不断地注入发展资金。这将有助于转变发展思路，更好地拓展市场，把新安江的优质水能变成财富。

1. 建立绿色产业发展基金的原则框架

基金投入方向要符合国家和地方产业发展规划，同时在基金项目选择上要立足流域的资源禀赋，优先发展有基础、有特色的项目；要通过政策和市场手段，在水质不断得到改善的基础上，保证基金投入的有效回报，从而在保值增值的基础上不断扩大基金规模；要建立市场化的组织构架和制度体系，以少量的国有资本和财政资金撬动更多的民间资本，将基金的使用和管理纳入市场运行的长效机制。

2. 培育绿色产业发展基金的基础条件

一是由中央专业部门牵头，设定与绿色产业基金发展相关的技术标准。如关于水质，湖泊标准与河流标准不同，检测时用何种标准是个难题；还有关于水量，是按供水还是取水计算流量，以及不同水质的定价等都需要明确的标准。另外，在流域绿色产业发展上，关于绿色茶园、散养生猪等基地建设标准，也需要出台可执行的统一规定。二是在千岛湖水基金发展模式的基础上，整合两省金融投资和信托资源，共同发起建立新安江流域生态补偿绿色产业发展基金。在资金筹集上，要充分考虑流域上下游地区享有水质受益程度的不同，并以此作为各自分割出资比例的依据。三是基金可采用多种方式投入，除各种渠道的资金投入外，还应包括产业资本、产业基地、新技术新工艺和品牌等方面的投入，以及各种经过评估认证的虚拟资本投入。为此，流域地区的政府部门和出资机构需要对该地区生态环保的优势产业、技术和各种资源进行前期摸排，制定绿色产业发展基地的中长期规划和产业发展名录。四是在市场主导的基础上建立基金运行体系。在基金筹集体系上以少量的财政资金或国有资本为引导，通过市场化手段向社会公开筹集资金；在基金投入体系上要建立完善的董事会制度，对项目投入进行评估和监管；在基金收益分配上，制定科学的分享制度，并在保证流域生态补偿资金有效投入的基础上，不断完善合同条约和分配机制。

### 3.构建绿色产业发展基金的长效机制

支撑基金长效运行的资金应主要来源于水质提升的补偿部分。需要尽快协商确定水质在达到Ⅱ类以上标准后，每提升一个单位，下游应给予上游的补偿标准。在目前条件下，这部分补偿在全流域生态补偿资金中仍要占据较大比重。如何将部分补偿资金纳入基金的运行有待进一步探讨。

# B.28
# 强化统筹兼顾　建设重庆山清水秀美丽之地

欧阳林 *

**摘　要：** 重庆正在加快建设山清水秀美丽之地，当前生态环境质量
与人民群众期盼还有不少差距，必须重点突破、久久为
功，统筹强化生态建设和环境保护资金保障，发挥科技创
新对生态保护修复的先导性作用，以减污降碳为抓手推动
经济社会全面绿色转型，筑牢长江上游重要生态屏障。

**关键词：** 减污降碳　生态环境　生物多样性

加快建设山清水秀美丽之地是习近平总书记对重庆的殷殷嘱托，全
市上下深入贯彻落实习近平生态文明思想，将"共抓大保护、不搞大开
发"深入贯彻到推动长江经济带发展的全过程各方面，"山水之城·美丽
之地"的独特魅力进一步彰显。同时，当前工作中也存在一些堵点难点，
生态环境质量与人民群众期盼还有不少差距，必须重点突破、久久为功，
筑牢长江上游重要生态屏障，绘就山清水秀美丽之地新画卷。

## 一　当前存在的主要问题

### （一）生态环境保护任务依然艰巨

三峡库区维系着全国35%的淡水资源涵养，重庆市是长江上游

---

\* 欧阳林，重庆市政府参事，高级经济师，重庆市发展改革委原副主任。

生态屏障最后一道关口，保护好"一江碧水、两岸青山"的任务十分艰巨。同时，重庆市地处西部欠发达地区，环保设施短板突出，临江河、龙溪河等长江支流水质还不稳定，部分国考断面水质为Ⅳ类，亟须进一步开展系统治理。此外，除了三峡集团、国家开发银行等部分央企和银行机构外，其他环保类央企和金融机构参与长江大保护的力度还有待加大。

### （二）关键技术创新对生态环保的贡献不足

目前长江上游地区生态环保治理中面临着航道整治开发、消落带治理、石漠化治理、尾矿库资源化利用等诸多难题。例如重庆市因三峡工程蓄水运行而形成的消落带面积和岸线长度分别为247.51平方公里和4578.68公里，分别占三峡库区总量的87%和84.4%。特殊地质结构带来的生态保护与修复技术瓶颈突出，迫切需要国家支持强化科技创新和基础研究。

### （三）长江流域监测信息共享机制不够健全

重庆市建立了长江流域监测数据共享机制，但目前监测网络体系建设缺乏统一的规划管控，数据管理处于"各成体系"的状态，同级部门数据共享的积极性不高、渠道不通畅，未能实现"一家监测，多家共享"。例如，规划自然资源与生态环境部门有地下水监测任务，水利和生态环境部门有河道水质、饮用水源监测任务，造成了横向重复立项和资源浪费。

### （四）长江水生生物多样性保护任重道远

重庆市以珍稀濒危水生物种为重点，全面加强珍稀鱼类保护，但是三峡库区周边流域小水电较多，电站拦河坝影响小流域与长江干流的鱼类种质交流，导致库区缺乏激流底栖鱼类早期资源补充。三峡蓄

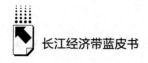

水后库区渔获物种类减少与规格下降，水生生物物种多样性降低，例如白鲟已于 2019 年 12 月 23 日被宣布灭绝。

### （五）绿色低碳高质量发展有待提速

"十三五"末重庆市碳排放强度、能耗强度分别低于全国平均水平 30%和 20%左右，部分领域行业节能降碳潜力已提前释放，挖潜难度较大；"十四五"期间重庆市能耗量增量空间有限，必须通过淘汰落后产能、实施节能改造等方式释放节能潜力。但是，重庆市五大高耗能行业规上企业能耗和碳排放分别占全市的 42.6%和 64.8%、工业增加值仅占全市 GDP 的 5%左右，高技术制造业和战略性新兴制造业增加值比重仍然不高，结构调整任重道远。

## 二 对策建议

### （一）统筹强化生态建设和环境保护资金保障

建议国家相关部门倾斜支持重庆市三峡地区等生态环境脆弱地区，支持重庆市深化临江河、龙溪河、大陆溪等次级河流水环境综合治理，加快补齐环保基础设施建设短板。深化与中节能集团、中交集团等更多央企和基金公司的合作，协调各类央企在重庆市设立分支机构，争取国家长江经济带绿色发展基金（总规模 855 亿元）加大支持力度，加快构建多元化的资金投入模式。

### （二）发挥科技创新对生态保护修复的先导性作用

加快实施三峡水运新通道、长江干支流航道整治等项目，解决长江航道"中梗阻"问题。加快推广以"沙漠土壤化生态恢复技术"为代表的长江绿色工程研究中心的技术成果，从地质力学角度探索消落带治理新模式。同时，针对生态保护修复中面临的技术瓶颈，积极对接国家级研发机构，争取国家在重庆市设立生态环境科技创新中心。

### （三）积极推动健全长江流域监测数据共享机制

在国家相关部门支持下整合既有垂直监测网络体系，建立横向数据共享机制，打通横向联动、实时共享、无缝衔接的数据获取路径。由重庆市大数据发展局牵头构建完善的信息共享平台，明确责任单位，组织开展数据共享平台的建设和维护工作，提供平台建设技术支撑，指导、协调、监督各部门开展数据共享工作。

### （四）加强长江水生生物多样性恢复和保护

大力争取国家支持，实施珍稀濒危动植物栖息地保护工程，修复遭到破坏或退化的鱼类产卵场。选择具有代表性的小流域进行试点，实施长江毛细血管修复示范工程，拆除小水电及水工构筑物，提升支流与长江干流的连通性，为库区激流底栖鱼类生物多样性恢复提供早期资源补充源，同时严格限制新建小水电。科学监测评估鱼类繁殖高峰时段，开展小流域联合调度，在鱼类繁殖高峰时段限电上网，强制检修机组，最大限度保障鱼类繁殖所需生态流量。

### （五）以减污降碳为抓手推动经济社会全面绿色转型

积极争取国家层面的支持，实施可再生能源替代行动，支持三峡电站增发电量按比例留存重庆市就近消纳，支持川电、疆电、藏电入渝，构建清洁低碳、安全高效能源体系。同时，加大源头治理和管控力度，加快调整产业结构、能源结构、交通运输结构，大力推动工业、建筑、交通运输、公共机构、农业农村、商贸物流等重点领域的节能降碳，推动钢铁、水泥、火电、有色、化工等重点"两高"行业的有序达峰。

# B.29
# 后 记

　　《长江经济带高质量发展研究报告（2022）》汇集了政府参事室、科研机构和高校关于长江经济带发展的最新研究成果，旨在为推动长江经济带高质量发展的科学民主决策与工作部署落实贡献真知灼见和解决方案。

　　本书是在国务院参事室主任高雨的领导下，在国务院参事室副主任赵冰的统筹下完成的，国务院参事室参事业务一司司长张立平负责策划统核，参事业务一司赵源同志具体组织协调。2022 年是全国政府参事室文史馆建设年。本书作为今年全国政府参事室系统联合联动的重要实践之一，得到了长江沿线省市政府参事室的积极响应和大力支持，书稿主要由长江沿线地方政府参事、参事室特约研究员以及相关研究机构的专家学者提供，充分汇聚了参事室系统和社会力量的智慧。书中若有不足之处，恳请各位读者批评指正。

编委会

2022 年 10 月

# Abstract

In recent years, the Yangtze Economic Belt has seen a transformative change in the protection of ecological environment, and has made historic achievements in economic and social development. The economic development of the Yangtze Economic Belt remained stable on the whole, witnessing an optimized structure, and significant improvement in people's living standards, and achieving protection in development and development in protection. Far from affecting the speed of development, the Well-Coordinated Environmental Conservation of the Yangtze River has enhanced the belt's role in supporting and driving the nation's high-quality development.

In 2022, a great deal of effort has been put into promoting the development of the Yangtze Economic Belt: adhering to the guidance of Xi Jinping Thought on Socialism with Chinese Characteristics for a New Era, thoroughly implementing the guidelines of important speeches and instructions of President Xi Jinping on promoting the development of the Yangtze Economic Belt, conscientiously putting into practice the decisions and instructions of the CPC Central Committee and the State Council, unswervingly carrying out the New Concept for Development, firmly following the strategic direction of "promoting well-coordinated environmental conservation and avoiding excessive development", adhering to the principle of prioritizing ecological conservation and boosting green development, making the restoration of the ecological environment of the

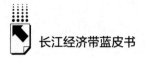

Yangtze River a top priority, driving ecological protection and economic development in a synergistic way, and striving to create a model of beautiful China featuring harmony between man and nature, and contribute "Yangtze power" to the building of a modern socialist country in all respects.

Firstly, a lot of effort went into addressing both the symptoms and root causes of problems to promote the well-coordinated environmental conservation, and continue to improve the ecological environment. On the basis of ensuring the rectification of prominent problems on ecological environment, great impetus has been given to the treatment of urban sewage and garbage, chemical pollution control, agricultural non-point source pollution control, ship pollution control, tailings pond pollution control and other key tasks. Further efforts have also been made to consolidate the management results of the Yangtze River fishing ban, strengthen the protection of the diversity of aquatic species of the Yangtze River, promote the implementation of the Yangtze River fishing ban; tone up systematic and comprehensive governance, intensify the protection and restoration of important tributaries and the investigation and rectification of drain outlets, advance the treatment of phosphorus, manganese and plastic pollution, reinforce the control of the waterfronts of rivers and lakes, strengthen the protection of water resources and the construction of nature reserves, and scientifically boost the afforestation.

Secondly, the reduction of pollution and carbon emissions has been highlighted to step up transformation and upgrading, and solid steps have been taken to advance green, low-carbon and high-quality development. The efforts include building a comprehensive transportation system, enabling the free shipping along the Golden Waterway of Yangtze River, improving the level of river-sea intermodal services, vigorously developing rail-water intermodal services, promoting the interconnection of transport infrastructure, speeding up innovation-driven industrial optimization and upgrading, constantly strengthening the building of independent innovation capacity, stepping up the green transformation and upgrading of industries, speeding up advancing the modernization of agriculture and rural areas, continuing to promote pilot demonstrations for green development, enhancing the balance and coordination of regional development, strengthening the coordinated and linked development of both urban and rural areas, expanding the opening up on all fronts, and protecting, inheriting and carrying forward the culture of the Yangtze River.

Thirdly, institutional guarantee has been strengthened to get all parties to take their responsibilities and continuously enhance the synergy of work. The *Implementation Plan for the Development of the Yangtze Economic Belt During the for the 14th Five-Year Plan Period* and a series of specialized planning for integrated transport, environmental pollution control, and protection and restoration of wetlands and important tributaries have been implemented conscientiously. Efforts have also been made to accelerate the establishment of a national coordination mechanism for the Yangtze River basin, improve the rule-of-law guarantee mechanism, strengthen the comprehensive control mechanism, improve the ecological compensation mechanism, increase financial support, intensify publicity and training, strictly implement the working mechanism of defined responsibilities whereby the central leadership makes overall plans, provincial authorities take overall responsibility, and city and county authorities ensure implementation, strengthen investigation and research, practically enable the problem solving to be more targeted and effective, and make all parties take their responsibilities.

**Keywords**: Yangtze River Economic Belt; Hig-quality Development; Green Development; Environmental Protection; Ecological Compensation Mechanisms

# Contents

## I General Report

**Abstract:** Since the 18th CPC National Congress, General Secretary
Xi Jinping has planned, deployed and promoted in person the high-quality
development of the Yangtze Economic Belt based on the history and overall
situation with a view to guaranteeing the long-term interests of the Chinese
nation. In 2021 the Yangtze Economic Belt secured extraordinary
achievements, with its economic aggregate increasing from 44.5% of the
country's total in 2015 to 46.4% in 2021. At the same time, the main
framework and key pillars of high-quality development were basically
formed, the rule-of-law foundation for the environmental conservation of
the Yangtze River was initially established, the prominent ecological and
environmental problems were effectively rectified, the capacity for innovation
and development was continuously enhanced, regional development

became more coordinated and balanced, and the level of opening up was continuously improved, with the strong support of the protection mechanism. In future, the provinces and municipalities along the Yangtze River should fully implement the New Concept for Development in a comprehensive and accurate way, remain problem-orientated, strengthen systematic thinking, promote innovation and reform, drive the high-quality development of the Yangtze Economic Belt, write a new chapter of prioritizing ecological conservation and boosting green development, create a new model for coordinated regional development, create a new level of opening up, shape new advantages in innovation-driven development, and paint a new picture of the harmonious integration of mountains, waters, people and cities, so that the Yangtze Economic Belt will become the main focus for prioritizing ecological conservation and boosting green development, a major channel for facilitating the "dual circulation" development paradigm of domestic and overseas markets, and a major force for catalyzing high-quality development.

**Keywords:** Yangtze Economic Belt; Ecological Environment; High-Quality Development

# II  Promoting Systematic Governance to Improve Ecological Environment

**B**.2  Achievements in Ecological Environment Governance of the Yangtze Economic Belt and Issues Requiring Attention

*Zhang Naiming* / 027

**Abstract:** Strengthening ecological environmental protection and

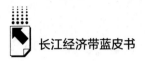
restoration in the Yangtze River basin is a major strategy for achieving harmony between humanity and nature and ensuring the sustainable development of the Chinese nation. This paper summarizes that since January 5, 2016 when General Secretary Xi Jinping instructed to "put the restoration of the ecological environment of the Yangtze River in an overriding position to promote well-coordinated environmental conservation and avoid excessive development", the 11 provinces and municipalities of the Yangtze Economic Belt have been practicing Xi Jinping's thought on ecological civilization. As a result, the ecological environment of the Yangtze River basin has taken on a brand-new look, and the ecological environment governance of the Yangtze Economic Belt has achieved outstanding results. Specifically, the awareness of prioritizing ecological conservation and boosting green development has been further enhanced; regulations on ecological protection have been further improved; the quality of ecological environment has continued to improve; and economic and social development and ecological environmental protection have become more coordinated and sustainable. Moreover, the paper puts forward four recommendations targeted at the problems of weak controls over non-point source pollution, challenges in reducing total phosphorus, and ecological advantages that have not yet been transformed into economic advantages, etc. which are faced by areas of Yunnan, Guizhou, Sichuan and Chongqing which are located in the upper reaches of the Yangtze River.

**Keywords**: Yangtze Economic Belt; Ecological Environment; Green Development

Contents ◤◥

**Abstract**: The Yangtze Economic Belt has seen a turnaround in ecological environment since the new era, but still faces many challenges. Finance is not only the foundation of national governance but an important basis for ensuring the sound development of ecological environment. Promoting the healthy development of ecological environment in the Yangtze Economic Belt requires deepening the reform of fiscal and taxation policies, specifically, improving the vertical transfer payment system in the Yangtze Economic Belt, establishing a horizontal transfer payment system for the environment in the Yangtze Economic Belt, optimizing the environmental taxation system to take the lead in establishing a green taxation system, and speeding up the marketization of ecological and environmental management in the Yangtze Economic Belt.

**Keywords**: Yangtze Economic Belt; Ecological Environment; Fiscal and Taxation Policies

**Abstract**: Ensuring water security in the Yangtze River basin is a fundamental and prerequisite requirement for perpetuating the health and vitality of the Mother River and promoting high-quality development of the

271

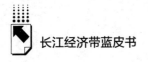

Yangtze Economic Belt. After more than 70 years of continuous governance and protection since the founding of the PRC, the water security capacity of the Yangtze River basin has witnessed unparalleled improvement. As we enter a new era, the basin is facing major adjustments in governance and protection tasks and significant changes in the water situation and conditions of water conservancy projects, and water security is facing new situations and challenges. Therefore, it is urgent to build a water security guarantee system in the basin with higher quality by smoothening the management system and mechanism, safeguarding the bottom line of water security risks, and coordinating the relationship between protection and development, and as well as coordinating water disaster prevention, water resources guarantee and water ecological environment protection.

**Keywords**: Yangtze River basin; Water Security; Guarantee System

**B**.5　Consolidating the Results of the 10-year Fishing Ban and Continuously Strengthening the Conservation of Aquatic Biodiversity in the Yangtze River

*Liu Huanzhang, Wang Ding, Gao Xin, Li Mingzheng,*

*Mei Zhigang and Wang Kexiong* / 060

**Abstract**: The Yangtze River basin features unique aquatic biodiversity. In recent years, a variety of human activities have led the river to suffering a serious decline in aquatic resources, with some rare species being extinct or on the verge of extinction. After the 10-year ban on fishing in the Yangtze River, the aquatic biological resources have recovered significantly. However, the populations of some rare and endangered species are still small, with slow or difficult recovery, so it is pressing to improve their habitat environment. It is recommended that the 10¯year ban on fishing in the Yangtze River be implemented continuously; that key habitats for aquatic species be restored; that special attention be paid to the protection of rare species including the Chinese sturgeon and the establishment of targeted species protection bases; that basic research be strengthened, a systematic monitoring network for aquatic species in the Yangtze River basin be established and a sound protection and management system be improved.

**Keywords**: Yangtze River; 10-year Fishing Ban; Biodiversity

**B**.6  Assessment of Agricultural Non-Point Source Pollution in the Yangtze Economic Belt and Countermeasures for its Control

*Zhang Huiheng* / 070

**Abstract**: This report assesses the overall status quo and characteristics of the agricultural non-point source pollution in the 11 provinces and municipalities in the Yangtze Economic Belt from 2005 to 2020, as well as the status quo and characteristics of rural domestic pollution and the pollution of planting, livestock and poultry breeding, and aquaculture. On the basis of the above evaluation, several major problems of agricultural non-point source pollution in the Yangtze Economic Belt are analyzed. Finally, policy recommendations are put forward, such as continuously improving the relevant regulation and standard systems, establishing a long-term pollution control mechanism, stepping up efforts in scientific and technological support and focusing on key sources of pollution to tackle the challenges.

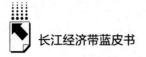

**Keywords**: Yangtze Economic Belt; Agricultural Non-point Source Pollution; Environmental Governance

**B**.7 Multiple Initiatives to Strengthen the Protection and Restoration of Natural Forests and Secure the Ecological Barrier in the Upper Reaches of the Yangtze River

*Wang Genxu, Sun Shouqin* / 084

**Abstract**: The mountainous region in the upper reaches of the Yangtze River is not only the core of the ecological barrier zone of Sichuan and Yunnan provinces in China, but also a barrier of ecological security and water safety to ensure the high-quality development of the economic belt along the Yangtze River basin. Natural forests are the mainstay of the mountain ecosystem in the upper reaches of the Yangtze River. Therefore, promoting the synergy of headwater conservation and carbon sink and sequestration capacity of natural forest vegetation in the upper reaches of the Yangtze River is of great significance to stabilizing and upgrading the natural "water reservoir" and "carbon reservoir" of the ecological barrier in the region. However, at the present stage, natural forests continue to be degraded and secondary forests are inefficient; the lack of comprehensive and systematic monitoring and evaluation of regional ecological engineering progress restricts the scientific implementation of measures for differential protection and regulation of natural forests and planted forests; moreover, the protection and restoration of the ecological barrier function of natural forests lack support in institution and mechanism. Therefore, six targeted initiatives are proposed in this paper to strengthen the protection and restoration of natural forests and secure the ecological barrier in the upper reaches of the Yangtze River.

**Keywords**: The Upper Reaches of the Yangtze River; Protection of Natural Forests; Ecological Barrier

**Abstract**: Hubei enjoys exceptional advantages in wetland resources, with a rich variety of wetlands, and it ranks front in terms of wetland area and flora and fauna resources in China. This paper systematically reviews the approaches taken by the province to the effective conservation and management of different types of wetlands, including strictly implementing relevant national regulations, formulating and improving regulations and policies for wetland conservation in Hubei, and adopting an approach of "differentiated policies for specific places", and lists the main problems facing wetland conservation at present. On that basis, paths are proposed for further promoting wetland conservation in Hubei Province.

**Keywords**: Hubei Province; Wetland Conservation; The Yangtze River; Green Development

**Abstract**: In recent years, the hydrological and ecological conditions

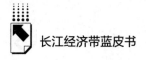
of the Yangtze River have undergone major changes, with shorter wet season and longer dry season, coupled with overfishing, which have affected the growth and reproduction of aquatic species, reduced yields and tend to degrade the water ecological environment. In future, the protection and utilization of water resources in the Yangtze River basin and the protection of the water ecological environment have become equally important tasks as flood prevention and control. Obvious comprehensive benefits can be achieved in constructing Poyang Lake hydraulic complex and improving the utilization rate of water resources. It can not only protect the ecological environment of Poyang Lake wetland, migratory birds and Yangtze finless porpoises, but protect the Yangtze River, support South-to-North Water Diversion, and boost ecological restoration and ecological construction in the lower reaches of the river. At the same time, it is also conducive to flood prevention and control, increasing the capacity of shipping and irrigation, and improving and optimizing the landscape of the lake area to develop tourism.

**Keywords**: Poyang Lake; Hydraulic Complex; Sustainable Development

**B**.10　A Study of the Successful Practices and Measures

of the Management and Protection of Xiangjiang River

*Tang Yuwen, Yan Yan and Zhang Yaxuan* / 109

**Abstract**: Xiangjiang River, the mother river of Hunan Province, belongs to the Dongting Lake system of the Yangtze River basin. Since the 18th CPC National Congress, Hunan has implemented three consecutive "three-year action plans" with the determination of "treating one river in ten years" and has launched "summer campaign", the "river chief system" and other key tasks, which have effectively promoted the improvement of the water environment quality in the Xiangjiang River basin. This paper systematically reviews the practical process, effect and experience of the management and protection of the Xiangjiang River, and discusses the measures and recommendations for the implementation of a high standard of management and protection of the river in the new stage in terms of putting into practice a detailed river and lake chief system, building up digital support capacity, continuously strengthening the rectification of agricultural non-point source pollution, stepping up efforts in ecological conservation and restoration, and pooling the regulation forces of various parties.

**Keywords:** Yangtze Economic Belt; High-quality Development; Xiangjiang River

**B**.11 Guarding the Ecological Barrier from the River to the Sea:
Nantong's Practice and Exploration in Promoting the
Development of the Yangtze Economic Belt

*Xu Huimin* / 119

**Abstract:** On November 12, 2020, General Secretary Xi Jinping inspected Nantong and praised the "dramatic changes" that had taken place in the riverfront environment, making people "enjoy themselves so much as to forget to leave". In recent years, Nantong, which is situated on the bank of the Yangtze River and on the shore of the sea, has firmly implemented the requirement of "promoting well-coordinated environmental conservation and avoiding excessive development", shouldered the political responsibility and pursued the goal of "striving to be 'upstream' in work though located downstream", and insisted on the combination of "point,

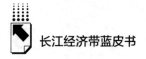
line, plane and object" to promote coordinated ecological environmental conservation and economic development and build a high-quality green ecological gateway at the mouth of the Yangtze River. As a result, the ecological landscape has undergone historic changes, becoming a vivid example of Xi Jinping's thought on ecological civilization taking root and blossoming.

**Keywords:** Yangtze Economic Belt; Ecological Barrier; Nantong

**B**.12 Pushing Forward Coordinated Implementation of Urban Waste Sorting and Disposal to Improve the Ecological Environment of the Yangtze Economic Belt: Popularization of the Project of Waste Sorting, Collection and Disposal in Jiujiang City

*Peng Yiyuan* / 127

**Abstract:** This paper highlights the importance of the Yangtze River basin and the Yangtze Economic Belt in China's political, economic and ecological security through the analysis of statistical data on population, industrial and economic scale, and city clusters. After analyzing the current situation of waste sorting and disposal, and the effectiveness of the pilot program of waste sorting, collection and disposal in Jiujiang City by means of information technology incentives, it is suggested that the program should be used as a demonstration project to popularize its application in the cities in the Yangtze Economic Belt through increased government subsidies and the operation of environmental protection companies, which will certainly make an important contribution to the development of ecological environment of the belt.

**Keywords**: Urban Waste; Sorting and Disposal; Ecological Environment; Jiujiang City

# III Stepping up Transformation and Upgrading to Promote High-quality Development

**B**. 13  A Study of the Effectiveness, Difficulties and Paths of
Green Development in the Yangtze Economic Belt

*Li Xiuxiang, Rao Rumeng and Hu Yanhan* / 130

**Abstract**: Since the 18th CPC National Congress, all the parts of the country, including all the places along the Yangtze River, have been adhering to the strategic standing of prioritizing ecological conservation and boosting green development, and promoting the green transformation in all aspects of social and economic development with unprecedented intensity, scale and impact. The Yangtze Economic Belt has undergone transformative changes in ecological and environmental protection, and its transition towards the green economy and society is speeding up. However, at this stage, we are still facing challenges such as inadequate cooperation mechanisms, imperfect ecological compensation mechanisms and a slow pace of green transition of industries. In the future, we should continue to adhere to the strategic standing of prioritizing ecological conservation and boosting green development, and take regional collaboration as the core thinking to find a way of green and sustained development.

**Keywords**: Yangtze Economic Belt; Ecological Protection; Green Development

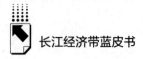
长江经济带蓝皮书

**B**.14  Analysis of the Innovation-Driven Path for Upgrading

the Industrial Structure of the Yangtze Economic Belt

*Huang Huan*, *Luo Zixin* / 139

**Abstract:** Innovation-driven upgrading of the industrial structure of the Yangtze Economic Belt plays an important role in promoting the stable and sustainable development of the national economy in the new era. Based on the strategic significance of innovation-driven upgrading of the industrial structure of the Yangtze Economic Belt, this paper proposes relevant path strategies in terms of the leading role of digital economy and deep integration of industrial chains and innovation chains to help further exert innovation potential to promote the upgrading of the industrial structure of the belt, taking into account the current situation of industrial structure development in the belt.

**Keywords:** Yangtze Economic Belt; Innovation Driven; Industrial Upgrading

**B**.15  Innovation-Driven Energy Conservation and Emission

Reduction to Achieve Green and High-quality

Development

*Dong Xinling*, *Wang Ming* / 147

**Abstract:** In recent years, governments at all levels in the Yangtze Economic Belt have taken the initiative and acted proactively around green and high-quality development, empowering green and high-quality development with innovation in technology, industry, finance and system, achieving good results in energy conservation, carbon reduction and emission reduction. However, there is still imbalance to a certain degree in the level of innovation, energy conservation, carbon reduction and emission reduction among different regions, showing gradient difference: low in the midstream, middle in the downstream and high in the upstream. Suggestions: the downstream Yangtze River Delta region should strengthen innovation in and application of green technologies; Jiangxi and Hubei provinces in the midstream should accelerate the building of a green manufacturing system; the upstream Guizhou and Sichuan provinces should pool resources to step up efforts in improving the energy and carbon structure.

**Keywords:** Yangtze Economic Belt; Innovation-Driven; Green Development

**B**.16   A Study of Strategies of Leading Rural Revitalization
in the Yangtze Economic Belt with Green Development
*Huang Huan, Luo Zixin* / 158

**Abstract:** Promoting the efforts of leading rural revitalization in the Yangtze Economic Belt with green development is an important task to implement General Secretary Xi Jinping's instructions on "adhering to the path of prioritizing ecological conservation and boosting green development" in the Yangtze Economic Belt, and an important exploration practice to promote multi-layer and all-round agricultural and rural modernization. Based on the significance of leading rural revitalization in the Yangtze Economic Belt with green development and the current development situation, this paper proposes strategies for leading rural revitalization in the belt with green development from the aspects of green

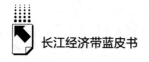

ecological industry and green ecological governance, etc.

**Keywords**: The Yangtze Economic Belt; Green Development; Rural Revitalization

**B**.17　Strengthening Coordination and Innovation to Promote
the Integrated Development of Modern Agriculture
and Rural Areas in the Yangtze River Delta Region

*Li Aiqing* / 166

**Abstract**: The integrated development of modern agriculture and rural areas in the Yangtze River Delta region has witnessed significant progress in recent years, but there are still problems such as huge differences in the development concepts of different places, factors including land, talent and capital not yet fully activated, insufficient deep processing of agricultural products and brand advantages, inadequate depth and breadth of cooperation in the Yangtze River Delta, and incompatibility with the requirements of the integrated development of modern agriculture and rural areas in the region. To this end, we suggest actively seeking national policies to support agricultural and rural development in the Yangtze River Delta region, promoting the integration of agriculture-related policies in the region, intensifying reform and innovation, promoting coordinated development in the region, supporting an array of agriculture-related enterprise groups to grow bigger and stronger, and continuously deepening the synergy mechanism of key elements in the region.

**Keywords**: Yangtze River Delta; Agriculture and Rural Areas; Integrated Development; Agricultural Products

**B**.18    Challenges for Promoting High-quality Development

of TCM in the Yangtze River Delta and Countermeasures

*Chen Hongzhuan* / 173

**Abstract**: This paper focuses on the opportunities and challenges of high-quality development of traditional Chinese medicine ( TCM) in the strategy for the integrated development of Yangtze River Delta, analyzes the current situation of TCM development in the three provinces and one municipality, and puts forward the existing problems and the urgent tasks to be performed in the next stage of development in terms of universality and balance. Focusing on recommendations from the perspective of strengthening the top-level design for the integrated and high-quality development of TCM, it seeks to continuously promote the integrated, coordinated and high-quality development of TCM undertaking and industry, increase the supply of TCM health services and products, innovate development models and institutional safeguards, and truly form a new paradigm of high-level coordinated development.

**Keywords**: TCM; High-quality Development; Innovative Development; The Yangtze River Delta

**B**.19    Development Patterns, Problems and Countermeasures for

Riverside Cities in Jiangsu Province in the Context of Well-

coordinated Environmental Conservation of the Yangtze River

*Research Group of the Counsellors' Office of*

*Jiangsu Provincial People's Government* / 182

**Abstract**: In vacating the shoreline and land occupied by chemical

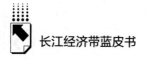

enterprise parks along the Yangtze River in Jiangsu Province, innovations are made in five typical models, including "clearing the cage to make way for new birds" which renews chemical parks into new towns, the "organic renewal" which maintains the urban fabric, the "shoreline improvement and development" which integrates nature and humanity, the "innovative inheritance of history" for the protection and utilization of cultural heritage, and the "new picture on white paper" stressing the leading role of science and technology. In this way, the province realizes the organic renewal of cities, the better utilization of shorelines, and the enhancement of green areas; promotes the increase of ecosystem service functions, the improvement of human living environment, the manifestation of urban historical and cultural heritage, and the appreciation of value in developing tourism resources; and gradually converts ecological value into economic and social value. This paper diagnoses the existing problems and puts forward six recommendations: improving the resource and environment diagnosis and early warning mechanism in the process of land use, determining the scale of the chemical industry with resource and environment constraints, optimizing the spatial pattern of the shoreline, exploring the establishment of a benefit-sharing mechanism with the realization of ecological and environmental values as the core, building a fund-raising system and government reward and compensation mechanism with the participation of multiple players, and exploring the establishment of an ecological product value accounting system.

**Keywords**: Yangtze River; Riverside Cities; Improvement and Development of Shorelines; Jiangsu

**B** . 20   Chongqing Took Solid Steps in High-Quality

Development Guided by Prioritizing Ecological

Conservation and Boosting Green Development

*Ouyang Lin* / 188

**Abstract**: Chongqing insists on planning one region from the perspective of overall situation and serving the overall situation with one region, and actively explores new ways for prioritizing ecological conservation and boosting green development. By properly guarding the "ecological pass" of the upper reaches of the Yangtze River, singing an awesome "march" of economic development, and performing the "crucial move" of system innovation, Chongqing has been making every effort to build an important ecological barrier in the upper reaches of the Yangtze River, and striving to write a new chapter of green development of the Yangtze Economic Belt. It has taken a solid step towards the building of a beautiful place with picturesque landscape and clear water.

**Keywords**: The Upper Reaches of the Yangtze River; Prioritizing Ecological Conservation; Green Development

**B** . 21   Implementing the New Concept for Development to

Promote High-Quality Tourism Development in

Yunnan

*Yang Jie* / 199

**Abstract**: Yunnan is located in the upper reaches of the Yangtze River and carries a great responsibility for ecological progress and protection. In order to implement the requirement of " promoting well-

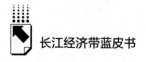
coordinated environmental conservation and avoiding excessive development", it is necessary to effectively change the development mode, adjust the industrial structure and take the path of green and sustainable development. Accelerating the development of tourism is conducive to the ecological environment conservation of the Yangtze River and a green path of development. The good ecological environment is a distinctive feature of Yunnan tourism, its colorful ethnic culture is a profound base for Yunnan tourism, and its unique location is a second-mover advantage of Yunnan tourism. To achieve high-quality tourism development in Yunnan, we must thoroughly implement the New Concept for Development, accelerate the building of a "green, innovative and open" modern tourism system, and launch a number of major projects to promote the transformation, upgrading and leap-frog development of tourism.

**Keywords**: Yunnan; Ecological Protect; Tourism

# IV  Strengthening Institutional Guarantee to Enhance the Synergy of Work

**B**.22  Innovating Institutional Mechanisms to Enhance the Synergy of High-Quality Development

*Li Lin*, *Tian Caihong* / 208

**Abstract**: The development of the Yangtze Economic Belt should be focused on the innovation of institutional mechanisms. Firstly, innovation should be made in such areas as key regional cooperation, whole-industry collaboration, integrated market development, enclave cooperation to build a multi-dimensional coordinated development mechanism for the Yangtze Economic Belt. Secondly, efforts should be strengthened in expanding financing channels, adopting diversified approaches and establishing monitoring and evaluation mechanisms to improve the ecological compensation mechanism for synergistic governance of the Yangtze Economic Belt. Thirdly, the linkage mechanism, resource allocation and supervision methods should be further improved to build a coordinated development mechanism for green finance in the Yangtze Economic Belt and enhance the synergy of high-quality development.

**Keywords**: Yangtze Economic Belt; Institutional Mechanism; High-Quality Development

**Abstract**: General Secretary Xi Jinping proposed a new strategic mission for the Yangtze Economic Belt in a new stage of development at the Symposium on Comprehensive Promotion of the Development of the Yangtze Economic Belt in Nanjing, writing a new chapter for prioritizing ecological conservation and boosting green development. At present, the predicaments of coordination in promoting the green development of the Yangtze Economic Belt are: vast geographical areas and huge development differences, lack of policy authority and coordination platforms, complex organizational structures and governance systems, regional markets constrained by administrative barriers, and insufficient linkages between the industrial chains of the Yangtze River basin. For the purpose of promoting the overall green development within the economic belt, in terms of mechanism, it is necessary to establish and improve the coordination

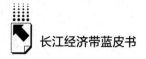

mechanism of green development, and to establish and improve the linkage mechanism of green development in the economic belt; in terms of policy, it is necessary to promote the *Yangtze River Protection Law* and other legal and regulatory systems in concert, to play the role of governments in policy coordination in green development, and to build a public policy system for green development in the economic belt.

**Keywords**: Yangtze Economic Belt; Coordination Mechanism; Green Development

**B**.24 Recommendations on Improving the Eco-Compensation Mechanism to Promote the High-Quality Development of the Yangtze Economic Belt

*Huang Qiang*, *Li Ping and Du Zhaohui* / 230

**Abstract**: Taking the mutual transformation of ecological and economic values in the upper and lower reaches of the Yangtze Economic Belt as the starting point, this paper compares and investigates ecological compensation systems such as ecological land ticket, horizontal compensation for forest coverage, ecological compensation in river basin and "forest ticket" in Chongqing. It is pointed out that the lack of legal safeguard, insufficient market allocation of ecological products and poor diversified compensation paths are the key problems constraining the ecological compensation mechanism. Moreover, paths are proposed for solving the problems in terms of promoting ecological compensation legislation, fostering ecological product markets and broadening ecological compensation funding channels, with a view to providing decision-making references for the establishment and improvement of an ecological compensation mechanism and the high-quality development of the Yangtze Economic Belt.

**Keywords**: Ecological Compensation; High-quality Development; Land Ticket

**B.25** Recommendations on Strengthening Legislative Improvement of Ecological Compensation Mechanism of the Yangtze Economic Belt Basin

*Hou Dongde, Fang Lidan* / 238

**Abstract**: The implementation of *Yangtze River Protection Law* provides a basic legal foundation for the legislation of the reform of the ecological compensation mechanism in the Yangtze River basin. The practice has shown that the system is conducive to the promotion of the synergistic management of all stakeholders of the Yangtze Economic Belt. However, there are still some problems in the current legislation. For example, the legislation is lagging behind practical exploration, scattered legislation inhibits the advantages of integrated governance, and the absence of regional legislation is not conducive to overall governance. Consideration can be given to timely promotion of special legislation on ecological compensation in the basin, clarifying the civil, administrative and criminal liability for abuse of water rights, and improving the legal system for ecological compensation in the basin by means of promoting and strengthening inter-provincial cooperation through cross-regional legislation and other methods.

**Keywords**: The Yangtze Economic Belt; Ecological Compensation; Legislation

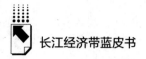
**B**.26   Further Improving the Cross-Provincial Ecological

Compensation Mechanism in the Well-Coordinated

Environmental Conservation of the Yangtze River

*Tu Yonghong, Duo Yuqin and Zhang Chang* / 246

**Abstract**: The pilot project of cross-provincial ecological compensation in the Yangtze River basin has achieved remarkable results, but some problems still exist: the ideas and paths for the building of ecological compensation mechanism still need to be improved; the ecological compensation efforts and funds are insufficient, with limited compensation ways; the ecological compensation standard system is still to be improved; the implementation guarantee system for the ecological compensation mechanism is incomplete. Targeted at the problems, the following policy recommendations are proposed for improvement: establishing and improving a diversified and market-oriented ecological compensation mechanism, promoting the transition of the main compensation way from passive " blood transfusion " to active " hematopoiesis "; strengthening scientific and technological support, improving the ecological compensation standard system, and institutionalizing, standardizing and routinizing the system; improving the supporting system for ecological compensation, enhancing the effectiveness of ecological compensation management, and providing sufficient protection for ecological compensation legislation; building channels and platforms for public participation in the development of ecological compensation, and promoting the active participation of the whole society.

**Keywords**: The Yangtze Economic Belt; Ecological Compensation; Standard System

# Contents ⌐⟩

**Abstract**: The ecological compensation for water environment in the Xin'an River basin is the first horizontal ecological compensation pilot for a cross-provincial basin in China, which has formed the "Xin'an River model" of reform of the system for developing an ecological civilization. Scientific and reasonable evaluation of the benefits of policy implementation is an important part of the optimization and management of ecological compensation mechanisms. In future, the basin area should, besides playing its role as a high-quality ecosystem, step up its efforts to create economic value, so as to obtain a steady stream of funding for more ecological benefits and to enable greater overall benefits. This paper puts forward some recommendations for the ecological compensation mechanism of Xin'an River: the ecological compensation policy of the basin should be further adjusted and have its direction optimized, and a basin-wide green industry development fund should be established.

**Keywords**: Xin'an River; Ecological Compensation Mechanism; Water Environment

**Abstract**: Chongqing is stepping up its building of a beautiful place

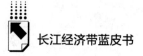

with picturesque landscape and clear water. There is a big gap between the current quality of the ecological environment and the expectations of the people. Concerted and long-term efforts must be exerted to make breakthroughs, focusing on the following aspects: making overall plans to strengthen the financial guarantee for ecological progress and environmental protection, giving play to the guiding role of scientific and technological innovation in ecological conservation and restoration, promoting the overall green transformation of economy and society through reducing pollution and carbon emission, and cementing an important and firm ecological barrier for the upper reaches of the Yangtze River.

**Keywords**: Reduction of Pollution and Carbon Emission; Ecological Environment; Biodiversity

# 权威报告·连续出版·独家资源

# 皮书数据库
## ANNUAL REPORT(YEARBOOK)
## DATABASE

## 分析解读当下中国发展变迁的高端智库平台

### 所获荣誉

- 2020年，入选全国新闻出版深度融合发展创新案例
- 2019年，入选国家新闻出版署数字出版精品遴选推荐计划
- 2016年，入选"十三五"国家重点电子出版物出版规划骨干工程
- 2013年，荣获"中国出版政府奖·网络出版物奖"提名奖
- 连续多年荣获中国数字出版博览会"数字出版·优秀品牌"奖

皮书数据库

"社科数托邦"
微信公众号

### 成为会员

登录网址www.pishu.com.cn访问皮书数据库网站或下载皮书数据库APP，通过手机号码验证或邮箱验证即可成为皮书数据库会员。

### 会员福利

- 已注册用户购书后可免费获赠100元皮书数据库充值卡。刮开充值卡涂层获取充值密码，登录并进入"会员中心"—"在线充值"—"充值卡充值"，充值成功即可购买和查看数据库内容。
- 会员福利最终解释权归社会科学文献出版社所有。

数据库服务热线：400-008-6695
数据库服务QQ：2475522410
数据库服务邮箱：database@ssap.cn
图书销售热线：010-59367070/7028
图书服务QQ：1265056568
图书服务邮箱：duzhe@ssap.cn

社会科学文献出版社 皮书系列
SOCIAL SCIENCES ACADEMIC PRESS (CHINA)

卡号：947572589635
密码：

# S 基本子库
## UB DATABASE

### 中国社会发展数据库（下设 12 个专题子库）

紧扣人口、政治、外交、法律、教育、医疗卫生、资源环境等 12 个社会发展领域的前沿和热点，全面整合专业著作、智库报告、学术资讯、调研数据等类型资源，帮助用户追踪中国社会发展动态、研究社会发展战略与政策、了解社会热点问题、分析社会发展趋势。

### 中国经济发展数据库（下设 12 专题子库）

内容涵盖宏观经济、产业经济、工业经济、农业经济、财政金融、房地产经济、城市经济、商业贸易等 12 个重点经济领域，为把握经济运行态势、洞察经济发展规律、研判经济发展趋势、进行经济调控决策提供参考和依据。

### 中国行业发展数据库（下设 17 个专题子库）

以中国国民经济行业分类为依据，覆盖金融业、旅游业、交通运输业、能源矿产业、制造业等 100 多个行业，跟踪分析国民经济相关行业市场运行状况和政策导向，汇集行业发展前沿资讯，为投资、从业及各种经济决策提供理论支撑和实践指导。

### 中国区域发展数据库（下设 4 个专题子库）

对中国特定区域内的经济、社会、文化等领域现状与发展情况进行深度分析和预测，涉及省级行政区、城市群、城市、农村等不同维度，研究层级至县及县以下行政区，为学者研究地方经济社会宏观态势、经验模式、发展案例提供支撑，为地方政府决策提供参考。

### 中国文化传媒数据库（下设 18 个专题子库）

内容覆盖文化产业、新闻传播、电影娱乐、文学艺术、群众文化、图书情报等 18 个重点研究领域，聚焦文化传媒领域发展前沿、热点话题、行业实践，服务用户的教学科研、文化投资、企业规划等需要。

### 世界经济与国际关系数据库（下设 6 个专题子库）

整合世界经济、国际政治、世界文化与科技、全球性问题、国际组织与国际法、区域研究 6 大领域研究成果，对世界经济形势、国际形势进行连续性深度分析，对年度热点问题进行专题解读，为研判全球发展趋势提供事实和数据支持。

# 法律声明

"皮书系列"（含蓝皮书、绿皮书、黄皮书）之品牌由社会科学文献出版社最早使用并持续至今，现已被中国图书行业所熟知。"皮书系列"的相关商标已在国家商标管理部门商标局注册，包括但不限于LOGO（▧）、皮书、Pishu、经济蓝皮书、社会蓝皮书等。"皮书系列"图书的注册商标专用权及封面设计、版式设计的著作权均为社会科学文献出版社所有。未经社会科学文献出版社书面授权许可，任何使用与"皮书系列"图书注册商标、封面设计、版式设计相同或者近似的文字、图形或其组合的行为均系侵权行为。

经作者授权，本书的专有出版权及信息网络传播权等为社会科学文献出版社享有。未经社会科学文献出版社书面授权许可，任何就本书内容的复制、发行或以数字形式进行网络传播的行为均系侵权行为。

社会科学文献出版社将通过法律途径追究上述侵权行为的法律责任，维护自身合法权益。

欢迎社会各界人士对侵犯社会科学文献出版社上述权利的侵权行为进行举报。电话：010-59367121，电子邮箱：fawubu@ssap.cn。

社会科学文献出版社